Basics Öffentliches Recht

Band 1

Verfassungsrecht / Staatshaftungsrecht

Hemmer/Wüst/Mielke/Kudlich/Grieger

VORBEREITUNG AUF DAS ZWEITE STAATSEXAMEN

Vorwort

Basics mit der hemmer-Methode

Wer in vier Jahren sein Studium abschließen will, kann sich einen Irrtum in Bezug auf Stoffauswahl und -aneignung nicht leisten. Hoffen Sie nicht auf leichte Rezepte und den einfachen Rechtsprechungsfall. Hüten Sie sich vor Übervereinfachung beim Lernen. Stellen Sie deswegen frühzeitig die Weichen richtig.

Die „Basics" schaffen Voraussetzungen für das Verstehen der Juristerei, ermöglichen Ihnen Verständnis für klausurtypische Probleme und sind Ihnen in der Klausur eine **Anwendungshilfe**, die Sie mit den üblichen juristischen Denkmustern von Klausurerstellern vertraut machen. Wissen wird konsequent unter Anwendungsgesichtspunkten erworben.

Die **hemmer-Methode** vermittelt Ihnen die **erste richtige Einordnung** und das **Problembewusstsein**, welches Sie brauchen, um an einer Klausur bzw. dem Ersteller nicht vorbeizuschreiben. Häufig ist dem Studierenden nicht klar, warum er schlechte Klausuren schreibt. Wir geben Ihnen **gezielte Tipps**! Vertrauen Sie auf unsere **Expertenkniffe**.

Durch die ständige Diskussion mit unseren Kursteilnehmerinnen und Kursteilnehmern ist uns als erfahrenen Repetitoren klar geworden, welche **Probleme** die Studierenden haben, ihr **Wissen anzuwenden**. Wir haben aber auch von unseren Kursteilnehmerinnen und Kursteilnehmern profitiert und von ihnen erfahren, welche **Argumentationsketten** in der Prüfung zum Erfolg geführt haben.

Die **hemmer-Methode** gibt **jahrelange Erfahrung** weiter, erspart Ihnen viele schmerzliche Irrtümer, setzt richtungsweisende Maßstäbe und begleitet Sie als **Gebrauchsanweisung** in Ihrer Ausbildung:

1. Grundwissen:

Die **Grundwissenskripten** sind für die Studierenden in den ersten Semestern gedacht. In den Theoriebänden Grundwissen werden leicht verständlich und kurz die wichtigsten Rechtsinstitute vorgestellt und das notwendige Grundwissen vermittelt. Die Skripten werden durch den jeweiligen Band unserer **Reihe „Die wichtigsten Fälle"** ergänzt.

2. Basics:

Das Grundwerk für Studium und Examen. Es schafft schnell **Einordnungswissen** und mittels der hemmer-Methode richtiges Problembewusstsein für Klausur und Hausarbeit. Wichtig ist, **wann und wie** Wissen in der Klausur angewendet wird.

3. Skriptenreihe:

Vertiefendes Prüfungswissen: Über 1.000 Klausuren wurden auf ihre „essentials" abgeklopft.

Anwendungsorientiert werden die für die Prüfung nötigen Zusammenhänge umfassend aufgezeigt und wiederkehrende Argumentationsketten eingeübt.

Gleichzeitig wird durch die **hemmer-Methode** auf **anspruchsvollem Niveau** vermittelt, nach welchen Kriterien Prüfungsfälle beurteilt werden. Mit dem Verstehen wächst die Zustimmung zu Ihrem Studium. Spaß und Motivation beim Lernen entstehen erst durch Verständnis.

Lernen Sie, durch Verstehen am juristischen Sprachspiel teilzunehmen. Wir schaffen den „background", mit dem Sie die innere Struktur von Klausur und Hausarbeit erkennen: **„Problem erkannt, Gefahr gebannt"**. Profitieren Sie von unserem **strategischen Wissen**. Wir werden Sie mit unserem know-how auf das Anforderungsprofil einstimmen, das Sie in Klausur und Hausarbeit erwartet.

Die Theoriebände Grundwissen, die Basics, die Skriptenreihe und der Hauptkurs sind als **modernes, offenes und flexibles Lernsystem** aufeinander abgestimmt und ergänzen sich ideal. Die **studentenfreundliche Preisgestaltung** ermöglicht den **Erwerb als Gesamtwerk**.

4. Hauptkurs:

Schulung am examenstypischen Fall mit der Assoziationsmethode. Trainieren Sie unter professioneller Anleitung, was Sie im Examen erwartet und wie Sie bestmöglich mit dem Examensfall umgehen.

Nur wer die Dramaturgie eines Falles verstanden hat, ist in Klausur und Hausarbeit auf der sicheren Seite! Häufig hören wir von unseren Kursteilnehmenden: **„Erst jetzt hat Jura richtig Spaß gemacht"**.

Die Ergebnisse unserer Kursteilnehmerinnen und Kursteilnehmer geben uns Recht. Maßstab ist der Erfolg. Die Examensergebnisse zeigen, dass unsere Kursteilnehmenden überdurchschnittlich abschneiden.

Die Examensergebnisse unserer Kursteilnehmerinnen und Kursteilnehmer können auch Ansporn für Sie sein, intelligent zu lernen: Wer nur auf vier Punkte lernt, landet leicht bei drei.

Lassen Sie sich aber nicht von diesen Supernoten verschrecken, sehen Sie dieses Niveau als Ansporn für Ihre Ausbildung.

Wir hoffen, mit unserem Gesamtangebot bei der Konkretisierung des Rechts mitzuwirken und wünschen Ihnen **viel Spaß beim Durcharbeiten** unserer Skripten.

Wir würden uns freuen, mit Ihnen in unserem Hauptkurs und mit der **hemmer-Methode** gemeinsam Verständnis an der Juristerei zu trainieren. Nur wer erlernt, was ihn im Examen erwartet, lernt richtig!

So leicht ist es, uns kennenzulernen: Probehören ist jederzeit in den jeweiligen Kursorten möglich.

Karl-Edmund Hemmer & Achim Wüst

BASICS
ÖFFENTLICHES RECHT

Band 1

Verfassungsrecht / Staatshaftungsrecht

Hemmer/Wüst/Mielke/Kudlich/Grieger

Hemmer/Wüst Verlagsgesellschaft

Hemmer/Wüst, Basics Öffentliches Recht, **Band 1,**
Verfassungsrecht/Staatshaftungsrecht

ISBN 978-3-86193-902-3

8. Auflage 2020

gedruckt auf chlorfrei gebleichtem Papier
von Schleunungdruck GmbH, Marktheidenfeld

INHALTSVERZEICHNIS .... Die Zahlen beziehen sich auf die Seiten des Skripts

EINFÜHRUNG

A) Die öffentlich-rechtliche Klausur im Juristischen Staatsexamen

In jedem juristischen Staatsexamen wird die Bewältigung mindestens einer Klausur aus dem Öffentlichen Recht verlangt, in Bayern sind es z.B. zwei. Davon entstammt regelmäßig zumindest eine dem Verfassungsrecht. 1

Viele Studenten empfinden einen Widerstand, ja eine regelrechte Abneigung gegen dieses juristische Fachgebiet. Dies resultiert zum einen daraus, dass in den ersten vier Semestern eine Konzentration auf das Zivilrecht stattfindet, das allgemein als das wichtigste Rechtsgebiet betrachtet wird. Wird man in einem weiteren Ausbildungsabschnitt dann mit einer neuen, umfangreichen Rechtsmaterie konfrontiert, erfordert dies ein erhebliches Umdenken. 2

Zum anderen erschreckt die Stofffülle, die sich auch in den nahezu unüberschaubaren Gesetzessammlungen widerspiegelt. Man fühlt sich regelrecht erschlagen von den zahlreichen Gebieten des besonderen Verwaltungsrechts, die Prüfungsstoff sind: Baurecht, Kommunalrecht, Polizei- und Sicherheitsrecht. Dazu kommt das Verfassungsrecht, das stark durch die Rechtsprechung des Bundesverfassungsgerichts geprägt ist, sodass in diesem Bereich auch eine erhebliche Kenntnis grundlegender Entscheidungen erforderlich ist.

Zum Dritten ist ein fundiertes Wissen im Prozessrecht notwendig, 3
um eine gute verwaltungsrechtliche Klausur schreiben zu können. Kann man sich im Zivilrecht vielleicht noch eher um die speziellen Fragen des Prozessrechts „herummogeln“, so ist dies im Verwaltungsrecht nahezu ausgeschlossen. In Zivilrechtsklausuren läuft die Fallfrage darauf hinaus, wer etwas von wem verlangen kann, im Öffentlichen Recht steht nicht dieser Anspruchsaufbau, sondern die gutachtliche Beurteilung der Zulässigkeit und Begründetheit verwaltungs- und verfassungsgerichtlicher Klagen im Vordergrund.

hemmer-Methode: Grob vereinfacht kann man sagen: Das Strafrecht hat wenig Gesetz und viel Dogmatik, das Zivilrecht hat ein begrenztes Gesetz mit zum Teil viel Dogmatik, das Öffentliche Recht hat viel Gesetz mit wenig Dogmatik. Deswegen kommt es gerade im Öffentlichen Recht darauf an, in grundsätzlichen Dingen sicher zu sein. Dieses Skript möchte versuchen, die Grundzüge des Verfassungs- und des Staatshaftungsrechts darzulegen. Das Verwaltungsrecht wird dann in unserem Skript Hemmer/Wüst, Basics Öffentliches Recht, Band 2, behandelt.

B) Klärung wichtiger Grundbegriffe

wichtige Grundbegriffe

Bevor die systematische Darstellung des Verfassungsrechts erfolgt, sollen zunächst einige wenige wichtige Grundbegriffe geklärt werden, die den meisten Lesern bekannt sein sollten, deren Einordnung aber gerade bei Anfängern immer wieder auf Schwierigkeiten stößt.

I. Verfassungsrecht und Verwaltungsrecht

Das Verfassungsrecht und das Verwaltungsrecht gehören jeweils zum Bereich des Öffentlichen Rechts;[1] dieses regelt das Verhältnis des Staates zum Bürger bzw. der Staatsorgane untereinander, während das Privatrecht das Verhältnis der Bürger untereinander regelt. 4

Bspe.:

- *Möchte der Bürger B von einer staatlichen Stelle die Genehmigung zum Bau eines Hauses, bestimmt sich die Erteilung der Genehmigung nach dem Öffentlichen Recht (BauGB, LBOen).*
- *Ist B der Meinung, der Videorecorder, den er im Kaufhaus K erworben hat, sei fehlerhaft, bestimmen sich seine Rechte ausschließlich nach dem Privatrecht (z.B. §§ 434 ff. BGB).*

hemmer-Methode: Das Privatrecht ist dagegen einschlägig, wenn der Staat dem Bürger nicht hoheitlich, sondern wie ein Privater gegenübertritt, wenn also z.B. die Behörde im Kaufhaus Bleistifte kauft (sog. fiskalische Hilfsgeschäfte der Verwaltung)[2] oder bei reinen erwerbswirtschaftlichen Tätigkeiten (städt. Brauerei o.Ä.).

---

[1] Gerade die Verfassung ist natürlich auch zur Auslegung privatrechtlicher Normen heranzuziehen und kann dort eine wichtige Rolle spielen, z.B. Begrenzung des Weisungsrechts des Arbeitgebers (§ 315 BGB) durch die Gewissensfreiheit des Arbeitnehmers.

[2] Wobei das BVerfG in neuerer Rechtsprechung zur unmittelbaren Anwendung des Art. 3 I GG zu neigen scheint, NJW 2006, 3701-3706, Az. 1 BvR 1160/03 = **Life&Law 04/2007, 269 ff.** = **juris**byhemmer. (Wenn dieses Logo hinter einer Fundstelle abgedruckt wird, finden Sie die Entscheidung bei juris unter www.hemmer.de.)

Graphisch lässt sich also das Verhältnis der Rechtsgebiete wie folgt darstellen:

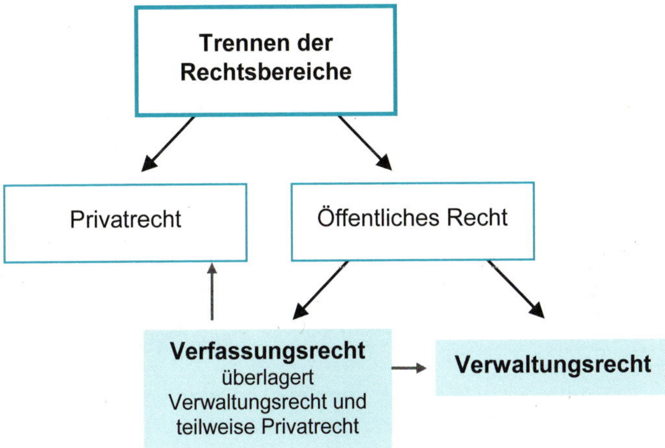

Allerdings darf diese Abbildung nicht dahingehend missverstan- 5
den werden, dass Verwaltungs- und Verfassungsrecht wirklich gleichgeordnet sind.

Vorrang des Verfassungsrechts

Vielmehr besteht ein Vorrang des Verfassungsrechts, welches jedem anderen Recht übergeordnet ist (vgl. auch die Abbildung in Rn. 229).

GG regelt zentrale Prinzipien der Staatsorganisation

Das Grundgesetz als Verfassung regelt zum einen die Grundlagen der Staatsorganisation, also z.B. die Befugnisse der obersten Staatsorgane und ihr Verhältnis untereinander oder die Staatszielbestimmungen.

und des Verhältnisses Staat-Bürger (GRe)

Zum anderen werden die elementaren Grundzüge des Verhältnisses Bürger-Staat in seinem Grundrechtsteil in den Art. 1 bis 19 GG geregelt.

Eine genauere Konkretisierung dieses Verhältnisses findet im 6
Verwaltungsrecht statt, welches sich aber immer an die Vorgaben des übergeordneten Verfassungsrechts halten muss, d.h. das einfache Gesetzesrecht darf nicht gegen das Grundgesetz verstoßen und in Zweifelsfällen ist die Interpretation des einfachen Gesetzesrechts zu wählen, die mit der Verfassung übereinstimmt (verfassungskonforme Auslegung).

hemmer-Methode: Diese Darstellungen sind nicht abschließend. Streng genommen zählen auch das Steuer- und das Strafrecht zum Öffentlichen Recht, da der Bürger dort typischerweise im Subordinationsverhältnis zum Staat steht. Diese Rechtsgebiete haben sich aber verselbstständigt und werden eigenständig behandelt.

II. Formelles Recht und materielles Recht

formelles und materielles Recht

Eine wichtige Unterscheidung, die in diesem Skript zum Öffentlichen Recht häufig eine Rolle spielen wird, ist die zwischen formellem und materiellem Recht bzw. zwischen formeller und materieller Rechtmäßigkeit.[3] 7

Vereinfacht ausgedrückt bestimmt das materielle Recht, wie die Rechtslage im Hinblick auf einen bestimmten Sachverhalt tatsächlich ist, während das formelle Recht festlegt, wie das entsprechende Recht verwirklicht werden kann bzw. über die Rechtslage entschieden werden muss. 8

Bsp.: *Unter welchen Voraussetzungen jemand eine Baugenehmigung bekommen kann, oder aber wann ihm ein Gewerbe untersagt werden kann, regelt das materielle Recht.*

Welches Verfahren bei der Erteilung der Genehmigung bzw. der Untersagung einzuhalten ist, also z.B. welche Anträge gestellt und welche Beteiligten angehört werden müssen, sind formell-rechtliche Fragen.

hemmer-Methode: Im Zivilrecht spielt dagegen die Einhaltung von Formen eine geringere Rolle, regelmäßig ist z.B. ein Vertragsschluss unter Privaten formfrei. Bei staatlichem Handeln muss dagegen zum einen geklärt sein, welches Organ handeln darf; zum anderen dient es der Rechtssicherheit und dem Schutz vor staatlicher Willkür, wenn Entscheidungen in einem formalisierten Verfahren getroffen werden.

Ein Akt staatlicher Gewalt ist dabei grds. nur dann rechtmäßig, wenn seine formellen und seine materiellen Voraussetzungen erfüllt sind. 9

Bspe.:

- *Ein Gesetz darf (materiell) nicht gegen die Grundrechte verstoßen und muss (formell) in einem ordnungsgemäßen Gesetzgebungsverfahren erlassen worden sein.*
- *Eine Gewerbeuntersagung muss sich auf die gesetzlich vorgesehenen Gründe (z.B. § 35 GewO) stützen und in einem formell ordnungsgemäßen Verwaltungsverfahren (zuständige Behörde, Anhörungen usw.) erlassen worden sein.*

[3] Zur Abgrenzung zwischen Gesetzen im formellen Sinn und materiellen Gesetzen vgl. unten Rn. 229.

1. KAPITEL: STAATSRECHT

§ 1 DIE WICHTIGSTEN VERFASSUNGSRECHTSBEHELFE

abschließende Zuständigkeiten des BVerfG

Verfassungsrecht und Verwaltungsrecht sind miteinander verwoben und auch in einer Klausur können Fragen aus beiden Bereichen eine nicht unerhebliche Rolle spielen. Eine klare Trennlinie verläuft aber v.a. zwischen der Verwaltungsgerichtsbarkeit i.S.d. weit gefassten § 40 VwGO und der Verfassungsgerichtsbarkeit mit ihren abschließend aufgezählten Zuständigkeiten (sog. Enumerationsprinzip).[4] 10

Die wichtigsten, dem BVerfG zugewiesenen, Streitigkeiten sind:[5]

- Organstreitverfahren, Art. 93 I Nr. 1 GG
- Abstrakte Normenkontrolle, Art. 93 I Nr. 2 GG
- Konkrete Normenkontrolle (Richtervorlage), Art. 100 GG
- Verfassungsbeschwerde, Art. 93 I Nr. 4a GG[6]

hemmer-Methode: Sehen Sie den – gerade im Öffentlichen Recht auch schon für Studium und Erstem Examen besonders wichtigen – Zusammenhang zwischen dem jeweiligen Rechtsbehelf und dem materiellen Recht: Die Verfassungsbeschwerde dient in erster Linie dem individuellen Grundrechtsschutz des Bürgers, sodass in der Begründetheitsprüfung stets die Probleme der Grundrechtsverletzungen zu behandeln sind. Beim Organstreitverfahren geht es dagegen um die Rechte der obersten Staatsorgane, sodass es sich hier materiell i.d.R. um Staatsorganisationsrecht handeln wird. Die konkrete und abstrakte Normenkontrolle dienen hingegen der Verfassungsmäßigkeitskontrolle an sich, sodass gleichermaßen Staatsorganisationsrecht und die Grundrechte Prüfungsgegenstand sein können. Hüten Sie sich aber vor Schubladendenken und Übervereinfachung: Das Gesetzgebungsverfahren als Teil des Staatsorganisationsrechts kann z.B. i.R.d. formellen Verfassungsmäßigkeit (vgl. Rn. 108) einer Schranke auch bei einer Verfassungsbeschwerde von Bedeutung sein.

---

4 Den vollständigsten Überblick über die vor dem BVerfG möglichen Verfahren gibt § 13 BVerfGG.

5 Zur vollständigen Übersicht und ausführlichen Darstellung der Verfassungsrechtsbehelfe vgl. **Hemmer/Wüst, Staatsrecht II, Rn. 3 ff.** bzw. bzgl. der Verfassungsbeschwerde, **Hemmer/Wüst, Staatsrecht I, Rn. 9 ff.**

6 Die Verfassungsbeschwerde ist mit großem Abstand das praxisrelevanteste Verfahren vor dem BVerfG. Seit Gründung des BVerfG machen Verfassungsbeschwerden über 96 % aller dort anhängigen Verfahren aus. Im Jahr 2014 bspw. waren es 6.606 Verfassungsbeschwerden bei insgesamt 6.811 Verfahren vor dem BVerfG. Von diesen Beschwerden waren allerdings 6.217 Verfahren erfolglos!

A) Organstreitverfahren[7]

Im Organstreitverfahren (gem. Art. 93 I Nr. 1 GG i.V.m. §§ 13 Nr. 5, 63 ff. BVerfGG) entscheidet das BVerfG, wenn die obersten Staatsorgane über die ihnen durch die Verfassung zugewiesenen Kompetenzen streiten. 11

Zulässigkeitsprüfung:

I. Zuständigkeit des BVerfG: Art. 93 I Nr. 1 GG, § 13 Nr. 5 BVerfGG

II. Parteifähigkeit, Art. 93 I Nr. 1 GG, § 63 BVerfGG

III. Verfahrensgegenstand, § 64 I BVerfGG

IV. Antragsbefugnis, § 64 I BVerfGG

V. Form (§§ 23 I, 64 II BVerfGG) und Frist (§ 64 III BVerfGG)

I. Zuständigkeit

Zuständigkeit für Organstreit

Die Zuständigkeit des BVerfG ergibt sich aus Art. 93 I Nr. 1 GG i.V.m. § 13 Nr. 5 BVerfGG. 12

II. Parteifähigkeit

parteifähig: oberste Bundesorgane

Parteifähig (oder beteiligtenfähig) als Antragsteller und Antragsgegner sind nach Art. 93 I Nr. 1 GG i.V.m. § 63 BVerfGG die obersten Bundesorgane, 13

> **Bspe.:** *Bundespräsident, Bundestag, Bundesregierung, Bundesrat.*

andere Beteiligte

sowie andere Beteiligte, die durch das Grundgesetz oder die GeschO eines obersten Bundesorgans mit eigenen Rechten ausgestattet sind.

> **Bspe.:** *Präsident von Bundestag und Bundesrat, Bundeskanzler, Fraktionen, Bundesversammlung.*

auch politische Parteien

Nach der Rechtsprechung des BVerfG können auch politische Parteien und einzelne Abgeordnete[8] parteifähig sein, soweit es um ihre Rechte aus Art. 21 GG bzw. Art. 38 I S. 2 GG geht. Soweit es Parteien um sonstige Rechte, bspw. aus Art. 14 GG geht, kommt alleine eine Verfassungsbeschwerde in Betracht.

---

[7] Vgl. dazu näher **Hemmer/Wüst, Staatsrecht II, Rn. 3 ff.**

[8] Vgl. BVerfGE 70, 324-388 (350), Az. 2 BvE 14/83, 2 BvE 4/84 = **juris**byhemmer.

hemmer-Methode: Parteien und einzelne Abgeordnete fallen zwar nicht unter den engeren Wortlaut des § 63 BVerfGG, wohl aber unter den weiteren und insoweit maßgeblichen Wortlaut des Art. 93 I Nr. 1 GG „andere Beteiligte, die .....“. 14

Minister:

Auch Minister können aufgrund der aus dem Ressortprinzip stammenden eigenen Rechte (Art. 65 S. 2 GG) beteiligtenfähig sein. Allerdings ist ein In-sich-Verfahren zwischen Mitgliedern der Bundesregierung unzulässig! (Argument: Kollegialorgan, Art. 65 S. 2 GG). 15

III. Verfahrensgegenstand

Verfahrensgegenstand: Maßnahme des Antragsgegners

Verfahrensgegenstand ist nach § 64 I BVerfGG die Frage, ob eine rechtserhebliche Maßnahme oder ein Unterlassen des Antragsgegners den Antragsteller in seinen, ihm durch die Verfassung verliehenen Rechten verletzt. 16

Bsp.: *Umgehung des Zustimmungserfordernisses des Bundesrates.*

IV. Antragsbefugnis

Antragsbefugnis: mögliche Rechtsverletzung

Nach § 64 I BVerfGG muss der Antragsteller schlüssig behaupten, dass er und der Antragsgegner in einem verfassungsrechtlichen Rechtsverhältnis zueinander stehen und er durch die Maßnahme bzw. das Unterlassen zumindest möglicherweise in seinen verfassungsrechtlich begründeten Rechten verletzt bzw. unmittelbar gefährdet ist. 17

hemmer-Methode: Dabei muss die verletzte Rechtsposition eine verfassungsrechtliche sein, die Verletzung einer GeschO-Vorschrift genügt nicht. Im Einzelfall kann freilich die jeweilige Norm der GeschO eine bloß deklaratorische Wiederholung dessen sein, was sich bereits durch Auslegung der Verfassung ergibt.
§ 64 BVerfGG stellt eine Parallele zu § 42 II VwGO im Verwaltungsprozess dar! Nutzen Sie dieses Hintergrundwissen, um sich das mehrfache Lernen derselben Problematik zu ersparen!

Verfahrensstandschaft eines Organs möglich

Eine Besonderheit besteht noch darin, dass § 64 I BVerfGG auf Seiten des Antragstellers ausdrücklich eine Verfahrensstandschaft des Organteils für das Organ – auch gegen dessen mehrheitlichen Willen – zulässt.[9] D.h. ein Teil des Organs kann im eigenen Namen die Rechte des Gesamtorgans als verletzt rügen. 18

[9] Näher dazu **Hemmer/Wüst, Staatsrecht II, Rn. 10.**

Bsp.:[10] *Die Bundesregierung stimmt der Stationierung von Waffen durch einen ausländischen Staat auf deutschen Gebieten zu, ohne dass darüber ein Gesetz erlassen wird. Die A-Fraktion, die die Opposition bildet, ist der Ansicht, dass dadurch das Gesetzgebungsrecht des Bundestages verletzt wurde. Sie beantragt, dies durch das BVerfG festzustellen. Die B- und C-Partei, welche die Regierung stellen, schließen sich diesem Antrag nicht an.*[11] *Der Antrag ist nach § 64 BVerfGG zulässig, da die A-Fraktion die Rechte des Bundestages als durch die Bundesregierung verletzt rügen kann. Dieses Recht wird dem einzelnen MdB hingegen nicht zuerkannt.*[12] *Es kann auch nicht von der Fraktion abgeleitet werden.*

hemmer-Methode: Richtige Einordnung! Die Möglichkeit der Verfahrensstandschaft ist also gerade wegen möglicher politischer Opportunitäten von Bedeutung, um die Rechte der jeweiligen Minderheit zu schützen. Deshalb steht dieses Recht der Minderheit gerade auch gegen den erklärten Willen der Mehrheit zu. Allerdings besteht kein Recht der Minderheit, Rechte des Bundestages als verletzt zu rügen, wenn diese Verletzung gerade vom Bundestag bspw. in Form eines rechtswidrigen Beschlusses ausgehen soll. Hier würde ein Organstreit auf eine allgemeine Rechtmäßigkeitskontrolle hinauslaufen, die so gerade nicht vorgesehen ist. Wohl aber darf die Minderheit des Bundestages eine Verletzung dessen Rechte durch ein anderes Organ rügen, auch wenn die Mehrheit des Parlaments dies nicht will.[13]

V. Form und Frist

Form und Frist

Der Antrag ist gem. § 23 I BVerfGG schriftlich einzureichen und zu begründen. Dies muss binnen sechs Monaten geschehen (§ 64 III BVerfGG). **19**

Begründetheit:

Begründet ist der Antrag, wenn die vom Antragsteller gerügte Rechtsverletzung vorliegt, wobei es wieder nur auf das Verfassungsrecht ankommt.

Umstritten ist, ob neben der objektiven Rechtsverletzung analog zur Antragsbefugnis nach § 64 BVerfGG auch die subjektive Verletzung organschaftlicher Rechte des Antragstellers zu fordern ist.

hemmer-Methode: Diesen Meinungsstreit werden Sie meistens nicht entscheiden müssen. Wenn Sie in der Zulässigkeit die mögliche Verletzung organschaftlicher Rechte bejaht haben, wird sich in der Regel in der Begründetheit dann auch die tatsächliche Verletzung dieser Rechte feststellen lassen.

10 Nach BVerfGE 68, 1-132, Az. 2 BvE 13/83 = **juris**byhemmer.

11 Vgl. auch BVerfG, NJW 1999, 2030, Az. 2 BvE 5/99 = **juris**byhemmer.

12 Vgl. BVerfGE 70, 324-388 (352 f.), Az. 2 BvE 14/83, 2 BvE 4/84 = **juris**byhemmer.

13 Vgl. BVerfG, NJW 2009, 2267-2295, Az. 2 BvE 2/08 = **Life&Law 09/2009, 618 ff.** („Lissabon-Entscheidung") = **juris**byhemmer. **Unser Service-Angebot an Sie: kostenlos hemmer-club-Mitglied werden (www.hemmer-club.de) und Entscheidungen der Life&Law lesen und downloaden.**

B) Abstrakte Normenkontrolle[14]

Mit der abstrakten Normenkontrolle (Art. 93 I Nr. 2 GG i.V.m. §§ 13 Nr. 6, 76 ff. BVerfGG) können einige Organe abstrakt, also ohne Bezug zu einem konkreten Rechtsstreit, die Verfassungsmäßigkeit von Rechtsnormen überprüfen lassen.

hemmer-Methode: Anders demzufolge bei der sog. „konkreten Normenkontrolle", Art. 100 I GG (vgl. Rn. 27 ff.)! Bei der konkreten Normenkontrolle kann die Überprüfung einer Rechtsnorm nur anlässlich eines konkreten Rechtsstreits erfolgen.

Zulässigkeitsprüfung:

I. Zuständigkeit des BVerfG: Art. 93 I Nr. 2 GG, § 13 Nr. 6 BVerfGG

II. Antragsberechtigung: Art. 93 I Nr. 2 GG

III. Prüfungsgegenstand

IV. Antragsgrund(-„befugnis")

V. Form und Frist

I. Zuständigkeit

abstrakte Normenkontrolle

Die Zuständigkeit des BVerfG für die abstrakte Normenkontrolle ergibt sich aus Art. 93 I Nr. 2 GG, § 13 Nr. 6 BVerfGG. 20

II. Antragsberechtigung

abschließende Aufzählung der Antragsberechtigung

Antragsberechtigt sind nach der abschließenden Aufzählung in Art. 93 I Nr. 2 GG die Bundesregierung, eine Landesregierung oder ein Viertel der Mitglieder des Bundestages. 21

hemmer-Methode: Das erforderliche Quorum wurde im Jahr 2008 von $^1/_3$ der Mitglieder auf $^1/_4$ reduziert. Diese Änderung war sehr sinnvoll vor dem Hintergrund, dass für eine Verfassungsänderung nach Art. 79 II GG eine $^2/_3$ Mehrheit erforderlich ist. Die verbliebene Minderheit soll die Möglichkeit erhalten, die Verfassungsmäßigkeit des Änderungsgesetzes vor dem BVerfG überprüfen zu lassen.

Es gibt zwar keinen Antragsgegner, nach § 77 BVerfGG kann das BVerfG aber bestimmten Organen eine Gelegenheit zur Äußerung geben. Anders als das Organstreitverfahren oder auch die Verfassungsbeschwerde ist die abstrakte Normenkontrolle also kein kontradiktorisches Verfahren.

---

14 Näher dazu **Hemmer/Wüst, Staatsrecht II, Rn. 15 ff.**

III. Prüfungsgegenstand

Prüfungsgegenstand: Gesetz im materiellen Sinn

Prüfungsgegenstand sind Bundes- und Landesgesetze im materiellen Sinne, also neben Parlamentsgesetzen auch Rechtsverordnungen und Satzungen.[15] 22

hemmer-Methode: Die Bedeutung für die Überprüfung untergesetzlicher Rechtsnormen ist für die Klausur geringer, häufiger werden hierfür Sachverhalte mit einer Normenkontrolle nach § 47 VwGO gestellt.

grds. erst verkündete Normen

Prüfungsgegenstand ist grds. erst das verkündete Gesetz, eine präventive Normenkontrolle ist damit unzulässig. Eine Ausnahme wird aber zugelassen für die Zustimmungsgesetze zu völkerrechtlichen Verträgen, um ein Auseinanderfallen von völkerrechtlicher Verpflichtung und verfassungsrechtlicher Lage im innerstaatlichen Recht zu verhindern: Der völkerrechtliche Vertrag wird mit der Ausfertigung des Zustimmungsgesetzes für Deutschland verbindlich. Diese Bindungswirkung entfällt nachträglich auch dann nicht mehr, wenn das BVerfG später die Verfassungswidrigkeit des Zustimmungsgesetzes feststellt.[16]

IV. Antragsgrund(-„befugnis“)

Zwar ist für die abstrakte Normenkontrolle keine Antragsbefugnis i.S. einer Behauptung einer Verletzung eigener Rechte erforderlich, da sie in keiner Weise dem Individualrechtsschutz dient.[17] 23

Antragsgrund: Zweifel oder Meinungsverschiedenheit bzgl. Vereinbarkeit mit GG

Allerdings müssen als Antragsgrund nach Art. 93 I Nr. 2 GG Zweifel oder Meinungsverschiedenheiten (nicht notwendig beim Antragsteller) über die förmliche oder sachliche Vereinbarkeit der zu überprüfenden Normen mit dem Grundgesetz (bzw. bei Landesrecht mit Bundesrecht) bestehen.

hemmer-Methode: § 76 BVerfGG (lesen!) fasst die Voraussetzungen strenger, indem er ein „für nichtig halten“ verlangt, das auch beim Antragsteller selbst vorliegen muss. Soweit sich daraus Unterschiede ergeben, geht die weitere Fassung des Grundgesetzes vor, weil einfache Bundesgesetze die Verfassung nicht einschränken können. Nach anderer Ansicht stellt § 76 BVerfGG eine zulässige Konkretisierung des Art. 93 I Nr. 2 GG dar.[18]

---

15 Zur Unterscheidung zwischen formellen (= förmlichen) und materiellen (= nichtförmlichen) Gesetzen vgl. u. Rn. 229, 230; zur Überprüfbarkeit von völkerrechtlichen Verträgen und Gemeinschaftsrecht vgl. **Hemmer/Wüst, Staatsrecht II, Rn. 18**.

16 Vgl. dazu auch **Hemmer/Wüst, Staatsrecht II, Rn. 18**, sowie zu den völkerrechtlichen Verträgen näher a.a.O., Rn. 319 ff.

17 Dazu und zur Einordnung der abstrakten Normenkontrolle vgl. **Hemmer/Wüst, Staatsrecht II, Rn. 15**.

18 In diese Richtung tendiert BVerfG, NJW 1998, 589-590, Az. 2 BvF 1/93 = **juris**byhemmer, ohne aber genauer zu diesem Streit Stellung zu beziehen.

V. Form und Frist

Form, § 23 I BVerfGG, Frist (-)

Für die Form ist nur die allgemeine Bestimmung des § 23 I BVerfGG (Schriftform/Begründung) gegeben. Eine Frist ist, da es sich bei der abstrakten Normenkontrolle um ein objektives Beanstandungsverfahren handelt, nicht vorgesehen. 24

Begründetheit

Begründet ist die abstrakte Normenkontrolle, wenn der behauptete Verstoß gegen das Grundgesetz (bzw. bei Landesgesetzen auch gegen sonstiges Bundesrecht) gegeben ist. 25

hemmer-Methode: Da sich die Voraussetzungen der abstrakten Normenkontrolle relativ leicht aus dem Grundgesetz-Text ableiten lassen und der umfassende Prüfungsmaßstab sowohl staatsorganisationsrechtliche Fragen als auch Grundrechtsprüfungen zulässt, eignet sich dieses Verfahren gut für Klausuren.

Sonderfall des Art. 93 I Nr. 2a GG

Einen Sonderfall der abstrakten Normenkontrolle bildet Art. 93 I Nr. 2a GG: In diesem Verfahren, in dem auch Bundesrat und Volksvertretungen der Länder (Länderparlamente) antragsberechtigt sind, wird überprüft, ob bei Gegenständen der konkurrierenden Gesetzgebung[19] tatsächlich die Voraussetzungen des Art. 72 II GG für eine Gesetzgebungstätigkeit des Bundes erfüllt sind. 26

Föderalismusreform: Art. 93 II GG

Ergänzend zu Art. 93 I Nr. 2a GG wurde im Rahmen der Föderalismusreform Art. 93 II GG eingeführt. Während im Verfahren nach Art. 93 I Nr. 2a GG überprüft wird, ob die von Art. 72 II GG geforderte Erforderlichkeit einer bundeseinheitlichen Regelung bei Erlass des Gesetzes vorlag, kann nach Art. 93 II GG auf Antrag des Bundesrates, einer Landesregierung oder eines Landesparlaments festgestellt werden, dass diese Erforderlichkeit i.S.d. Art. 72 II GG mittlerweile nicht mehr besteht. Die entsprechende Entscheidung des BVerfG ersetzt gemäß Art. 93 II S. 2 GG ein Bundesgesetz nach Art. 72 IV GG, sodass die Länder künftig von dem jeweiligen Bundesgesetz abweichende Regelungen erlassen dürfen.

C) Konkrete Normenkontrolle (Richtervorlage)[20]

> **Bspe.:** *Nach Art. 100 GG können Gerichte, die von der Verfassungswidrigkeit eines entscheidungserheblichen Gesetzes überzeugt sind, dieses dem BVerfG zur Überprüfung vorlegen.*

---

19 Vgl. dazu näher u. Rn. 254; näher zur konkurrierenden Gesetzgebung **Hemmer/Wüst, Staatsrecht II, Rn. 149 ff.**; zu Art. 93 I Nr. 2a GG a.a.O., Rn. 25.

20 Vgl. dazu näher **Hemmer/Wüst, Staatsrecht II, Rn. 26 ff.**

Bspe.:

⇨ *Die Schwurgerichtskammer des LG Verden war der Ansicht, dass § 211 StGB mit seiner zwingenden Androhung einer lebenslangen Freiheitsstrafe bei Mord gegen Art. 1, 2 II GG i.V.m. Art. 19 II, 3 GG verstoße.*

Es setzte deshalb das Verfahren aus, und legte die Vorschrift dem BVerfG vor. Dieses erließ daraufhin seine berühmte Entscheidung zur Verfassungsmäßigkeit des § 211 StGB.[21]

⇨ *Das LG Lübeck legte dem BVerfG die Frage vor, ob die Straffreiheit des Besitzes von „weichen Drogen" verfassungsgemäß sei.*[22]

hemmer-Methode: Art. 100 GG löst damit den Konflikt zwischen der Bindung der Gerichte an das Gesetz und an die Verfassung. Sie haben eine Prüfungs-, nicht aber eine Verwerfungskompetenz für formelle Gesetze am Maßstab der Verfassung (sog. Verwerfungsmonopol des BVerfG). Letztlich handelt es sich damit also um eine Ausprägung der Gewaltenteilung.
Art. 100 I GG schützt dabei den Gesetzgeber, indem nur das BVerfG berechtigt ist, seine Gesetze aufzuheben und nicht jedes kleine Gericht.

Zulässigkeitsprüfung: 27

I. Zuständigkeit des BVerfG: Art. 100 GG, §§ 13 Nr. 11, 80 I BVerfGG

II. Vorlageberechtigung: Gericht i.S.d. Art. 100 GG

III. Vorlage- bzw. Prüfungsgegenstand

IV. Vorlagerecht/-pflicht:

V. Überzeugung von Verfassungswidrigkeit

VI. Entscheidungserheblichkeit

VII. Form und Frist

I. Zuständigkeit

Art. 100 GG

Die Zuständigkeit des BVerfG ergibt sich aus Art. 100 I GG, §§ 13 Nr. 11, 80 I BVerfGG. 28

---

21 Nach BVerfGE 45, 187-271, Az. 1 BvL 14/76 = **juris**byhemmer; vgl. dazu auch LG Verden, NJW 1976, 980, Az. 3 Ks 3/75.

22 Nach LG Lübeck, NJW 1992, 1571-1577, Az. 2 Ns (Kl) 167/90.

II. Vorlageberechtigung

Vorlageberechtigung: Gerichte

29 Zur Vorlage berechtigt sind Gerichte aller Instanzen, d.h. von der gesetzgebenden und vollziehenden Gewalt verschiedene, unabhängige und nur dem Gesetz unterworfene Organe der rechtsprechenden Gewalt.

hemmer-Methode: Meist wird das vorlegende Gericht in der Klausur eines der ordentlichen oder der Verwaltungsgerichtsbarkeit sein, sodass an dieser Stelle keine Schwierigkeiten auftauchen. Problematisch wäre z.B. die Vorlage durch das Gericht einer Standesorganisation oder durch ein Schiedsgericht. Da dieses kein staatliches Rechtsprechungsorgan ist, verneint die h.M. die Vorlageberechtigung.[23]

III. Vorlage- bzw. Prüfungsgegenstand

Prüfungsgegenstand

Im Gegensatz zur abstrakten Normenkontrolle (vgl. o.) beschränkt sich die konkrete Normenkontrolle nach h.M. auf:

Nachkonstitutionelle, d.h. nach dem 23.05.1949, 24:00 Uhr[24] erlassene Gesetze.[25]

Über vorkonstitutionelle, also vor diesem Zeitpunkt erlassene Gesetze entscheiden die Instanzgerichte ebenso selbst wie über untergesetzliche Rechtsnormen (häufig sog. inzidente Normenkontrollen). Die Instanzgerichte haben in diesem Fall ausnahmsweise selbst Verwerfungskompetenz.

auch vorkonstitutionelle Gesetze, wenn im Willen des Gesetzgebers aufgenommen

30 Eine Ausnahme gilt wiederum dann, wenn der nachkonstitutionelle Gesetzgeber das frühere Gesetz „bestätigt", d.h. in seinen Willen aufgenommen hat. Dies ist z.B. im Zusammenhang mit Gesetzesänderungen und Neuverkündungen anzunehmen, aber auch der Zeitablauf seit Inkrafttreten des Grundgesetzes gilt als Indiz.[26] Dann ist die konkrete Normenkontrolle statthaft.[27]

hemmer-Methode: Besonders problematisch ist, ob Gerichte auch entscheidungserhebliche Vorschriften des sekundären Unionsrechts, i.d.R. Verordnungen nach Art. 288 II AEUV, vorlegen können.

---

23 Näher zum Begriff des Gerichts **Hemmer/Wüst, Staatsrecht II, Rn. 28**, vgl. auch **Hemmer/Wüst, Europarecht, Rn. 686**.

24 Vgl. BVerfGE 70, 126-133 (129), Az. 1BvL 14/84 = **juris**byhemmer.

25 Vgl. dazu näher **Hemmer/Wüst, Staatsrecht II, Rn. 29**; BVerfG, DVBl. 2001, 1429-1431, Az. 1 BvR 1472/99 = **juris**byhemmer.

26 Vgl. zum Ganzen Robbers, JuS 1994, 397-402 (400); Jarass/Pieroth, Art. 100 GG, Rn. 8 f.

27 Vgl. BVerfG, NJW 1998, 3557-3558, Az. 1 BvL 25/96 = **juris**byhemmer, zur Vorlagefähigkeit von BGB-Vorschriften, wobei die h.M. davon ausgeht, dass infolge der Schuldrechtsreform zum 01.01.2002 das komplette BGB zu nachkonstitutionellem Recht wurde, da für sämtliche Vorschriften amtliche Überschriften eingefügt wurden.

Dies ist aber keine Frage des Vorlagegegenstandes, sondern des Vorlagerechts, s.u. Tauglicher Vorlagegegenstand sind EU-Verordnungen schon deshalb, weil sie im Geltungsbereich des Grundgesetzes wie ein Bundestagsgesetz zur Anwendung kommen.
In der Lissabon-Entscheidung lässt das BVerfG allerdings anklingen, dass künftig Rechtsakte der Union auch darauf überprüft werden können, ob die EU ihre Kompetenzen überschritten hat, sog. ultra-vires-Kontrolle. Ob dies über eine konkrete Normenkontrolle geschehen soll oder ob hierfür ein gesondertes Verfahren geschaffen werden soll, hat das BVerfG offengelassen.[28] Nur ein Jahr später, in der Honeywell-Entscheidung rudert das BVerfG aber wieder stark zurück und stellt die ultra-vires-Kontrolle unter den Vorbehalt der Evidenz und Eindeutigkeit sowie der Solange-Rechtsprechung, sodass ggf. zuvor der EuGH angerufen werden muss.[29]

IV. Vorlagerecht/-pflicht

1. Überzeugung von der Verfassungswidrigkeit

Überzeugung v. Verfassungswidrigkeit

Die Vorlage ist nur zulässig, wenn das Gericht von der Verfassungswidrigkeit überzeugt ist. 31

Zweifel genügen nicht

Soweit nach Art. 100 I S. 2 Alt. 2 GG Landesgesetze überprüft werden, kann stattdessen auch die Überzeugung von der Unvereinbarkeit mit Bundesrecht bestehen. Zweifel alleine reichen nicht aus, insbesondere geht dann die verfassungskonforme Auslegung vor.[30]

hemmer-Methode: Soweit eine EU-Verordnung vorgelegt werden soll, ist diese nicht am kompletten Grundgesetz zu prüfen. Nach der Rechtsprechung des BVerfG kommt hier nur eine Kontrolle an den Maßstäben der Art. 23 I S. 3, 79 III, 1 und 20 GG (sog. Identitätskontrolle) in Betracht. Daneben prüft das BVerfG in evidenten Fällen noch, ob die EU ihre Kompetenzen überschritten hat, s.o. (ultra-vires-Kontrolle).[31] Bevor das BVerfG diese Voraussetzungen bejaht, muss allerdings ein Vorabentscheidungsverfahren beim EuGH nach Art. 267 AEUV durchgeführt werden, das das BVerfG „zur Not" selbst durch eine Vorlage einleitet.[32]

---

28 BVerfG, NJW 2009, 2267-2295, Az. 2 BvE 2/08 = **Life&Law 09/2009, 618 ff.** („Lissabon-Entscheidung") = **juris**byhemmer.

29 BVerfG, DVBl. 2010, 1229-1235, Az. 2 BvR 2661/06 = **Life&Law 10/2010, 694 ff.** („Honeywell-Entscheidung") = **juris**byhemmer.

30 Soweit eine gefestigte Rechtsprechung des BVerfG zu der streitgegenständlichen Frage bereits vorliegt, „darf" das vorlegende Gericht von der Verfassungswidrigkeit nur überzeugt sein, wenn es darlegt, was sich an der Sach- oder Rechtslage grundlegendes geändert haben soll, BVerfG, DVBl. 2002, 769-771 (771), Az. 2 BvL 5/99 = **juris**byhemmer.

31 BVerfG, NJW 2009, 2267-2295, Az. 2 BvE 2/08 = **Life&Law 09/2009, 618 ff.** („Lissabon-Entscheidung") = **juris**byhemmer; BVerfG, DVBl. 2010, 1229-1235, Az. 2 BvR 2661/06 = **Life&Law 10/2010, 694 ff.** („Honeywell-Entscheidung") = **juris**byhemmer; BVerfG, Entscheidung vom 18.07.2017, 2 BvR 859/15 = **Life&Law 11/2017, 761**.

32 BVerfG, Beschluss vom 14.01.2014, 2 BvR 2728/13 u.a. = **Life&Law 04/2014, 288**.

Eine Prüfung am kompletten Grundgesetz kommt nach der Solange-Rechtsprechung des BVerfG nur dann in Betracht, wenn der EuGH einen unabdingbaren Mindeststandard an Grundrechtsschutz generell nicht mehr gewährleistet.[33]
Solange dies nicht der Fall ist, nimmt das BVerfG seine eigentlich gegebene Prüfungskompetenz aufgrund seines Kooperationsverhältnisses zum EuGH nicht mehr wahr.
Das BVerfG prüft diese Fragen allerdings nicht unter dem Punkt „Überzeugung von der Verfassungswidrigkeit", sondern unter dem Aspekt der Entscheidungserheblichkeit.[34] Entscheidungserheblich muss nach diesem Verständnis nicht nur die vorgelegte Verordnung, sondern auch die mögliche Entscheidung des BVerfG sein, was aber nur dann der Fall ist, wenn das BVerfG überhaupt zu einer Entscheidung in der Sache befugt ist.

2. Entscheidungserheblichkeit

Es muss nach Art. 100 I GG auf die Gültigkeit des Gesetzes bei der Entscheidung ankommen, d.h. sie müsste bei Gültigkeit anders ausfallen als bei Nichtgültigkeit der fraglichen Norm.[35] 32

Entscheidungserheblichkeit: Tenor muss bei Nichtigkeit anders lauten

Als Faustregel gilt: Anders wäre die Entscheidung – Entscheidungserheblichkeit ist also zu bejahen –, wenn der Tenor anders lauten würde.[36]

hemmer-Methode: In der Praxis stellt das BVerfG daran hohe Anforderungen, doch können Sie in der Klausur i.d.R. davon ausgehen, dass sich die Entscheidungserheblichkeit relativ eindeutig ergibt. Eher wird als Problem auftauchen, dass das Gericht lediglich „Zweifel an der Verfassungsmäßigkeit" hat, statt von der Verfassungswidrigkeit überzeugt zu sein.

Eine mittelbare Entscheidungserheblichkeit ist dann ausreichend, wenn es sich um eine Ermächtigungsnorm zum Erlass einer Rechtsverordnung oder Satzung handelt.[37]

hemmer-Methode: Wenn die Voraussetzungen des Art. 100 I GG vorliegen, ist das Gericht nicht nur zur Vorlage berechtigt, sondern sogar verpflichtet. Verletzt das Gericht diese Vorlagepflicht willkürlich, kommt eine Verfassungsbeschwerde wegen Verletzung des Rechts auf den gesetzlichen Richter, Art. 101 I S. 2 GG, in Betracht.[38]

[33] BVerfG, NJW 2000, 3124-3126, Az. 2 BvL 1/97 = **Life&Law 01/2001, 64 ff.** („Bananenmarkt-Entscheidung") = **juris**byhemmer; BVerfG DVBl. 2010, 1220-1236, Az. 2 BvR 2661/06 = **Life&Law 10/2010, 694 ff.** („Honeywell-Entscheidung") = **juris**byhemmer.

[34] BVerfGE 129, 186-208, Az. 1 BvL 3/08 = **Life&Law 12/2011, 906 ff.** = **juris**byhemmer.

[35] Vgl. Jarass/Pieroth, Art. 100 GG, Rn. 11.

[36] Vgl. Jarass/Pieroth, Art. 100 GG, Rn. 12.

[37] Vgl. Degenhart, Staatsorganisationsrecht, Rn. 515.

[38] BVerfG, Beschluss vom 06.10.2017, 2 BvR 987/16 = **Life&Law 02/2018, 108** = **juris**byhemmer.

V. Form und Frist

Form und Frist

Fristen sind in Art. 100 GG nicht genannt. Zu beachten ist, dass bei Vorlagemöglichkeiten, z.B. an Landesverfassungsgerichte, beide Vorlagen (also die nach Bundes- und die nach Landesverfassungsrecht) nebeneinander bestehen können. Allerdings wird eine Vorlage unzulässig, wenn bei der anderen die Verfassungswidrigkeit festgestellt wurde, da dann keine wirksame Rechtsnorm mehr als Vorlagegegenstand bestehen bleibt. Es tritt Erledigung ein und die Klage wird unstatthaft. *33*

Begründetheit

Begründet ist der Antrag auf konkrete Normenkontrolle, wenn das Gesetz gegen das Grundgesetz bzw. bei einem Landesgesetz zusätzlich, wenn es gegen die Landesverfassung oder Bundesrecht verstößt. *34*

Zu beachten ist der Verweis in § 82 BVerfGG auf die §§ 77 - 79 BVerfGG zur abstrakten Normenkontrolle. Die Entscheidung wirkt demnach erga omnes und hat Gesetzeskraft (§ 31 II BVerfGG).

D) Verfassungsbeschwerde[39]

Verfassungsbeschwerde

Die Verfassungsbeschwerde ist sowohl in der Praxis als auch in der Klausur das bedeutendste Verfahren vor dem BVerfG. Ihre verfassungspolitische Bedeutung beruht darauf, dass der einzelne Bürger, anders als z.B. bei Organstreitverfahren, abstrakter und konkreter Normenkontrolle, selbst das oberste Gericht anrufen darf. *35*

hemmer-Methode: Diese Bedeutung schlägt sich auch in der Klausur nieder! Im Gegensatz zu den oben genannten Verfahren, bei denen es v.a. auf die richtige Subsumtion ankommt, werden hier bereits in der Anfängerübung (aber natürlich besonders im Examen) vertiefte Kenntnisse einzelner Problemkreise erwartet.

Zulässigkeitsprüfung:

I. Zuständigkeit: Art. 93 Nr. 4a GG, §§ 13 Nr. 8a, 90 I BVerfGG

II. Beschwerdeberechtigung („Jedermann“), Art. 93 I Nr. 4a GG

III. Beschwerdefähigkeit

IV. Beschwerdegegenstand, Art. 93 I Nr. 4a GG, § 90 I BVerfGG

V. Beschwerdebefugnis

39 Vgl. dazu näher **Hemmer/Wüst, Staatsrecht I, Rn. 9 ff.**

hemmer-Methode: Eine weitere Voraussetzung für den Erfolg einer Verfassungsbeschwerde ist deren Annahme, § 93a BVerfGG. Diese erfolgt, wenn die Sache grundsätzliche verfassungsrechtliche Bedeutung hat, § 93a II lit. a BVerfGG, oder wenn es zur Durchsetzung der Grundrechte und grundrechtsgleichen Rechte angezeigt ist, § 93a II lit. b BVerfGG. Letzteres hängt u.a. von einer summarischen Prüfung der Erfolgsaussichten der Hauptsache ab. In einer Klausur sollten Sie, wenn der Bearbeitervermerk die Annahme der Verfassungsbeschwerde nicht ausspart, dieses Kriterium kurz vor der eigentlichen Zulässigkeitsprüfung ansprechen.

I. Zuständigkeit

Zuständigkeit, Art. 93 I Nr. 4a GG

Die Zuständigkeit des BVerfG ergibt sich aus Art. 93 I Nr. 4a GG, § 13 Nr. 8a, § 90 I BVerfGG. 36

II. Beschwerdeberechtigung

Beschwerdeberechtigung: jedermann

Nach Art. 93 I Nr. 4a GG kann jedermann mit der Behauptung, durch die öffentliche Gewalt in seinen dort genannten Rechten verletzt zu sein, Verfassungsbeschwerde erheben. 37

Grundrechtsberechtigung

Um die in Art. 93 I Nr. 4a GG genannte Behauptung einer Grundrechtsverletzung aufstellen zu können, muss der Beschwerdeführer überhaupt grundrechtsfähig, also Träger eines Grundrechts sein:

bei deutschen natürl. Personen unproblematisch (+)

1. Die Grundrechtsfähigkeit ist unproblematisch gegeben bei lebenden,[40] deutschen natürlichen Personen (vgl. Art. 116 I GG). 38

Auch Minderjährige sind nach h.M. zumindest im Hinblick auf die Grundrechte aus Art. 2 II, 14 GG uneingeschränkt grundrechtsfähig[41] und damit antragsberechtigt. Einschränkungen ergeben sich allenfalls hinsichtlich der Verfahrensfähigkeit, also der Frage, ob bei Einlegung der Beschwerde eine Vertretung durch den gesetzlichen Vertreter erforderlich ist.

---

40 Zum Grundrechtsschutz des nasciturus und zum postmortalen Grundrechtsschutz vgl. **Hemmer/Wüst, Staatsrecht I, Rn. 13 f.**

41 Vgl. zum Meinungsstand **Hemmer/Wüst, Staatsrecht I, Rn. 12.**

hemmer-Methode: Bei Minderjährigen kann bei einzelnen Grundrechten, z.B. der Religionsfreiheit aus Art. 4 GG, fraglich sein, ab wann Minderjährige hier eigene Rechte haben bzw. wie lange für sie im Rahmen der elterlichen Sorge nach Art. 6 II GG ihre Eltern handeln und entscheiden.

(-)

Dagegen können sich Ausländer und Staatenlose nicht auf die sog. Deutschengrundrechte berufen. *39*

Bspe.: *Für solche Deutschengrundrechte oder Bürgerrechte finden sich Beispiele in Art. 8 I, 9 I, 12 I, 33 I, II und 38 I S. 1 GG.*

nach umstrittener, aber vorzugswürdiger Ansicht subsidiärer Auffangschutz durch Art. 2 I GG

Umstritten ist dabei, ob sich diese Personen wenigstens als „Auffanggrundrecht" auf Art. 2 I GG berufen können.[42] Z.T. wird dies mit dogmatischen Begründungen über das Verhältnis der speziellen Grundrechte zu Art. 2 I GG und dem angeblich bewusst formulierten Ausschluss durch den Verfassungsgeber abgelehnt.

Die h.M. und ständige Rechtsprechung des BVerfG gewährt dagegen den Schutz über die umfassend verstandene allgemeine Handlungsfreiheit,[43] da die unterschiedliche Schutzintensität durch die leichtere Einschränkbarkeit bei Art. 2 I GG ausreichend verwirklicht wird.[44] Außerdem ist es schwer einsehbar, warum für Ausländer aus dem umfassenden Schutzbereich des Art. 2 I GG gerade solche Betätigungen vollständig herausfallen sollen, die für Deutsche sogar speziell geschützt sind.

hemmer-Methode: Etwas anderes gilt jedoch für Ausländer aus Mitgliedstaaten der EU. Schon über das allgemeine Diskriminierungsverbot des Art. 18 I AEUV können sich diese auch auf Deutschengrundrechte berufen.[45]

inländische juristische Personen des Privatrechts nach Art. 19 III GG

2. Inländische bzw. wegen Art. 18 I AEUV europäische[46] (maßgeblich ist der Sitz) juristische Personen des Privatrechts sind grundrechtsfähig und damit bei der Verfassungsbeschwerde möglicherweise antragsberechtigt nach Maßgabe des Art. 19 III GG, soweit die Grundrechte ihrem Wesen nach auf sie anwendbar sind.[47] *40*

---

42 Vgl. dazu **Hemmer/Wüst, Staatsrecht I, Rn. 11, 159** jeweils m.w.N.

43 Vgl. dazu unten Rn. 134 ff.

44 Das BVerfG liest dabei z.T. in Art. 2 I GG den Schutz der speziellen Grundrechte hinein, bspw. die Dreistufentheorie aus Art. 12 I GG, vgl. BVerfG, NJW 2002, 663-666, Az. 1 BvR 1783/99 = **juris**byhemmer, mit interessanter Anmerkung Volkmann = **Life&Law 05/2002, 333 ff.** = BayVBl. 2002, 300; zu dieser Problematik auch Spranger, „Die Figur der Schutzbereichsverstärkung", NJW 2002, 2074-2076.

45 Sehr str., vgl. BVerfG, Beschluss vom 04.11.2015, 2 BvR 282/13 = **Life&Law 03/2016, 198**. Das BVerfG neigt wohl eher dazu, auch hier Art. 2 I GG unmittelbar heranzuziehen und diesen dann wie das jeweilige Deutschengrundrecht auszulegen.

46 BVerfG, Beschluss vom 04.11.2015, 2 BvR 282/13 = **Life&Law 03/2016, 198**.

47 Näher dazu **Hemmer/Wüst, Staatsrecht I, Rn. 15 ff.**

Solche Grundrechte sind v.a. die Art. 3, 4, 5, 9 I, 12 I, 14 GG. Dabei ist nicht zwingend erforderlich, dass es sich um juristische Personen i.S. von rechtsfähigen Verbänden des einfachen Rechts handeln müsste. Entscheidend sind vielmehr eine gewisse binnenorganisatorische Struktur und die Fähigkeit zur internen Willensbildung.

Bsp.: *So ist die offene Handelsgesellschaft (OHG) oder auch die Kommanditgesellschaft (KG) antragsberechtigt, wenn die gerügten Grundrechte ihrem Wesen nach auf sie anwendbar sind, was v.a. bei den „Wirtschaftsgrundrechten" der Art. 2 I, 12 I, 14 GG anzunehmen ist.*

hemmer-Methode: Aus Gründen des effektiven Rechtsschutzes müssen für die Zulässigkeit der Verfassungsbeschwerde auch solche Verbände als antragsberechtigt betrachtet werden, die sich entweder gegen ihre Auflösung wenden oder gegen die Aberkennung ihrer Parteifähigkeit Rechtsschutz suchen.

Juristische Personen des öffentlichen Rechts grds. (-)

41 **3.** Da die Grundrechte den Bürger gegen den Staat schützen sollen, sind juristische Personen des öffentlichen Rechts grds. nicht antragsberechtigt, da sie selbst der Staatsverwaltung zuzurechnen sind.

hemmer-Methode: Ein Sonderproblem sind insoweit gemischt-wirtschaftliche Unternehmen, die teils in staatlicher, teils in privater Hand sind. Um den betroffenen Privatpersonen ausreichend Grundrechtsschutz zu gewähren, spricht wohl mehr dafür, solche Unternehmen als grundrechtsfähig zu erachten.[48]

42 Von diesem Grundsatz sind aber drei Ausnahmen anerkannt:[49]

- Universitäten hinsichtlich des Grundrechts aus Art. 5 III S. 1 GG
- Kirchen und Religionsgemeinschaften, die nach Art. 140 GG, Art. 137 V WRV Körperschaften des öffentlichen Rechts sein können, hinsichtlich des Grundrechts aus Art. 4 GG
- Rundfunkanstalten hinsichtlich des Grundrechts der Rundfunkfreiheit, Art. 5 I GG

---

[48] Näher dazu **Hemmer/Wüst, Staatsrecht I, Rn. 24**.

[49] Näher dazu **Hemmer/Wüst, Staatsrecht I, Rn. 23**; eine weitere Ausnahme macht der BayVerfGH. Dieser gewährt Gemeinden Eigentumsschutz, wenn sich diese in der gleichen grundrechtstypischen Gefährdungslage wie ein Privatmann befinden, m.w.N. BayVerfGH, BayVBl. 2001, 339-340, Az. Vf. 1-VII-99 = **juris**byhemmer.

Diesen drei Fällen ist gemein, dass es sich um Institutionen handelt, die geradezu prädestiniert zur Inanspruchnahme gerade dieser Grundrechte, und von der Rechtsordnung unmittelbar einem, durch bestimmte Grundrechte geschützten Bereich zugeordnet sind. Damit dienen sie mittelbar der Grundrechtsverwirklichung des Bürgers.[50]

jedenfalls Justizgrundrechte

Außerdem werden auch juristischen Personen des öffentlichen Rechts die Verfahrensgrundrechte, also v.a. Art. 101 GG und Art. 103 I GG, zuerkannt. *43*

hemmer-Methode: Dies ergibt sich zum einen aus dem prozessualen Gebot der Waffengleichheit, v.a. aber auch daraus, dass im Rechtsstreit wegen der Unabhängigkeit der Judikative „der Staat" letztlich in der gleichen Position zum Gericht steht wie der Bürger.

ausländische juristische Personen grds. (-)

4. Ausländische (= nicht-EU) juristische Personen sind nach Art. 19 III GG nicht grundrechtsfähig und damit auch nicht antragsberechtigt, doch können auch sie sich nach h.M. auf die Justizgrundrechte berufen.[51] *44*

III. Beschwerde- bzw. Verfahrensfähigkeit

verfahrensfähig, wenn grundrechtsmündig

Unter Verfahrensfähigkeit versteht man die Fähigkeit eines Beteiligten, Verfahrenshandlungen selbst wirksam vorzunehmen und seine Rechte vor dem BVerfG geltend machen zu können. Ihre Voraussetzungen für das Verfassungsbeschwerdeverfahren sind im BVerfGG nicht ausdrücklich geregelt, sodass das BVerfG auf eine Teilanalogie zu anderen Verfahrensrechten verweist, ohne freilich die §§ 51 ff. ZPO; § 62 VwGO ohne weiteres zu übernehmen.[52] *45*

hemmer-Methode: Regelmäßige Probleme in der Klausur sind dabei Verfassungsbeschwerden von Minderjährigen, bei denen auf die Einsichtsfähigkeit abgestellt wird, und juristischen Personen, welche gerichtlich durch ihre Organe vertreten werden (vgl. § 35 I GmbHG). Bei einer volljährigen natürlichen Person kann dieser Punkt dagegen auch weggelassen werden.

Somit sind zwar unproblematisch verfahrensfähig alle nach dem bürgerlichen Recht voll Geschäftsfähigen, aber auch Minderjährige sollen verfahrensfähig sein, wenn sie „grundrechtsmündig" sind. Dafür werden z.T. Sonderregelungen aus thematisch einschlägigen Spezialgesetzen als Anhaltspunkt herangezogen, z.B. die Altersgrenzen des RelKErzG bei Art. 4 GG oder § 1303 BGB bei Art. 6 GG.

---

50 Eine weitere Ausnahme macht das BVerfG für juristische Personen des Öffentlichen Rechts aus dem EU-Bereich. Diese sind nicht grundrechtsberechtigt, so dass hier das Konfusionsargument nicht greift, vgl. BVerfG, Urteil vom 6.12.2016, 1 BvR 2821/11; 1 BvR 1456/12; 1 BvR 321/12 = **Life&Law 06/2017**.

51 Vgl. BVerfGE 12, 6 (8), Az. 2 BvR 177/60 = **juris**byhemmer.

52 Näher dazu und zum Folgenden m.w.N. **Hemmer/Wüst, Staatsrecht I, Rn. 26.**

beachte bei Minderjährigen:

Die Prüfung der Einsichtsfähigkeit eines Minderjährigen ist im Rahmen der Zulässigkeit für jedes möglicherweise verletzte Grundrecht gesondert zu prüfen.

IV. Beschwerdegegenstand

Beschwerdegegenstand

1. Nach Art. 93 I Nr. 4a GG, § 90 I BVerfGG kommen als Beschwerdegegenstand Akte der öffentlichen Gewalt in Betracht. 46

Anders als bei Art. 19 IV GG sind hiermit nach h.M. Akte aller drei Staatsgewalten, also auch der Legislative und der Judikative gemeint, wobei freilich Urteile des BVerfG zur Vermeidung eines unendlichen Regresses ausgeschlossen sein müssen.

hemmer-Methode: Diese Auslegung lässt sich mit der Parallele zu Art. 1 III GG erklären. Auch dieser erfasst alle drei Gewalten. Außerdem dient die Verfassungsbeschwerde der prozessualen Sicherung der umfassenden staatlichen Grundrechtsbindung des Staates im Verhältnis zum Bürger.

Bspe.:[53] *Öffentliche Gewalt i.S.d. Art. 93 I Nr. 4a GG wird demnach ausgeübt von Bund und Ländern sowie sonstigen juristischen Personen des Öffentlichen Rechts, nicht aber von den öffentlich-rechtlichen Religionsgemeinschaften oder den Tarifvertragsparteien.*

Auch ist nur die deutsche Öffentliche Gewalt gebunden, sodass Akte etwa der UNO oder von Interpol nicht verfassungsbeschwerdefähig sind. Für unmittelbar geltende Rechtsakte der EU siehe oben, Rn. 30 ff.

2. Im Einzelnen sind demnach zu unterscheiden:

Akte der Legislative: Gesetze

a) Akte der Legislative[54] sind alle formellen und materiellen Gesetze, auch vorkonstitutionelles Recht. Gesetze sind dabei grds. erst ab ihrer Verkündung, aber bereits vor „in Kraft treten" mit der Verfassungsbeschwerde angreifbar. 47

hemmer-Methode: Zu denken ist jedoch an den wichtigen Ausnahmefall des Zustimmungsgesetzes zu einem völkerrechtlichen Vertrag, s.o. Rn. 22.

problematisch gesetzgeberisches Unterlassen

Problematisch ist hier eigentlich nur (dafür aber auch umso mehr) die Frage, inwiefern ein Unterlassen des Gesetzgebers mit der Verfassungsbeschwerde gerügt werden kann. Das BVerfG akzeptiert dies unter drei Voraussetzungen: 48

---

53 Näher dazu **Hemmer/Wüst, Staatsrecht I, Rn. 29 ff.**

54 Näher dazu **Hemmer/Wüst, Staatsrecht I, Rn. 32 ff.**

bei echtem Unterlassen, soweit eindeutige Schutzpflicht mit Regelungsauftrag

aa) Es muss sich um ein echtes Unterlassen handeln, d.h. der Gesetzgeber muss gänzlich untätig geblieben sein. Enthält ein Gesetz trotz Normierung der betreffenden Materie keine Regelung für einen bestimmten Fall, handelt es sich um eine Frage der (Un-)Gleichbehandlung i.S.d. Art. 3 GG. Unter diesem Gesichtspunkt ist dann auch das geschaffene Gesetz zu überprüfen, nicht etwa das Unterlassen.[55]

bb) Aus der Auslegung der als verletzt gerügten Grundrechtsnorm muss sich eine Schutzpflicht ergeben.

cc) Aus diesem Schutzauftrag müssen konkrete Handlungspflichten erwachsen, sodass ein eindeutiger Regelungsauftrag auszumachen ist.[56]

> ***Bspe.:*** *Bislang wurde dies aus der Formulierung des Grundgesetzes z.B. bejaht bei Art. 6 V GG und Art. 12a II S. 3 GG sowie wegen der besonderen Bedeutung bei Art. 2 II S. 1 GG.*

Akte der Exekutive

b) Akte der Exekutive[57] unterliegen grds. in jedem Bereich der Verfassungsbeschwerde. Zu beachten ist allerdings, dass wegen des Erfordernisses der Rechtswegerschöpfung[58] die Verfassungsbeschwerde regelmäßig gegen die abschließende Gerichtsentscheidung und nicht unmittelbar gegen die Exekutivhandlung gerichtet sein wird. 49

Akte der Judikative (Gerichtsentscheidungen)

c) Als Akte der Judikative,[59] welche mit der Verfassungsbeschwerde angegriffen werden können, kommen alle Entscheidungen der Gerichtsbarkeit in Betracht, wobei sich auch hier durch das Erfordernis der Rechtswegerschöpfung Einschränkungen ergeben. 50

V. Beschwerdebefugnis

Beschwerdebefugnis

Nach Art. 93 I Nr. 4a GG, § 90 I BVerfGG ist beschwerdebefugt, wer behaupten kann, in den genannten Rechten verletzt zu sein.

Behauptung der Verletzung eines GRs oder grundrechtgleichen Rechts

1. In der Zulässigkeit ist nur zu prüfen, ob eine Rechtsverletzung behauptet und denkbar ist. Allerdings verlangt das BVerfG eine ausreichend substantiierte Behauptung, worin eine Parallele zur Klagebefugnis im Verwaltungsprozess, § 42 II VwGO, besteht.[60] Die Frage, ob die Rechtsverletzung tatsächlich vorliegt, ist dagegen in der Begründetheit zu prüfen. Die Grundrechtsverletzung darf also lediglich nicht bereits von Anfang an ausgeschlossen sein. 51

---

[55] Vgl. BVerwG, Urteil vom 19.01.2005, 6 C 9.04.

[56] Das BVerfG ist mit der Bejahung dieses Regelungsauftrages sehr zurückhaltend, vgl. m.w.N. BVerfG, DVBl. 2001, 984-985, Az. 2 BvR 943/99 = **juris**byhemmer; BVerfG, NJW 2002, 1638-1640, Az. 1 BvR 1676/01 = **juris**byhemmer; BVerfG, BayVBl. 2013, 334-335, Az. 2 BvR 1645/10 = **Life&Law 07/2013, 543** = **juris**byhemmer.

[57] Näher dazu **Hemmer/Wüst, Staatsrecht I, Rn. 36 ff.**

[58] Vgl. dazu unten Rn. 55 f.

[59] Näher dazu **Hemmer/Wüst, Staatsrecht I, Rn. 39 f.**

[60] Näher dazu m.w.N. **Hemmer/Wüst, Staatsrecht I, Rn. 41**.

Nach der Behauptung des Beschwerdeführers muss ein Grundrecht oder eines der in Art. 93 I Nr. 4a GG genannten grundrechtsgleichen Rechte verletzt sein. Dabei ist über die mögliche Berufung auf die allgemeine Handlungsfreiheit, die nur durch verfassungsmäßige Schranken eingeschränkt werden darf, mittelbar eine Überprüfung des belastenden Akts auf seine Verfassungsmäßigkeit insgesamt möglich.[61]

Die bloße unsubstantiierte Behauptung der Verletzung einfachen Gesetzesrechts ist hingegen nicht ausreichend.[62]

Bei einem Zivilrechtsurteil als Beschwerdegegenstand ist schon an dieser Stelle das Problem der mittelbaren Wirkung von Grundrechten anzusprechen.[63] Die Grundrechte gelten als Abwehrrechte gegen den Staat zwischen zwei Privaten und damit im Zivilrecht nicht unmittelbar. Da sie aber an der Spitze der objektiven Werteordnung der Verfassung stehen, muss der Zivilrichter sie immer dann berücksichtigen, wenn das BGB ihm Spielraum für eine Auslegung bietet, wie bspw. bei der Sittenwidrigkeit i.R.d. § 138 BGB, bei Treu und Glauben, § 242 BGB oder i.R.d. §§ 823 I, 826 BGB.

2. Des Weiteren wird verlangt, dass der Akt Rechtsrelevanz hat, d.h. v.a. eine materielle Entscheidung enthält und Außenwirkung zeigt,[64] und dass der Beschwerdeführer selbst, gegenwärtig und unmittelbar betroffen ist.[65]

Selbstbetroffenheit

a) Die Selbstbetroffenheit ist dann unproblematisch, wenn der Beschwerdeführer selbst Adressat des staatlichen Verhaltens ist. Ansonsten ist nach dem BVerfG Voraussetzung, dass eine rechtliche (im Gegensatz zur bloß faktischen oder wirtschaftlichen) Betroffenheit vorliegt. Der Beschwerdeführer muss in eigenen Grundrechten verletzt sein (Stichwort: Ausschluss der Popularklage).[66] Ferner ist die Verfahrensstandschaft bei der Verfassungsbeschwerde unzulässig. 52

gegenwärtige Betroffenheit

b) Eine gegenwärtige Betroffenheit liegt vor, wenn der Beschwerdeführer nicht bloß virtuell, also irgendwann in der Zukunft betroffen ist, andererseits aber die angegriffene Maßnahme auch in der Gegenwart noch Gültigkeit aufweist. Er muss also schon bzw. noch betroffen sein.[67] 53

61 Vgl. dazu aber die Einschränkungen unter Rn. 63: VB nur bei Verletzung spezifischen Verfassungsrechts zulässig.

62 Näher dazu m.w.N. **Hemmer/Wüst, Staatsrecht I, Rn. 42**.

63 Ausführlich dazu Rn. 84.

64 Näher dazu m.w.N. und Beispielen **Hemmer/Wüst, Staatsrecht I, Rn. 43**.

65 Näher dazu m.w.N. **Hemmer/Wüst, Staatsrecht I, Rn. 44 ff.**

66 BVerfGE 79, 1-29 (14), Az. 1 BvR 777/85 = **juris**byhemmer.

67 Vgl. bspw. BVerfGE 65, 1-71 (37), Az. 1 BvR 209/83 = **juris**byhemmer; BVerfGE 75, 78-107 (95), Az. 1 BvR 564/84 = **juris**byhemmer.

Allerdings ist dies zu bejahen, wenn der Beschwerdeführer schon jetzt zu Dispositionen gezwungen wird, die später nicht mehr nachholbar sind, bzw. zu später nicht mehr korrigierbaren Entscheidungen gezwungen ist.[68]

Beliebtes Bsp. in der Klausur sind Gesetze, die schon verkündet sind, aber erst in einigen Wochen in Kraft treten. Hier ist die Betroffenheit in allernächster Zukunft unausweichlich, und es müssen u.U. schon Dispositionen getroffen werden.

Eine in der Vergangenheit liegende Betroffenheit reicht nur dann, wenn der Beschwerdeführer trotz der Erledigung immer noch ein berechtigtes Interesse an der Feststellung der Grundrechtsverletzung hat, bspw. weil eine Wiederholungsgefahr besteht oder ein Rehabilitationsinteresse geltend gemacht werden kann.

unmittelbare Betroffenheit

c) Eine unmittelbare Betroffenheit ist anzunehmen, wenn der angegriffene Akt keinen weiteren Vollzugsakt voraussetzt, um dem Bürger gegenüber zu wirken. Dies ist häufig nicht der Fall bei Gesetzen, auf deren Grundlage erst ein Verwaltungsakt ergehen muss. **54**

Bsp.: *Nach § 35 GewO kann die Ausübung eines Gewerbes untersagt, nach § 15 GastG die Erlaubnis zum Betrieb einer Gaststätte zurückgenommen oder widerrufen werden. Ein unmittelbarer Eingriff in die Berufsfreiheit des Art. 12 GG liegt aber noch nicht allein in diesen gesetzlichen Vorschriften, sondern erst in den darauf gestützten Verwaltungsakten einer Behörde.*

Ausnahmen gelten, wenn die Norm der Behörde überhaupt keinen Entscheidungsspielraum lässt, v.a. aber wenn ein Vollzug dem Betroffenen nicht zumutbar ist. Dies ist z.B. bei Strafvorschriften der Fall, wo nicht erwartet werden kann, dass der Beschwerdeführer ein letztinstanzliches Strafurteil gegen sich ergehen lässt, bevor er die Norm angreift.[69]

hemmer-Methode: Ein ähnlicher Regelungszweck wie die Betroffenheitserfordernisse und entsprechend auch ähnliche Probleme und Ausnahmen kennzeichnen den im Anschluss zu besprechenden Grundsatz der Subsidiarität der Verfassungsbeschwerde. Hier können in der Klausur ähnliche Argumente verwandt werden.
So kann es z.T. auch zweifelhaft sein, welchen Aspekt man in welchem Prüfungspunkt einbaut. Als Fazit kann hier festgehalten werden, dass das BVerfG die Gegenwärtigkeit und Unmittelbarkeit dann bejaht, wenn dem Beschwerdeführer ein weiteres Abwarten nicht zugemutet werden kann.[70]

---

[68] Vgl. BVerfG, NJW 1998, 1385-1386, Az. 1 BvR 1995/94 = **juris**byhemmer.

[69] Vgl. BVerfG, NJW 1998, 1385-1386, Az. 1 BvR 1995/94 = **juris**byhemmer.

[70] Vgl. bspw. BVerfG, NJW 2006, 751-761, Az. 1 BvR 357/05 = **Life&Law 04/2006, 269** (Entscheidung zum LuftSiG) sowie BVerfG, NJW 2013, 1499-1518, Az. 1 BvR 1215/07 = **Life&Law 08/2013, 618** (heimlicher Vollzugsakt ohne Kenntnis des Betroffenen): **alle Entscheidungen** = **juris**byhemmer.

VI. Rechtswegerschöpfung und Subsidiarität

1. Rechtswegerschöpfung

grds. Rechtswegerschöpfung erforderlich

a) § 90 II S. 1 BVerfGG verlangt (gestützt auf Art. 94 II S. 2 GG), dass vor Erhebung einer Verfassungsbeschwerde der Rechtsweg erschöpft wird.[71] Darunter ist der Weg zu verstehen, der den Beschwerdeführer mit seinem Begehren, die behauptete Grundrechtsverletzung zu überprüfen und auszuräumen, vor die deutschen staatlichen Gerichte führt. 55

Dies ist der komplette Instanzenzug, bei Verwaltungsakten vor der Verwaltungsgerichtsbarkeit auch schon das Widerspruchsverfahren.

Auch Anträge auf Wiedereinsetzung und Wiederaufnahme gehören dazu, ebenso wie der Einspruch gegen Strafbefehle oder Versäumnisurteile. Dabei ist nicht ausreichend, dass ein unterinstanzliches Urteil rechtskräftig geworden und deshalb kein weiteres Rechtsmittel mehr zulässig ist, vielmehr müssen die gegebenen Rechtsmittel auch ausgeschöpft worden sein:

Dazu gehört die (fristgemäße) Einlegung jedes zulässigen Rechtsmittels und auch das zeitige Vortragen der behaupteten Grundrechtsverletzung. Erschöpfung liegt dann vor, wenn alle prozessualen Möglichkeiten zur Beseitigung der Verletzung ausgeschöpft wurden.[72]

aber Subsidiarität

Kein Rechtsmittel i.S.d. § 90 II BVerfGG ist das Hauptsacheverfahren im Verhältnis zu Entscheidungen des vorläufigen Rechtsschutzes. Allerdings wird hier eine Verfassungsbeschwerde häufig am Grundsatz der Subsidiarität scheitern (vgl. u. Rn. 57).

Ausnahmen

b) § 90 II S. 2 BVerfGG lässt eine Verfassungsbeschwerde auch ohne Rechtswegerschöpfung zu, wenn die Sache entweder 56

➲ von allgemeiner Bedeutung ist oder

➲ dem Beschwerdeführer ein schwerer und unabwendbarer Nachteil droht.

Darüber hinaus werden ungeschriebene Ausnahmen anerkannt, etwa wenn eine gefestigte höchstrichterliche Rechtsprechung oder Erfolglosigkeit in zwei Instanzen und eine eindeutige gesetzliche Regelung im weiteren Instanzenzug ein anderes Ergebnis nicht erwarten lassen.

---

71 Näher dazu m.w.N. **Hemmer/Wüst, Staatsrecht I, Rn. 49 ff.**

72 Vgl. **Hemmer/Wüst, Staatsrecht I, Rn. 51**.

hemmer-Methode: Der Sachverhalt wird i.d.R. deutliche Anhaltspunkte enthalten, wenn eine (sogar ungeschriebene) Ausnahme vom Erfordernis der Rechtswegerschöpfung zu prüfen sein soll, z.B. dass dem Beschwerdeführer ein schwerer und unabwendbarer Nachteil drohe und die Angaben des Beschwerdeführers als richtig zu unterstellen sind.
Dagegen ist es (zumindest in Examensklausuren) denkbar, dass vom Bearbeiter auch erwartet wird, dass er ohne weitere Hinweise aufgrund seiner Kenntnisse im sonstigen Verfahrensrecht die Frage, ob der Rechtsweg erschöpft ist i.S.d. § 90 II BVerfGG, selbstständig beurteilen kann.

2. Subsidiaritätsgrundsatz

Subsidiarität: jeder zumutbare fachgerichtliche Rechtsschutz zur Beseitigung der GR-Verletzung

Über die Rechtswegerschöpfung hinaus fordert das BVerfG in ständiger Rechtsprechung,[73] dass der Beschwerdeführer alle nach Lage der Sache zur Verfügung stehenden Möglichkeiten ergreift, um eine Korrektur der geltend gemachten Verfassungsverletzung zu erwirken bzw. um eine Grundrechtsverletzung zu verhindern.[74] 57

Bspe. *für die Bedeutung der Subsidiarität sind etwa:*

- *Bei offensichtlichen Fehlern der letztinstanzlichen Entscheidung muss der Beschwerdeführer vorher Gegenvorstellung beim Gericht erheben.*
- *Zwischenentscheidungen sind nicht angreifbar, wenn der Grundrechtsverstoß im weiteren Verfahren behoben werden kann.*
- *Entscheidungen im vorläufigen Rechtsschutz sind nicht angreifbar, wenn der Grundrechtsschutz im Hauptsacheverfahren noch wirksam nachgeholt werden kann. Das ist z.B. dann nicht der Fall, wenn der Beschwerdeführer später seine Grundrechtsposition nicht mehr genauso verwirklichen kann.*[75]

Parlamentsgesetze

Gegen Parlamentsgesetze ist ein Rechtsweg i.S.d. § 90 II BVerfGG nicht gegeben. Hier muss, soweit möglich, erst eine Ausnahme gegen das Gesetz beantragt werden und dann gegen eine etwaige Ablehnungsentscheidung vorgegangen werden.[76]

---

[73] Vgl. BVerfGE 68, 384-391 (388 f.), Az. 1 BvR 830/83 = **juris**byhemmer; BVerfGE 74, 102-128 (103), Az. 2 BvR 209/84 = **juris**byhemmer; aus jüngerer Zeit BVerfG, NJW 2001, 2009 (VB gegen Gesetz), Az. 1 BvR 2292/00 = **juris**byhemmer; BVerfG, NJW 2002, 741-742 (VB im Eilrechtsschutz), Az. 1 BvR 622/01 = **juris**byhemmer.

[74] Näher zur Subsidiarität m.w.N. **Hemmer/Wüst, Staatsrecht I, Rn. 58 ff.**

[75] Vgl. dazu den Beispielsfall in **Hemmer/Wüst, Staatsrecht I, Rn. 60**.

[76] Soweit erst ein Vollzugsakt für das Gesetz erforderlich ist, wird i.d.R. bereits die Beschwerdebefugnis an der unmittelbaren Betroffenheit scheitern.

Ist keine Ausnahme im Gesetz vorgesehen, kommt auch eine Inzidentkontrolle über eine Feststellungsklage nach § 43 VwGO in Betracht.

Zumutbarkeit

Etwas anderes gilt wie im Fall der gegenwärtigen und unmittelbaren Betroffenheit im Fall der Unzumutbarkeit. Insbesondere bei strafbewehrten Gesetzen, kann es dem Beschwerdeführer nicht zugemutet werden, erst gegen die Norm zu verstoßen, um in einem Verfahren dann inzident die Prüfung des Gesetzes auf dessen Verfassungsmäßigkeit zu erreichen.

VII. Form und Frist

Form

1. Für die Verfassungsbeschwerde ist nach § 23 I S. 1 BVerfGG die Schriftform vorgeschrieben, wobei nach § 92 BVerfGG das verletzte Recht sowie der angeblich verletzende Akt angegeben werden sollen. In Übungs- und Examensarbeiten spielt die Form meist keine große Rolle. 58

2. Hinsichtlich der Einlegungsfrist nach § 93 BVerfGG ist zu unterscheiden:

Monatsfrist gegen Gerichtsentscheidungen u.Ä.

a) Gegen Entscheidungen oder sonstige vergleichbare Hoheitsakte muss i.d.R. binnen eines Monats nach Zustellung der Entscheidung die Verfassungsbeschwerde erhoben werden. In dieser Frist ist die Verfassungsbeschwerde auch zu begründen (§ 93 I S. 1 BVerfGG). 59

Möglichkeit der Wiedereinsetzung

§ 93 II BVerfGG sieht hierfür die Möglichkeit einer Wiedereinsetzung in den vorigen Stand vor, wenn die Frist unverschuldet versäumt wurde.

hemmer-Methode: Hierbei handelt es sich um ein interessantes Problem für die Klausur, zumal hier zusätzliche, z.B. aus dem Zivilprozessrecht bekannte, Probleme abgeprüft werden können, wie beispielsweise die Zurechnung des Verschuldens des Bevollmächtigten nach § 93 II S. 6 BVerfGG, der § 85 II ZPO (jeweils lesen!) entspricht.

Jahresfrist gegen Gesetze u.Ä.

b) Gegen Gesetze oder sonstige Hoheitsakte, gegen die von vornherein ein Rechtsweg nicht gegeben ist, muss die Verfassungsbeschwerde binnen eines Jahres nach Inkrafttreten bzw. Erlass des Hoheitsaktes eingelegt werden (§ 93 III BVerfGG).[77] 60

[77] Weitere Einzelheiten bei **Hemmer/Wüst, Staatsrecht I, Rn. 65**.

VIII. Sonstiges

Sonstiges

Ebenso wie bei anderen Verfahren, muss auch für die Verfassungsbeschwerde ein allgemeines Rechtsschutzbedürfnis bestehen,[78] und es dürfen weder anderweitige Rechtshängigkeit, Rechtskraft noch Gesetzeskraft (vgl. § 31 II BVerfGG)[79] entgegenstehen. 61

☑

hemmer-Methode: Auch hierbei handelt es sich um Punkte, die gewöhnlich keine Rolle spielen und die dann in der Klausur auch nicht erwähnt werden müssen. Soll das Problem von Bedeutung sein, wird i.d.R. ein entsprechender Hinweis im Sachverhalt zu finden sein.
Ebenfalls spielt das (praktisch überaus wichtige) Annahmeverfahren nach §§ 93a ff. BVerfGG in der Klausur keine Rolle.

IX. Begründetheit

Begründetheit

Die Verfassungsbeschwerde ist begründet, wenn der Beschwerdeführer durch einen Akt der öffentlichen Gewalt in einem seiner in Art. 93 I Nr. 4a GG erwähnten Rechte verletzt ist. 62

Dabei nimmt das BVerfG für sich eine umfassende Prüfungskompetenz in Anspruch, den Hoheitsakt über die gerügten Verletzungen hinaus auf seine Verfassungsmäßigkeit zu überprüfen.[80]

Prüfungsmaßstab

Damit auf diese Weise aber nicht über Art. 2 I GG, der jede nicht verfassungsmäßige Belastung verbietet, i.V.m. dem Rechtsstaatsprinzip bei Verfassungsbeschwerden gegen Urteile eine allgemeine Rechtmäßigkeitskontrolle stattfindet, beschränkt sich das BVerfG auf die Überprüfung, „spezifischen Verfassungsrechts“, d.h. es prüft bei Urteilen neben der Verfassungsgemäßheit der angewendeten Normen nur, ob 63

⇨ der Einfluss der Grundrechte oder einer einschlägigen Verfassungsnorm ganz oder grundsätzlich verkannt wurde (insbesondere bei Urteilsverfassungsbeschwerden hängt der Umfang der Nachprüfung auch von der Intensität der möglichen Grundrechtsverletzung ab),

⇨ die Rechtsanwendung grob und offensichtlich willkürlich war oder

⇨ die Grenzen richterlicher Rechtsfortbildung überschritten wurden.

---

78 Näher dazu m.w.N. **Hemmer/Wüst, Staatsrecht I, Rn. 61**.

79 Näher dazu m.w.N. **Hemmer/Wüst, Staatsrecht I, Rn. 66**.

80 Vgl. hierzu und zum Folgenden näher **Hemmer/Wüst, Staatsrecht I, Rn. 73 ff.**

Liegt lediglich eine Verletzung einfachen Rechts vor, ist die Verfassungsbeschwerde unbegründet.[81] Die schlichte Rechtswidrigkeit des Urteils ist nicht mit einer Verfassungswidrigkeit gleichzusetzen. Etwas anderes gilt, wenn das Urteil evident rechtswidrig ist. In einem solchen Fall nimmt das BVerfG eine Verletzung des Willkürverbots nach Art. 3 I GG an.[82]

hemmer-Methode: Diese Einschränkungen gelten für Urteilsverfassungsbeschwerden. Stellen Sie hier am Anfang der Begründetheit klar, dass Prüfungsmaßstab immer nur das Verfassungsrecht, niemals aber das einfache Recht sein kann. Für die Klausur von besonderer Bedeutung ist die erste Gruppe. Merken Sie sich hierfür auch das wichtige Schlagwort: „Das BVerfG versteht sich nicht als Superrevisionsinstanz. Geprüft wird vielmehr nur die Verletzung spezifischen Verfassungsrechts".
Das ist dem Laien so meist nicht verständlich, ergibt sich aber aus der Funktion des BVerfG als Hüter der Verfassung. Daher sollte bei der Klausurbearbeitung auch darauf geachtet werden, dass nur am Grundgesetz geprüft wird und nicht das einfache Recht herangezogen wird.

E) Einstweilige Anordnung[83]

Wie andere Verfahrensordnungen kennt auch das BVerfGG einen einstweiligen Rechtsschutz. So kann in eiligen Fällen eine vorläufige Entscheidung getroffen werden.[84]

Für einen ersten Überblick dazu sei ein Aufbauschema an die Hand gegeben und auf die wichtigsten Gesichtspunkte hingewiesen: 64

Zulässigkeitsprüfung:

I. Statthaftigkeit

II. Antrag

III. Antragsberechtigung

IV. Keine evidente Unzulässigkeit/Unbegründetheit

V. Keine Vorwegnahme der Hauptsache

VI. Rechtsschutzinteresse

VII. Form und Frist

---

81 Vgl. m.w.N. BayVerfGH, BayVBl. 1999, 369, Az. Vf. 23-VI-98 = **juris**byhemmer.

82 Vgl. m.w.N. BVerfG, NJW 2007, 56-57, Az. 2 BvR 677/05 = **Life&Law 11/2006, 780** (Verbot eines Kopftuchs im Gerichtssaal) = **juris**byhemmer.

83 Näher dazu **Hemmer/Wüst, Staatsrecht II, Rn. 44 ff.**

84 Zum einstweiligen Rechtsschutz im Verwaltungsprozess vgl. **Hemmer/Wüst, Basics Öffentliches Recht, Band 2 (Verwaltungsrecht), Rn. 293 ff.**

einstweilige Anordnung durch BVerfG

Wegen der langen Verfahrensdauer vor dem BVerfG, besonders bei der Entscheidung über Verfassungsbeschwerden, nimmt die Möglichkeit der einstweiligen Anordnung in der Praxis eine wichtige Rolle ein, wie auch zahlreiche bedeutsame Entscheidungen aus jüngerer Zeit zeigen.[85] Insofern wäre auch eine entsprechende Aufgabenstellung in einer (v.a. Examens-) Klausur nicht ausgeschlossen. Eine ausführliche Darstellung würde allerdings den Rahmen eines Basics-Skripts sprengen. Daher sei auf die ausführliche Darstellung im Skript Staatsrecht II verwiesen. *65*

Antrag statthaft in allen Verfahren vor BVerfG

I. Statthaft ist eine einstweilige Anordnung über die speziell geregelten Fälle (z.B. Art. 61 II S. 2 GG, §§ 53, 58 I BVerfGG) hinaus nach § 32 BVerfGG in allen vor dem BVerfG möglichen Verfahrensarten, wobei der Begriff „Streitfall" in § 32 BVerfGG kein kontradiktorisches Verfahren voraussetzt. *66*

Bsp.: *Eine einstweilige Anordnung ist also z.B. auch bei der konkreten oder abstrakten Normenkontrolle möglich, obwohl keine Parteien über die Verfassungsmäßigkeit „streiten".*

Antragserfordernis?

II. Regelmäßig wird ein Antrag dem Erlass einer einstweiligen Anordnung vorausgehen. Streitig ist, ob das BVerfG eine solche Anordnung auch ex officio erlassen darf. Dies ist jedenfalls abzulehnen, wenn gar kein Hauptsacheverfahren anhängig ist, aber wohl zuzulassen, wenn dies erfolgt ist. *67*

Antragsberechtigung

III. Antragsberechtigt ist jeder, der am Hauptsacheverfahren beteiligt ist bzw. an der Bewirkung der Anhängigkeit beteiligt sein könnte. *68*

keine evidente Unzulässigkeit

IV. Weiterhin darf nach h.M. das Hauptsacheverfahren nicht evident unzulässig oder unbegründet sein, wobei das BVerfG dies zum Teil erst in der Begründetheit der einstweiligen Anordnung prüft.[86] *69*

keine Vorwegnahme der Hauptsache

V. Wie allgemein beim vorläufigen Rechtsschutz darf die Hauptsache nicht vorweggenommen werden. Eine Ausnahme besteht, wenn die Hauptsacheentscheidung zu spät käme und der Antragsteller dadurch, dass ihm kein anderer effektiver Rechtsschutz möglich ist, einen schweren Nachteil erleiden würde. *70*

hemmer-Methode: Achten Sie bei der Prüfung besonders auf diesen Punkt! Es handelt sich um ein klassisches Problemfeld des einstweiligen Rechtsschutzes.

---

[85] Vgl. z.B. zu den Awacs-Einsätzen der Bundeswehr BVerfG, NJW 1993, 1317-1319, Az. 2 BvE 5/93 = **juris**byhemmer; zum Somalia-Einsatz der Bundeswehr BVerfG, NJW 1993, 2038-2039, Az. 2 BvQ 17/93 = **juris**byhemmer; zum Asylrecht BVerfG, NJW 1994, 2134.

[86] Vgl. BVerfG, NJW 1999, 1951-1952, Az. 1 BvR 622/99 = **juris**byhemmer.

allgemeines Rechtsschutzbedürfnis

VI. Am allgemeinen Rechtsschutzbedürfnis fehlt es z.B., wenn eine beschwerende fachgerichtliche Entscheidung noch gar nicht ergangen ist oder eine Entscheidung in der Hauptsache rechtzeitig käme. 71

Form

VII. Die Form bestimmt sich nach § 23 BVerfGG, eine Frist ist nicht einzuhalten. Allerdings führt eine Fristversäumung in der Hauptsache zur evidenten Unzulässigkeit und damit auch zur Unzulässigkeit des Antrags im einstweiligen Rechtsschutz, vgl. o. Rn. 69. 72

Beachte: § 32 II - VI BVerfGG

VIII. Weitere Besonderheiten finden sich in § 32 II - VI BVerfGG, die in einer Klausur zu einer einstweiligen Anordnung immer zu beachten und auf einschlägige Regelungen hin zu überprüfen sind. 73

Begründetheit

IX. Für die Prüfung der Begründetheit hat das BVerfG eine sog. Doppelhypothese entwickelt.

Danach ist abzuwägen zwischen

- den Folgen, die eintreten würden, wenn eine einstweilige Anordnung nicht ergeht, die Hauptsache aber Erfolg hat und
- den Nachteilen, die entstehen, wenn eine einstweilige Anordnung ergeht, die Hauptsache aber keinen Erfolg hat.

Für die Klausurprüfung bietet es sich allerdings an, dieser reinen Güterabwägung eine dem einstweiligen Rechtschutz nach §§ 935, 940 ZPO, § 123 VwGO entsprechende Prüfung des Anordnungsanspruchs und eines Anordnungsgrundes voranzustellen und erst dann eine Abwägung vorzunehmen.

§ 2 ALLGEMEINE GRUNDRECHTSLEHREN

allgemeine Grundrechtslehren

Unter dem Oberbegriff der „allgemeinen Grundrechtslehren“ sollen hier zum einen grundsätzliche Fragen über Grundrechtsarten und -funktionen, zum anderen das Prüfungsschema zur Grundrechtsverletzung dargestellt werden. 74

hemmer-Methode: Die Bedeutung des Schemas in der Klausur liegt auf der Hand. Aber auch die Grundrechtsarten und -funktionen sind von Bedeutung, da ihre Kenntnis zum einen das Gesamtverständnis der Grundrechte fördert, zum anderen manche Fragen in der Klausur überhaupt nur mit diesem theoretischen Hintergrund gelöst werden können.

A) Grundrechtsarten und Funktionen

Die Grundrechte des Grundgesetzes können ihrer Zielrichtung nach in verschiedene Gruppen eingeteilt werden bzw. im konkreten Zusammenhang unterschiedliche Funktionen erfüllen.

hemmer-Methode: Beachten Sie die richtige Argumentationstechnik! Gerade angesichts der knappen Formulierungen ist das Vorverständnis des Rechtsanwenders zwar hier von großer Bedeutung, allerdings empfiehlt es sich für die Klausur, im Verständnis der h.M. zu argumentieren. Schwerpunkt sollten deshalb nicht allgemeine staatstheoretische Erwägungen, sondern vor allem am Wortlaut orientierte und systematische Argumente sein. 75

I. Grundrechtsarten[87]

Nach ihrem Hauptzweck lassen sich unterscheiden: 76

- Freiheitsgrundrechte, die primär auf staatliches Unterlassen abzielen und den größten Teil der Grundrechte ausmachen,
- Gleichheitsrechte, die auf relatives staatliches Handeln, d.h. auf vergleichbare Situationen, abzielen, z.B. Art. 3 I - III GG, und
- Teilhaberechte, die dem Bürger einen Anspruch auf ein bestimmtes staatliches Verhalten geben können, z.B. Art. 17, 19 IV, 103 I GG.

[87] Vgl. dazu näher **Hemmer/Wüst, Staatsrecht I, Rn. 83 f.**

II. Grundrechtsfunktionen[88]

Grundrechtsfunktionen

Über diese erste Einteilung hinaus können aber die Grundrechte einer Art auch jeweils die Funktion anderer Arten übernehmen: Zum einen ist es häufig nur Zufall bzw. situationsabhängig, wie in gleicher Weise wirkendes staatliches Handeln in der rechtlichen Einordnung zu bewerten ist, zum anderen ist das Verständnis der Grundrechte – wie schon erwähnt – auch vom staatstheoretischen Verständnis abhängig. Im Einzelnen können folgende Funktionen unterschieden werden: 77

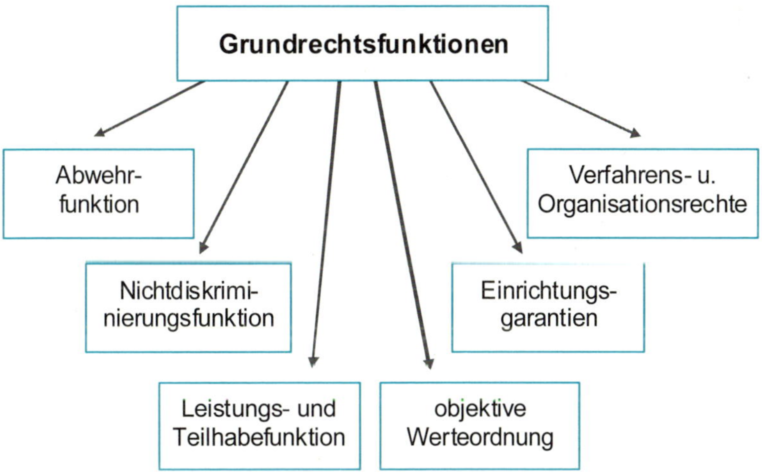

1. Grundrechte als subjektives Abwehrrecht

Liberal-staatliche Tradition: GRe als subjektive Abwehrrechte

In einer liberal-staatlichen Tradition stehend, sind die meisten Grundrechte überwiegend als subjektive Abwehrrechte zu verstehen, d.h. sie garantieren dem Bürger eine Sphäre persönlicher Freiheit vom Staat. In dieser Funktion (sog. status negativus) tauchen die Grundrechte auch meistens in der Klausur auf. 78

hemmer-Methode: Auch im modernen demokratischen Rechtsstaat hat diese Grundrechtsfunktion nicht an Bedeutung verloren, da auch hier eine (wenngleich demokratisch legitimierte) Herrschaft über den Einzelnen ausgeübt wird. Z.T. sind durch die moderne Technik sogar gerade neue Gefahren für die persönliche Freiheit erwachsen, die in der Klausur problematisiert werden könnten, z.B. Datenschutz und Recht auf informationelle Selbstbestimmung, Genomanalysen,[89] strafprozessuale Abhörtechniken, etc.

---

[88] Vgl. dazu näher **Hemmer/Wüst, Staatsrecht I, Rn. 84 ff.**

[89] Genomanalyse stellt eine Analyse der Erbanlage dar; problematisch ist dabei immer der Missbrauch (Stichwort „gläserner Mensch“).

Im System der Verfassung kommt den Grundrechten deshalb die zentrale Stellung zu. Die Erfahrungen im Dritten Reich legten es nahe, die klassischen liberalen Freiheitsrechte und damit die Rechtsstellung des freien Bürgers besonders zu sichern. Das BVerfG spricht von einer allgemeinen Freiheitsvermutung zugunsten des Bürgers (in dubio pro libertate). Hauptsächlicher Sinn dieses Grundsatzes ist, dass staatliche Gewalt niemals Selbstzweck ist, sondern wie es Art. 1 GG ausdrückt, der Aufgabe dienen soll, die Würde des Menschen zu achten und zu schützen.

2. Nichtdiskriminierungsfunktion

Nichtdiskriminierungsfunktion

Nicht nur Gleichheitsrechte i.e.S., sondern auch Freiheitsgrundrechte können einen Schutz vor Diskriminierung in der Weise leisten, dass ein bestimmtes grundrechtlich geschütztes Verhalten nicht Anknüpfungspunkt einer nachteiligen Unterscheidung sein darf. 79

***Bsp.:** So könnte es wegen Art. 4 I, 5 I, 6 I GG unzulässig sein, wenn an eine bestimmte Religionszugehörigkeit, eine bestimmte Meinung oder an die Eheschließung eine negative Konsequenz geknüpft wird.*

3. Grundrechte als Leistungs- und Teilhaberechte

GRe als Leitungs- und Teilhaberechte

Ein mehr sozialstaatlicher Ansatz geht davon aus, dass die Grundrechte nicht nur Freiheit vom Staat, sondern auch Freiheit durch den Staat garantieren sollen. 80

Diese erscheint nämlich ohne dessen Mithilfe in weiten Bereichen nicht denkbar, so im Bereich der Leistungsverwaltung mit seiner sozialen Vorsorge und Verteilungsfunktion.

Dabei ist zu unterscheiden zwischen:

- derivativen Teilhaberechten, die darauf gerichtet sind, dass gleicher Zugang zu bestehenden staatlichen Leistungsangeboten gewährt wird. Diese haben besondere Bedeutung in den Bereichen eines (weitgehenden) Staatsmonopols, z.B. im Hochschulbereich. 81

- originären Teilhaberechten,[90] die als echte Leistungsrechte erforderlichenfalls einen Anspruch auf Schaffung neuer bzw. zusätzlicher Leistungsangebote geben sollen. Ein solcher Anspruch soll nach dem BVerfG denkbar sein und sich aus der objektiv-rechtlichen Dimension der Grundrechte (vgl. dazu unten Rn. 83 ff.) ableiten lassen. 82

90 Vgl. dazu näher m.w.N. **Hemmer/Wüst, Staatsrecht I, Rn. 89**.

Jedoch ist ein solches Vorgehen auf Ausnahmefälle beschränkt, da der Verfassungsgeber bewusst auf die Aufnahme sozialer Grundrechte verzichtet hat und außerdem die zu großzügige grundsätzliche Anerkennung eines Anspruchs, der immer unter dem Vorbehalt des praktisch Möglichen stehen müsste, die normative Kraft der Grundrechte als durchsetzbare Rechte und nicht nur bloße Programmsätze aushöhlen würde.[91]

4. Grundrechte als objektive Wertordnung

GRe darüber hinaus als objektive Wertentscheidung

Wie bereits angedeutet, sieht das BVerfG in den Grundrechten nicht nur subjektive Abwehrrechte, sondern auch objektive Wertentscheidungen, die in vielerlei Weise Bedeutung erlangen können. 83

⇨ Ausstrahlung ins Privatrecht

a) Nach h.M. gelten die Grundrechte grundsätzlich zwischen Privaten nicht unmittelbar, sondern nur mittelbar durch eine sog. Ausstrahlung ins Privatrecht v.a. über die Generalklauseln des BGB (sog. mittelbare Drittwirkung).[92] 84

⇨ Bedeutung bei fiskalischem Handeln, jedenfalls bei Verwaltungsprivatrecht

b) Jedenfalls diese Ausstrahlung gilt auch, wenn der Staat wie ein Privater zum Bürger in Kontakt tritt, so beim sog. fiskalischen Handeln. Gut vertretbar erscheint hier die Annahme, dass diese Bindung für den Vertragspartner „Staat" als originären Grundrechtsadressaten noch verstärkt wird. Für das Verwaltungsprivatrecht (= Wahrnehmung von Verwaltungsaufgaben in den Formen des Privatrechts) nimmt die h.M. sogar eine unmittelbare Grundrechtsgeltung an. Der Staat soll sich nicht durch eine „Flucht ins Privatrecht" den öffentlich-rechtlichen Bindungen entziehen können. Nach Ansicht des BVerfG gilt dies für jegliches zivilrechtliches Handeln des Staates.[93] 85

> ***Bsp.:*** *Für die Grundrechtsgeltung kann es keinen Unterschied machen, ob eine Gemeinde als staatlicher Hoheitsträger eine öffentliche Einrichtung (z.B. Museum) hoheitlich oder in privatrechtlicher Form betreibt.*

⇨ staatliche Schutzpflichten

c) Ebenfalls aus der objektiv-rechtlichen Dimension abgeleitet werden z.T. staatliche Schutzpflichten für grundrechtlich geschützte Rechtsgüter, so v.a. bei Art. 2 II GG.[94] Zur Erfüllung der Schutzpflichten ist der Staat verpflichtet (das „Ob" ist einklagbar), bzgl. des „Wie" steht ihm aber ein Ermessensspielraum zu.[95] 86

---

[91] Vgl. BVerfG, NJW 1998, 973-975, Az. 1 BvL 5/93 = **juris**byhemmer.

[92] Vgl. Pieroth/Schlink, Rn. 202 ff.; BVerfG, NJW 1998, 1386-1388 (1387), Az. 1 BvR 2000/96 = **juris**byhemmer; BGH, NJW 1999, 1326-1328, Az. II ZR 54/98 = **juris**byhemmer. Keine mittelbare Drittwirkung hat grds. allerdings Art. 3 I GG, da er dem Grundsatz der Privatautonomie zuwiderläuft, vgl. auch zu den Sonderfällen BVerfG, Beschluss vom 11.04.2018 – 1 BvR 3080/09 = **Life&Law 03/2019, 198** = **juris**byhemmer.

[93] BVerfG, NJW 2011, 1201-1209, Az. 1 BvR 699/06 = **Life&Law 04/2011, 260** = **juris**byhemmer.

[94] Vgl. dazu näher m.w.N. **Hemmer/Wüst, Staatsrecht I, Rn. 93**; BVerfG, NJW 1998, 1475-1478, Az. 1 BvL 15/87 = **juris**byhemmer; BVerfG, NJW 1998, 2961-2962, Az. 1 BvR 2234/97 = **juris**byhemmer.

[95] Vgl. BVerfGE 88, 203-366, Az. 2 BvF 2/90 = **juris**byhemmer; BVerfG, NJW 2002, 1638-1640, Az. 1 BvR 1676/01 = **juris**byhemmer; BVerfG, BayVBl. 2013, 334-335, Az. 2 BvR 1645/10 = **Life&Law 07/2013, 543** = **juris**byhemmer.

Bsp.: Im sog. ersten Abtreibungsurteil erklärte das BVerfG, dass aus Art. 2 II GG auch eine staatliche Pflicht zum Schutz des ungeborenen Lebens erwachse. Diese könne sogar zu einer Pflicht zur Schaffung eines entsprechenden Straftatbestands führen.[96]

⇨ Wesensgehalt

d) Z.T. wird die objektiv-rechtliche Seite auch als Wesensgehalt des jeweiligen Grundrechts i.S.d. Art. 19 II GG (vgl. Rn. 124) verstanden. *87*

⇨ Berücksichtigung in Güterabwägung

e) Schließlich spielt die objektiv-rechtliche Dimension auch in der Güterabwägung, z.B. i.R.d. Verhältnismäßigkeitsprüfung (vgl. u. Rn. 117 ff.) eine Rolle. *88*

Bsp.: Ist z.B. eine Einschränkung der Meinungs- oder Pressefreiheit, Art. 5 I GG, zu prüfen, so kann bei der Verhältnismäßigkeit die Bedeutung dieser Freiheit nicht nur für den einzelnen Grundrechtsträger, sondern als Kommunikationsgrundrecht auch für Meinungsaustausch und -bildung im demokratischen Staat überhaupt berücksichtigt werden.

hemmer-Methode: Den Fallgruppen ist gemeinsam, dass die objektiv-rechtliche Dimension i.d.R. nicht so weit gehen wird wie die subjektive Abwehrfunktion, z.B. kann die weit ausgelegte allgemeine Handlungsfreiheit des Art. 2 I GG nicht zum allgemeinen Ordnungsprinzip eines „Jeder kann tun und lassen, was er will" führen.
Objektiv-rechtlich geschützt ist der Kernbereich des Grundrechts, d.h. alle Handlungsmodalitäten, die nicht hinweggedacht werden können, ohne dass die Freiheitsgarantie als Ganzes entfällt. Unterscheiden Sie dabei für sich im Kopf zwischen dem „Begriffskern" und dem „Begriffshof": Nach der herrschenden Meinung[97] hat jeder Begriff auch im Verfassungsrecht (z.B. Eigentum) einen festen Bedeutungskern, innerhalb dessen seine Anwendung gesichert ist, und einen weiteren Bereich, in dem seine Bedeutung unklarer und verschwommener wird, den sog. Begriffshof. Die begriffliche Abgrenzung zwischen Begriffskern und Begriffshof hilft Ihnen in der Klausur, die Grenze zu bestimmen.

5. Grundrechte als Einrichtungsgarantien[98]

In einigen Grundrechten sind neben subjektiven Rechten außerdem Einrichtungsgarantien des Rechts verbürgt, nämlich: *89*

Institutsgarantien (Institute des Privatrechts)

➲ Institutsgarantien, d.h. Einrichtungsgarantien des Privatrechts, z.B. in Art. 6 I GG die Ehe oder in Art. 14 I GG das Eigentum und das Erbrecht und *90*

96 BVerfG, Urteil vom 25.02.1975, 1 BvF 1 - 6/74.

97 Engisch, Einführung in die Rechtswissenschaft, 108 m.w.N.

98 Vgl. dazu näher m.w.N. **Hemmer/Wüst, Staatsrecht I, Rn. 36 f.**

institutionelle Garantien (Institute des öffentlichen Rechts)

➲ Institutionelle Garantien, d.h. Einrichtungsgarantien des Öffentlichen Rechts, z.B. in Art. 7 III S. 1 GG für den Religionsunterricht an öffentlichen Schulen oder in Art. 33 V GG für das Berufsbeamtentum. 91

hemmer-Methode: Wichtiger für den Bürger ist die subjektivrechtliche Funktion, weil er sie z.B. bei der Verfassungsbeschwerde geltend machen kann. Ihre Bedeutung haben die Einrichtungsgarantien z.B. genau wie die objektiv-rechtliche Dimension bei der Güterabwägung. Trotzdem sind sie von dieser zu unterscheiden, da z.B. die Meinungs- oder Pressefreiheit (vgl. o.) gesellschaftliche Tatbestände, nicht aber Rechtsinstitut bzw. -institution sind.

6. Grundrechte als Verfahrens- und Organisationsrechte

GRe als Verfahrens- und Organisationsrechte

Schließlich sollen die Grundrechte nach Ansicht des BVerfG auch eine ihren Schutz effektuierende Organisations- und Verfahrensgestaltung gewährleisten: 92

Verfahren müssen also so gestaltet sein, dass schon formale Sicherungsmechanismen für die Grundrechte bestehen, welche dann auch nicht als bloße Ordnungsvorschriften, sondern als drittschützende (und damit z.B. verwaltungsrechtlich angreifbare) Normen zu verstehen sind.

B) Prüfungsschema zur Verletzung von Freiheitsgrundrechten

Prüfungsschema zu den Freiheitsgrundrechten

Zentraler Punkt von Grundrechtsklausuren ist die Prüfung, ob eine Grundrechtsverletzung vorliegt. Dabei kann unterschieden werden zwischen Grundrechten mit Gesetzesvorbehalt und solchen, die dem Wortlaut nach schrankenlos gewährleistet werden, z.B. Art. 4, 5 III GG. Der Regelfall, von dem hier ausgegangen werden soll, sind Grundrechte mit Gesetzesvorbehalt (= Schrankenvorbehalt), die Besonderheiten für vorbehaltlos gewährte Grundrechte werden im Anschluss (Rn. 125 ff.) dargestellt. 93

hemmer-Methode: Beachten Sie auch beim nachfolgenden Schema, dass es nicht zu starr und unreflektiert angewendet werden darf. Allerdings sollten zumindest die Überpunkte I - IV, sowie die Prüfung der Verhältnismäßigkeit (IV, 1a - d) immer kurz angesprochen werden.
An anderen Stellen, z.B. bei der formellen Verfassungsmäßigkeit der Schranke, kann häufig der Hinweis genügen, dass nach dem Sachverhalt keine Probleme ersichtlich sind. Neben diesem Schema werden auch dreigliedrige (Schranken-Schranken als Unterpunkt der Schranken) oder zweigliedrige (Eingriff in den Schutzbereich/Rechtfertigung) vorgeschlagen.

Zumindest für eine Grundrechtsklausur (d.h. z.B. in der Begründetheit einer Verfassungsbeschwerde) dürfte aber der hier gewählte viergliedrige Aufbau am übersichtlichsten sein. Eine der knapperen Varianten kann sich z.B. aber anbieten, wenn in einer Verwaltungsrechtsklausur im Rahmen der materiellen Rechtmäßigkeit eines Verwaltungsaktes die Vereinbarkeit mit den Grundrechten des Adressaten kurz abgehandelt werden soll.

Verletzung eines Grundrechtes mit Gesetzesvorbehalt:

I. Eröffnung des Schutzbereichs (persönlicher/sachlicher)

II. Eingriff

III. Schranken (Rechtfertigung des Eingriffs)

- **1.** Ermittlung eines Schrankenvorbehalts
- **2.** Formelle Verfassungsmäßigkeit
- **3.** Materielle Verfassungsmäßigkeit

IV. Schranken-Schranken

- **1.** Grundsatz der Verhältnismäßigkeit
  - **a)** Legitimer Zweck
  - **b)** Geeignetheit
  - **c)** Erforderlichkeit
  - **d)** Angemessenheit
- **2.** Wesensgehaltsgarantie

I. Eröffnung des Schutzbereichs

Eröffnung des Schutzbereichs

Die einzelnen Grundrechte schützen jeweils einzelne Bereiche, Umstände oder Verhaltensweisen des Grundrechtsträgers. Dabei ist zu unterscheiden zwischen dem persönlichen und dem sachlichen Schutzbereich: 94

persönlicher Schutzbereich: Wer wird geschützt?

1. Vom persönlichen Schutzbereich des Grundrechts werden überhaupt nur die Personen erfasst, die Träger desselben sein können. Problematisch in der Klausur können hier die sog. Bürger- bzw. Deutschenrechte sein, die nach dem eindeutigen Grundgesetz-Wortlaut nur Deutschen zustehen. 95

Wer Deutscher i.S.d. Grundgesetzes ist, bestimmt sich nach Art. 116 I GG und ist weiter zu verstehen als der Begriff der deutschen Staatsbürgerschaft. Die Kenntnis problematischer Einzelheiten kann hier im Rahmen einer Klausur nicht verlangt werden.[99]

[99] Näher Jarass/Pieroth, Art. 116 GG, Rn. 1 - 6.

str. für Art. 2 I GG als Auffanggrundrechte für Nichtdeutsche

Streitig ist, inwiefern sich Nichtdeutsche in den durch Deutschengrundrechte geschützten Lebensbereichen auf den subsidiären Schutz des Art. 2 I GG als Auffanggrundrecht berufen können, doch wird sich diese Frage - wie auch andere des persönlichen Schutzbereichs - i.d.R. schon bei der Zulässigkeit i.R.d. Antragsberechtigung (vgl. o. Rn. 38 ff.) stellen.

sachlicher Schutzbereich: welches Verhalten/Rechtsgut wird geschützt?

2. Dem sachlichen Schutzbereich des Grundrechts unterfallen die Tätigkeiten, Verhaltensweisen, Rechtsgüter etc., die sein Wortlaut umfasst. I.d.R. hat man hier mit einer (vorläufigen) Definition der zentralen Begriffe (z.B. Versammlung, Beruf) zu beginnen, wobei bei manchen Grundrechten (v.a. für den Kunstbegriff in Art. 5 III GG) schon hier das Problem besteht, dass eine allgemein gültige Definition kaum zu finden ist bzw. von manchen[100] für gar nicht möglich gehalten wird. In solchen Fällen ist es Aufgabe des Bearbeiters, eine zumindest für den Fall tragfähige Umschreibung zu finden. *96*

hemmer-Methode: Man sollte sich für den sachlichen Schutzbereich merken, dass das BVerfG die Interpretation des Schutzbereichs bevorzugt, „welche die juristische Wirkungskraft der Grundrechtsnorm am stärksten entfaltet",[101] also hier grds. extensiv auslegt. Dies kommt Ihnen für die Klausur gelegen, da Sie so mit weiteren Problemen wie der Rechtfertigung und den Schranken-Schranken zusätzliche Punkte sammeln können. Anders als im wirklichen Leben gilt für Klausur und Hausarbeit: Probleme schaffen, nicht wegschaffen.

GR-Konkurrenzen (= ein Verhalten wird von mehreren GRen geschützt)

3. Ebenfalls im Prüfungspunkt „Schutzbereich" kann das Problem der Grundrechtskonkurrenzen[102] angesprochen werden. Dies wird relevant in Konstellationen, in denen ein Verhalten von mehreren Grundrechten zugleich geschützt wird. *97*

Bsp.: *Häufiges Beispiel ist eine Demonstration, die sowohl von Art. 8 GG als auch von Art. 5 I GG geschützt sein kann.*

grds. Art. 2 I GG subsidiär

Hier ist zunächst zu beachten, dass das Auffanggrundrecht des Art. 2 I GG subsidiär zu den Spezialgrundrechten der Art. 4 ff. GG und deshalb auch i.d.R. (wenn überhaupt noch) erst nach diesen zu prüfen ist. *98*

i.Ü. nach stärkerer sachlicher Beziehung zu entscheiden; auch Idealkonkurrenz möglich

Im Übrigen ist zu entscheiden, ob ein Grundrecht einem anderen in der speziellen Situation vorgeht, da es „nach seinem Sinngehalt die stärkere sachliche Beziehung zu dem zu prüfenden Sachverhalt"[103] aufweist.

---

100 Für die Kunst vgl. Jarass/Pieroth, Art. 5 GG, Rn. 67.

101 St. Rspr., z.B. E 32, 54 (72), Az. 1 BvR 280/66 = **juris**byhemmer; E 39, 1-95 (37), Az. 1 BvF 1/74 = **juris**byhemmer.

102 Vgl. dazu näher m.w.N. **Hemmer/Wüst, Staatsrecht I, Rn. 105**.

103 BVerfGE 64, 229-242 (238 f.), Az. 1 BvR 1025/79 = **juris**byhemmer; BVerfGE 67, 186-199 (195), Az. 1 BvL 44/80 = **juris**byhemmer.

Ist auch dies nicht der Fall, sind beide Grundrechte parallel anwendbar, wobei man zweckmäßigerweise mit dem beginnen wird, das einen zumindest „etwas stärkeren Sachbezug“ hat.

II. Eingriff

Eingriff: häufig unproblematisch

1. Häufig ist das Vorliegen eines Eingriffs in der Klausur unproblematisch. 99
Dann kann dies durch eine kurze Formulierung, dass das angegriffene staatliche Handeln grundrechtlich garantierte Freiheiten verkürzt, festgestellt werden.

> **Bsp.:** *Unproblematisch zu bejahen ist das Vorliegen eines Eingriffes z.B. bei einem belastenden Verwaltungsakt gegenüber dessen Adressaten.*

bei mehreren Maßnahmen Eingriffsakt genau benennen

In solchen Fällen kann es allenfalls ratsam sein, in der Klausur 100
den Eingriffsakt genau zu bezeichnen (Beschwerdegegenstand). So wird sich im Beispiel des belastenden Verwaltungsaktes der Beschwerdeführer einer Verfassungsbeschwerde i.d.R. (zumindest auch) gegen das letztinstanzliche Urteil richten.

problematischer bei Ausgestaltungsmöglichkeiten für Gesetzgeber

2. Problematischer ist die Bestimmung des Eingriffs dagegen, wenn das betreffende Grundrecht einer Ausgestaltung durch den Gesetzgeber zugänglich ist oder sogar seiner bedarf (sog. normgeprägte Schutzbereiche), wie das z.B. bei Art. 6 I GG (Bestimmung der Ehe) und v.a. bei Art. 14 GG (Umfang des Eigentums, vgl. dazu unten Rn. 205 ff.) der Fall ist.

hier Eingriff erst dann, wenn Regelung verfassungsrechtlichem Leitbegriff nicht mehr entspricht

In diesen Fällen sind definierende Regelungen erst dann als Ein- 101
griff zu betrachten, wenn das Ergebnis dem verfassungsrechtlichen Leitbegriff nicht mehr entspricht. Interessenabwägungen, die sonst über die Verhältnismäßigkeit einer Maßnahme entscheiden, kommen hier also schon bei der Abgrenzung von Eingriff und Ausgestaltung zum Tragen.[104]

> **Bsp.:** *Die in Art. 6 GG geschützte Ehe bedarf einer näheren gesetzlichen Ausgestaltung. Die Möglichkeit einer Ehescheidung unter (eng genug) festgelegten Voraussetzungen ist mit dem verfassungsrechtlichen Leitbegriff der Ehe noch in Einklang zu bringen. Dies wäre dagegen bei einer alle drei Jahre automatisch auslaufenden Ehe nicht mehr der Fall.*

klassischer und moderner Eingriffsbegriff

3. Ebenfalls mehr Denk- und Schreibarbeit ist in der Klausur ge- 102
fordert, wenn kein klassischer Eingriff, sondern nur ein sonstiges belastendes staatliches Handeln vorliegt.

---

[104] Zum Vorgehen bei Art. 14 GG vgl. unten Rn. 212 ff.; zur Frage, ob das Vorliegen eines Eingriffs wegen eines Grundrechtsverzicht verneint werden muss, vgl. **Hemmer/Wüst, Staatsrecht I, Rn. 108**.

klassischer Eingriff

Der klassische Eingriffsbegriff setzte ein finales staatliches Handeln durch Rechtsakt voraus, das mit Befehl und Zwang durchsetzbar ist und unmittelbar das grundrechtlich geschützte Verhalten einschränkt (sog. imperativer Eingriff).

> **Bsp.:** *Wichtigstes Beispiel für einen solchen klassischen Eingriff ist wieder der belastende Verwaltungsakt.*

⇨ für modernen Staat zu eng

Demgegenüber hat sich das Verständnis durchgesetzt, dass dem modernen Staat unter dem Grundgesetz dieser enge Begriff nicht genügen kann, insbesondere kann der Bürger auf viele verschiedene Arten durch staatliches Handeln in seinen Freiheiten beeinträchtigt werden.

Deshalb werden folgende Modifikationen zugelassen:[105]

⇨ erweitert auch auf faktische Maßnahmen

- Fast einhellig wird auf die Kriterien des Rechtsakts und der Durchsetzbarkeit mit Befehl und Zwang verzichtet, vielmehr kommen als Eingriffe auch faktische Maßnahmen in Betracht.

problematisch

- Streitig ist dagegen die Behandlung von Fällen, in denen die Unmittelbarkeit fehlt

> **Bsp.:** *Wichtige Beispiele sind hier v.a. behördliche Warnungen, z.B. vor kontaminierten Lebensmitteln oder dem Wirken von Jugendsekten.*[106]

Hier kommt es zumindest in der Klausur v.a. auf eine nachvollziehbare eigene Argumentation an, in die folgende Gesichtspunkte einfließen können: die Finalität des Handelns, die Typizität einer Grundrechtsbeeinträchtigung als Folge des staatlichen Handelns, die Intensität der Beeinträchtigung und eine Auslegung des Schutzzwecks des jeweiligen Grundrechts.

hemmer-Methode: Rein klausurtaktisch werden Sie in aller Regel einen Eingriff bejahen müssen, da Sie sonst nicht zum Schwerpunkt der Klausur, der Rechtfertigung, gelangen!
Mit solchen Fällen der nur mittelbaren Grundrechtsbetroffenheit werden Sie häufig auch im Verwaltungsrecht konfrontiert. Liegt bspw. bereits dann ein Eingriff vor, wenn die Polizei in sog. Gefährderanschreiben mögliche Gewalttäter lediglich warnt, aber noch kein Ver- oder Gebot erlässt? Auch hier werden Sie schon aus klausurtaktischen Gründen regelmäßig den Eingriff bejahen müssen, da eine Klage sonst schon unzulässig ist und die Polizei überdies keine Rechtsgrundlage für ihr Handeln benötigt.

---

105 Vgl. dazu näher m.w.N. **Hemmer/Wüst, Staatsrecht I, Rn. 110 ff.**

106 Lehrreich zu den Jugendsektenentscheidungen, auch unter dem Gesichtspunkt des mittelbaren Eingriffs Discher, JuS 1993, 463-471.

➲ Soweit (nach einem erweiterten Grundrechtsverständnis) Freiheitsgrundrechten auch Nichtdiskriminierungs-, Leistungs- oder Schutzfunktionen zukommen (vgl. o. Rn. 79 ff.), ist an das Vorliegen eines Eingriffs immer auch bei Diskriminierungen oder der Nichtgewährung von Leistungen bzw. Schutz zu denken.

Bsp.: Aus Art. 7 IV GG wird über die Einrichtungsgarantie der Privatschulfreiheit über die Abwehrfunktion hinaus auch die Möglichkeit eines Leistungsanspruchs angenommen.[107] *Wird diese Leistung nicht gewährt, kann darin ein Eingriff liegen.*

III. Schranken (Rechtfertigung des Eingriffs)

1. Allgemeines

Eingriff ist nicht verfassungswidrig, wenn von Schranken gedeckt

103 Erfolgt ein Eingriff in den Schutzbereich eines Grundrechts, kann die betreffende Maßnahme aber gleichwohl verfassungsmäßig sein, wenn sie durch eine entsprechende Schranke gerechtfertigt ist.

hemmer-Methode: Achten Sie auf die richtigen Begrifflichkeiten! Obwohl an sich das Schema später richtig weiter geprüft wird, sprechen viele Bearbeiter schon in der Eingriffsstufe von „Verletzung" des Grundrechts. Ein dummer Fehler, der einen schlechten Eindruck macht, und eigentlich sehr leicht vermeidbar ist. Denken Sie an den (oft) genervten Korrektor, der nach leicht objektivierbaren Kriterien für die Notenabstufung sucht.

104 **a)** Dabei ist zu unterscheiden zwischen sog. einfachen und qualifizierten Gesetzesvorbehalten (= Schrankenvorbehalten):[108]

➲ einfache Gesetzesvorbehalte verlangen nur, dass der Eingriff durch Gesetz oder aufgrund eines Gesetzes erfolgt, z.B. Art. 2 II S. 3, 8 II, 10 II S. 1 GG.

➲ qualifizierte Gesetzesvorbehalte lassen dagegen eine Beeinträchtigung des Grundrechts nur zu, wenn das Gesetz bestimmten, näher spezifizierten Zwecken dient bzw. Anforderungen genügt, z.B. Art. 5 II GG (allgemeine Gesetze) oder Art. 11 II GG (drohende Gefahr für die dort näher aufgezählten Rechtsgüter).

---

107 Vgl. dazu auch m.w.N. **Hemmer/Wüst, Staatsrecht I, Rn. 229**.

108 Zur Rechtfertigung bei vorbehaltlos gewährten Grundrechten s. unten Rn. 125.

verschiedene Arten der Gesetzesvorbehalte (z.B. Eingriff, Ausgestaltung, etc.)

b) Außerdem kann nach dem Wortlaut der jeweiligen Grundrechtsschranken unterschieden werden zwischen „Eingriffsvorbehalten“, „Schrankenvorbehalten“, „Ausgestaltungsvorbehalten“ und „Regelungsvorbehalten“, was aber an dieser Stelle keine Rolle spielt, sondern eigentlich nur bei der Anwendbarkeit des Art. 19 I GG von Bedeutung ist.[109] 105

Gesetzesbegriff: grds. im formellen Sinne

c) Soweit die Einschränkung durch Gesetz oder aufgrund eines solchen möglich ist, ist der Begriff des Gesetzes von Interesse:[110] Nach h.M. ist damit im Zweifel ein Gesetz im formellen Sinn, also ein Parlamentsgesetz (im Gegensatz zu Verordnungen oder Satzungen[111]) gemeint. Etwas anderes kann sich aber im Einzelfall aus der Auslegung des Grundrechts ergeben. 106

jedenfalls immer auch Eingriffe aufgrund eines Gesetzes möglich

Darüber hinaus ist zu berücksichtigen, dass immer dann, wenn eine Einschränkung aufgrund eines Gesetzes möglich ist, diese nicht nur durch einen (parlaments-) gesetzesvollziehenden Verwaltungsakt, sondern auch durch eine (bzw. auf der Grundlage einer) untergesetzliche(n) Rechtsnorm erfolgen kann. Diese muss aber ihre Grundlage in dem formellen Gesetz haben, was sich für Verordnungen aus Art. 80 GG ergibt und auch für Satzungen anerkannt ist. 107

> ***Bsp.:*** *Regelungen über Anschluss- und Benutzungszwänge können in gemeindlichen Satzungen getroffen werden, die aber einer (über die allgemeine Verleihung der Satzungsautonomie hinausgehenden) gesetzlichen Grundlage bedürfen, weil sie in die Grundrechte der Bewohner (Art. 14 GG) eingreifen.*

Wesentlichkeitstheorie

Im Verhältnis zwischen Gesetzgeber und Verordnungsgeber wird dabei – noch über Art. 80 I S. 2 GG hinausgehend – nach der sog. Wesentlichkeitstheorie verlangt, dass der Gesetzgeber in grundlegenden Bereichen, insbesondere bei der Grundrechtsausübung, alle wesentlichen Entscheidungen selbst zu treffen hat.[112]

Auch solche Schranken, die das Grundgesetz gestattet, können Grundrechte aber nur verfassungsgemäß einschränken, wenn sie auch ihrerseits formell und materiell verfassungsmäßig sind.

hemmer-Methode: Nach dem vorliegenden Schema wird also die formelle und materielle Verfassungsmäßigkeit schon als Anforderung an die Schranke geprüft. Erst im Anschluss werden die Fragen der Verhältnismäßigkeit und der Wesensgehaltsgarantie im Prüfungspunkt „Schranken-Schranken“ erörtert.

---

109 Vgl. dazu Rn. 111.

110 Vgl. dazu näher **Hemmer/Wüst, Staatsrecht I, Rn. 117 f.**; außerdem in diesem Gesamtzusammenhang zum Gesetzesbegriff **Hemmer/Wüst, Staatsrecht II, Rn. 112 ff.**

111 Vgl. unten Rn. 229, 230.

112 Vgl. dazu näher m.w.N. **Hemmer/Wüst, Staatsrecht I, Rn. 118**, sowie zu den Rechtsverordnungen allgemein **Hemmer/Wüst, Staatsrecht II, Rn. 114 ff.**; BVerfG, NJW 1998, 669, Az. 2 BvR 980/97 = **juris**byhemmer.

Denkbar wäre es aber auch, bei den Schranken überhaupt nur die Existenz eines Gesetzesvorbehalts sowie die Erfüllung einer eventuellen Qualifikation zu prüfen und die Fragen der formellen und materiellen Verfassungsmäßigkeit bereits als Problem der Schranken-Schranken zu verstehen.
Nochmals zur Klarstellung: Schrankenvorbehalt ist die Passage eines Grundrechts, die eine Einschränkung desselben zulässt. Die Schranke ist dann ein Gesetz, das diesen Schrankenvorbehalt formell und materiell verfassungsgemäß ausfüllt.

2. Formelle Verfassungsmäßigkeit

formelle Verfassungsmäßigkeit der Schranke

Die formelle Verfassungsmäßigkeit eines Gesetzes wirft in der Klausur häufig keine Probleme auf, insbesondere bei realen (also nicht fiktiven neuen) Gesetzen wird i.d.R. davon auszugehen sein, dass die formellen Erfordernisse eingehalten wurden. 108

hemmer-Methode: Noch einmal zur Verdeutlichung: Obwohl die formellen Anforderungen eher eine objektiv-rechtliche Zielsetzung haben, kann ein Verstoß gegen sie z.B. zur Begründetheit einer Verfassungsbeschwerde führen, da ein Grundrecht nur aufgrund eines formell verfassungsmäßigen Gesetzes eingeschränkt werden darf. Bedeutung kann die formelle Verfassungsmäßigkeit außerdem beim „Prüfungsrecht des Bundespräsidenten" (Rn. 278 ff.) haben, da dieses für formelle Verstöße nahezu einhellig anerkannt wird.

mögliche Prüfungspunkte

Prüfungspunkte, die gleichwohl angesprochen und erforderlichenfalls näher ausgeführt werden können, sind:

- Gesetzgebungskompetenz

a) Gesetzgebungskompetenz: Hier ist zu unterscheiden zwischen der Kompetenz des Bundes und der Länder, welche nach Art. 70 ff. GG voneinander abzugrenzen sind.[113] 109

- Gesetzgebungsverfahren

b) Gesetzgebungsverfahren, Art. 76 ff. GG: Hier werden sich in der Klausur selten Probleme ergeben oder aber diese nur die Grundzüge betreffen.[114] 110

- Zitiergebot (eng ausgelegt)

c) Zitiergebot: Nach Art. 19 I S. 2 GG müssen Gesetze, durch die oder aufgrund derer Grundrechte eingeschränkt werden sollen, das betreffende Grundrecht unter Angabe des Artikels nennen. Diese Vorschrift soll den Gesetzgeber zwingen, sich über die grundrechtsrelevanten Auswirkungen seines Handelns klar zu werden. 111

---

113 Vgl. dazu unten Rn. 253 ff., sowie näher und m.w.N. **Hemmer/Wüst, Staatsrecht I, Rn. 144 ff.**

114 Vgl. dazu unten Rn. 259 ff., sowie näher m.w.N. **Hemmer/Wüst, Staatsrecht II, Rn. 168 ff.**

Allerdings wird Art. 19 I S. 2 GG von der h.M. eng ausgelegt: Zum einen soll er (streng nach dem Wortlaut) nur die „Einschränkungsvorbehalte“ (also Art. 2 II S. 3, 6 III, 8 II, 10 II, 11 II, 13 II, III und 16 I S. 2 GG) erfassen, nicht dagegen die Regelungsvorbehalte (z.B. Art. 12 I S. 2 GG), Inhaltsbestimmungen (Art. 14 I S. 2 GG) oder auch die ungeschriebenen, verfassungsimmanenten Schranken (dazu vgl. u. Rn. 127 ff.). Vor allen Dingen gilt er nicht bei bloßen Eingriffen in Art. 2 I GG.

Zum anderen soll das Zitiergebot für vorkonstitutionelle Gesetze nicht gelten sowie für solche, die bereits bestehende Einschränkungen lediglich unverändert oder geringfügig modifiziert wiedergeben.

- Verbot des Einzelfallgesetzes

d) Verbot des einschränkenden Einzelfallgesetzes: Nach Art. 19 I S. 1 GG kann ein grundrechtseinschränkendes Gesetz nur verfassungsgemäß sein, wenn es allgemein und nicht nur für den Einzelfall gilt. Die Bedeutung des Art. 19 I S. 1 GG ist dabei insofern gering, als dieses Erfordernis sich auch schon aus Art. 3 I GG ergibt, wenn man mit der h.M. Art. 19 I S. 1 GG so auslegt, dass der Gesetzgeber v.a. nicht einen Fall aus einer Reihe gleichartiger Sachverhalte willkürlich herausgreifen und einer Sonderregelung zuführen soll. 112

hemmer-Methode: Da hier inhaltliche Anforderungen eine große Rolle spielen, wäre es auch vertretbar, diesen Punkt in der materiellen Verfassungsmäßigkeit zu prüfen.

Zur Anwendung des Art. 19 I S. 1 ist noch festzuhalten, dass er seinem Sinn nach zwar nicht anwendbar ist, wenn ein Gesetz gegenwärtig nur einen Fall betrifft, seine Anwendung auf weitere Fälle in Zukunft aber durchaus möglich ist, wohl aber dann, wenn ein abstrakt-generell gehaltenes Gesetz in Wahrheit nur einen Fall betrifft und auch nur diesen einen Fall treffen soll („getarntes Einzelfallgesetz“).

3. Materielle Verfassungsmäßigkeit

materielle Verfassungsmäßigkeit

Wenn man nach dem hier vorgeschlagenen Schema die Verhältnismäßigkeit als eigenen Prüfungspunkt behandelt, ist die materielle Verfassungsmäßigkeit häufig kurz abzuhandeln. Zwei Probleme, die bei einschlägigen Sachverhalten anzusprechen sind, sind das sog. Rückwirkungsverbot und der Bestimmtheitsgrundsatz. Diese werden hier aber im größeren Zusammenhang als Bestandteile des Rechtsstaatsprinzips dargestellt (vgl. u. Rn. 238 ff.). Im Übrigen können eine Rolle spielen: 113

Erfüllung von Schrankenqualifikationen

- Soweit es sich beim Gesetzesvorbehalt um einen qualifizierten handelt, ist die Frage, ob seine speziellen Voraussetzungen erfüllt sind, eine der materiellen Verfassungsmäßigkeit. Denkbar erscheint es freilich auch, diese unmittelbar an die Benennung des entsprechenden Schrankenvorbehalts anzuschließen. 114

Bsp.: Bevor man zur Frage kommt, ob ein Gesetz mit Einschränkungen zur Meinungsfreiheit des Art. 5 I GG verhältnismäßig ist, muss geprüft werden, ob es sich überhaupt um ein „allgemeines" Gesetz i.S.d. Art. 5 II GG handelt (vgl. unten Rn. 165 ff.).

Willkürverbot

- Das BVerfG prüft z.T. i.R.d. materiellen Verfassungsmäßigkeit noch Verstöße gegen das Willkürverbot. Für die Klausur erscheint es aber vorzugswürdig, diese Prüfung anhand von Art. 3 I GG als eigenen Prüfungspunkt durchzuführen. 115

IV. Schranken-Schranken

Schranken-Schranken

Häufig wichtigster Prüfungspunkt in einer Klausur sind die sog. „Schranken-Schranken". Sie sind – wie der Wortlaut verdeutlicht – die Schranken der Schranken: 116

Auch Grundrechte mit Gesetzesvorbehalt dürfen nicht unbegrenzt eingeschränkt werden, sie stehen nicht zur beliebigen Disposition des Gesetzgebers.

Dieser muss umgekehrt bei seinen einschränkenden Gesetzen gleichsam als Wechselwirkung auch die Wertungen des jeweiligen Grundrechts beachten. Außerdem sollen Einschränkungen nicht weiter gehen, als unbedingt erforderlich ist.

Eine Beschränkung ist deshalb nur dann verfassungsrechtlich unbedenklich, wenn sie:

- verhältnismäßig i.w.S. ist (vgl. Rn. 117 ff.) und
- der Wesensgehalt des beschränkten Grundrechts erhalten bleibt (vgl. Rn. 124).

hemmer-Methode: Während die meisten Bearbeiter das allgemeine Prüfungsschema normalerweise ähnlich sicher beherrschen, liegen hier i.d.R. die wesentlichen Unterschiede. Das eigene Denken und Argumentieren im jeweiligen Fall kann und soll Ihnen dieses Skript nicht abnehmen. Eignen Sie sich aber für diese Argumentation schon frühzeitig eine saubere juristische Technik an, mit der Sie Ihre Ideen „bestmöglich verkaufen" können.
Tipp: Versuchen Sie, in einer Art Selbstgespräch die maßgeblichen Gedanken nachzuvollziehen. Versetzen Sie sich in die „jeweiligen Personen" und versuchen Sie, für beide Positionen schlagkräftige Argumente zu finden.

1. Grundsatz der Verhältnismäßigkeit[115]

Verhältnismäßigkeitsgrundsatz

Für die Verhältnismäßigkeitsprüfung, die das Kernstück vieler Klausuren darstellt, haben sich (wie im Schema bei Rn. 93 schon dargestellt) folgende Prüfungsschritte eingebürgert.

- legitimer Zweck

a) Die Einschränkung muss einem legitimen Zweck dienen: Dazu muss das gesetzgeberische Ziel auf das Wohl der Allgemeinheit gerichtet sein. Dabei ist dem Gesetzgeber freilich ein weiter Beurteilungsspielraum einzuräumen. 117

Bsp.: *Vorschriften über die Sicherheitsanforderungen von Industrieanlagen, welche die Gewerbe- und Eigentumsfreiheit beeinträchtigen können, dienen z.B. dem Schutz der menschlichen Gesundheit (Art. 2 II GG) oder der Erhaltung der natürlichen Lebensgrundlagen (Art. 20a GG).*

hemmer-Methode: Trotz des weiten Spielraums sollten Sie in der Klausur versuchen, die Legitimität des Zwecks wenn möglich an verfassungsrechtlichen Vorgaben festzumachen, z.B. am Schutz anderer Grundrechte.
Das erklärte Ziel des Gesetzgebers ergibt sich gerade bei neueren Gesetzen aus einem der einleitenden Paragraphen, im Übrigen aus der Auslegung der konkreten Norm. Dieser Punkt ist seltener problematisch. Die Anforderungen an den legitimen Zweck sind weitaus höher, soweit es um Grundrechte ohne geschriebenen Schrankenvorbehalt geht.[116]

- Geeignetheit

b) Das gewählte Mittel muss geeignet sein, das gesetzgeberische Ziel zu erreichen. Auch hier ist ein Beurteilungsspielraum des Gesetzgebers zu berücksichtigen und im Einzelfall sind selbstverständlich Hypothesen zulässig. 118

- Erforderlichkeit

c) Das gewählte Mittel muss ferner erforderlich sein, d.h. es darf kein milderes (= weniger eingreifendes) Mittel denkbar sein, das den gleichen Erfolg erzielt. 119

- Angemessenheit

d) Schließlich muss das Mittel angemessen (= verhältnismäßig i.e.S.) sein, d.h. das angestrebte Ziel und die dafür in Kauf genommene Belastung des Bürgers dürfen nicht außer Verhältnis zueinanderstehen. Um dies zu ermitteln, ist eine präzise Abwägung zwischen den betroffenen Interessen vorzunehmen, für die folgendes Vorgehen empfohlen wird. 120

keine Position vollständig verdrängt

aa) Zunächst gehört es zu einer Abwägung bzw. zu einem gerechten Ausgleich, dass keine der im Streit stehenden Positionen völlig verdrängt werden. 121

---

115 Ausführlicher dazu **Hemmer/Wüst, Staatsrecht I, Rn. 131 ff.**

116 Vgl. hierzu Rn. 132.

abstrakte Wertigkeit

bb) In einem ersten Prüfungsschritt ist sodann das abstrakte Wertverhältnis der betroffenen Positionen zu vergleichen: Hier kann z.B. ein Unterschied bestehen zwischen verfassungsrechtlichen und einfachgesetzlichen Positionen, zwischen Grundrechten mit und ohne Gesetzesvorbehalt oder zwischen solchen, die „nur" der Selbstverwirklichung dienen, und solchen, die auch eine Bedeutung für die politische Willensbildung haben. *122*

konkrete Wertigkeit

cc) Ist man so zu einer ersten Einschätzung gelangt, wird in einem zweiten Schritt die eigentliche (und für das Ergebnis wichtigere) Abwägung im konkreten Fall vorgenommen: *123*

Hierbei ist v.a. nach der Eingriffsintensität zu fragen, wobei ein Eingriff intensiver ist, wenn er das Grundrecht in seinem Kernbereich trifft, als wenn er nur die Peripherie berührt. Es ist also zu prüfen, ob eine Ausübung des Grundrechts nahezu völlig unmöglich wird oder ob nur eine bestimmte Modalität beschnitten wird, die durch funktional gleichwertige Grundrechtsbetätigungen ersetzbar ist.

hemmer-Methode: Merken Sie sich als schnell einprägsamen Leitsatz: Der Grundsatz der Verhältnismäßigkeit verlangt, dass Umfang und Intensität des Eingriffs auf das zur Erreichung des Ziels unerlässliche Maß beschränkt bleibt.
Sicher dürfen „Spatzen nicht mit Kanonen" beschossen werden.
Hier werden in der Klausur viele Punkte vergeben! Machen Sie also Ihre Argumentation dem Korrektor nachvollziehbar.
So unterscheiden Sie sich von einer „Abwägung", die nur in den Kategorien „Vorteile - Nachteile - Ergebnis" auf dem Niveau eines Deutschaufsatzes aus der Mittelstufe arbeitet. Wichtig ist hierbei neben einem geschulten Judiz auch die Sachverhaltsanalyse: Nehmen Sie die von den handelnden Personen vorgebrachten Argumente auf („Echoprinzip")!
Unterscheiden Sie auch schon bei der Sachverhaltsaufnahme Tatsachen von vorgenommenen Wertungen. Trainiert wird diese klausurtypische Vorgehensweise am großen Fall im Hauptkurs des Juristischen Repetitoriums Hemmer.

Ein anschauliches Beispiel für das Vorgehen in der Verhältnismäßigkeitsprüfung bildet der vom BVerfG entschiedene sog. „Liquorentnahme-Fall".[117]

> ***Bsp.:*** *Arm (A) wird wegen einer Bagatellstraftat strafrechtlich verfolgt. Als sich Zweifel an seiner Schuldfähigkeit ergeben, wird gestützt auf § 81a StPO eine Liquorentnahme angeordnet, bei der durch eine Hohlnadel Rückenmarksflüssigkeit aus der Wirbelsäule entnommen wird.*

117 BVerfGE 16, 194, Az. 1 BvR 790/58 = jurisbyhemmer.

Der Gerichtsarzt hatte erklärt, nur so über eine mögliche Nervenerkrankung und eine damit verbundene Schuldunfähigkeit Auskunft geben zu können. Ein solches Verfahren ist sehr schmerzhaft, nicht selten mit Nebenwirkungen verbunden und in wenigen Fällen können Komplikationen auftreten.

Hinsichtlich der Verhältnismäßigkeit ist zwischen der Norm des § 81a StPO selbst und dem konkreten Einschreiten zu unterscheiden.

1. § 81a StPO dient der Aufklärung von Straftaten und damit einem legitimen Zweck: Dies ergibt sich zum einen aus dem Rechtsstaatsgebot (Art. 20 III GG), zum anderen daraus, dass der Staat mit der Verfolgung von Straftaten auch individuelle Rechtsgüter des Einzelnen schützt. Da § 81a StPO diesem Ziel grds. auch dienen kann, ist er auch geeignet und - soweit keine andere Möglichkeit der Aufklärung besteht - auch erforderlich.

Zur Frage, der Verhältnismäßigkeit i.e.S. ist zunächst das Interesse an der Strafverfolgung mit der durch § 81a StPO berührten körperlichen Unversehrtheit abstrakt abzuwägen. Hier ergibt sich zwar wohl ein Übergewicht des zentralen Rechtsguts der körperlichen Unversehrtheit, allerdings kann im konkreten Einzelfall ein Vorrang der Strafverfolgung vor geringfügigen Eingriffen (z.B. Blutentnahme) bestehen. § 81a StPO als solches ist damit verfassungsgemäß.

hemmer-Methode: Normen, die Behörden für den Einzelfall ein Ermessen oder einen Beurteilungsspielraum einräumen, sind regelmäßig nicht unverhältnismäßig, da die Behörden die Norm im Einzelfall verhältnismäßig, d.h. verfassungskonform, auslegen müssen.

2. Hinsichtlich der Anordnung im vorliegenden Fall gilt bzgl. des legitimen Zwecks und der Geeignetheit das oben Gesagte.

Da auf anderem Wege auch nichts über eine Nervenkrankheit herausgefunden werden kann, ist die Anordnung auch erforderlich. Allerdings ist sie nicht verhältnismäßig i.e.S. (= angemessen):

Hier überwiegt nämlich die körperliche Unversehrtheit das Interesse an weiterer Sachverhaltsaufklärung nicht nur abstrakt, sondern auch (und vor allem) konkret. Es handelt sich nämlich einerseits um eine Bagatellstraftat, andererseits um einen sehr schmerzhaften Eingriff mit Nebenwirkungen und dem nicht ganz unerheblichen Risiko von Folgeschäden.

2. Wesensgehaltsgarantie[118]

Wesensgehaltsgarantie

Nach Art. 19 II GG muss bei einer Grundrechtsbeschränkung jedenfalls dessen Wesensgehalt erhalten bleiben. Die überwiegende Ansicht fordert die Erhaltung dieses Wesensgehaltes nicht nur „gesamtgesellschaftlich“, sondern für jeden einzelnen Grundrechtsträger. 124

> **Bsp.:** *Die Todesstrafe könnte verfassungswidrig sein, da dem Einzelnen hier niemals ein Restbereich bleibt.*[119]

Für die Bestimmung des Wesensgehalts gibt es zwei Ansätze, nämlich

absolute Theorie

- die absolute Theorie, die einen unabhängig von der jeweiligen Situation zu bestimmenden absoluten Wesensgehalt postuliert, und

relative Theorie

- die relative Theorie, nach der zu untersuchen ist, ob in jeder konkreten Situation ein relativer Wesensgehalt gewahrt bleibt.[120]

V. Besonderheiten für vorbehaltlos gewährte Grundrechte[121]

Schema für schrankenlose GRe

Da sich das oben dargestellte Schema an den Schranken und Schranken-Schranken orientiert, gilt es primär für Grundrechte mit Gesetzesvorbehalt. Es gibt aber auch Grundrechte ohne Gesetzesvorbehalt. Für diese ergibt sich folgendes Schema: 125

Verletzung eines Grundrechtes ohne Gesetzesvorbehalt:

1. Eröffnung des Schutzbereichs
2. Eingriff in den Schutzbereich
3. Schranken, v.a. Schrankenvorbehaltsgewinnung
4. Praktische Konkordanz

Schutzbereich und Eingriff wie oben

Für die Punkte 1. und 2. (Schutzbereich und Eingriff) ergeben sich also grds. keine Abweichungen. Unterschiede gelten vielmehr nur für Schranken eines Eingriffs in das Grundrecht. 126

---

118 Ausführlicher dazu **Hemmer/Wüst, Staatsrecht I, Rn. 136**.

119 Beachten Sie die damit verbundene Problematik des finalen Rettungsschusses im Polizeirecht.

120 Das BVerfG vertritt diese relative Theorie, vgl. BVerfG, NJW 2006, 751-761, Az. 1 BvR 357/05 = **Life&Law 04/2006, 269** (Luftsicherheitsgesetz) = **juris**byhemmer. Nach diesem Ansatz ist der finale Rettungsschuss im Polizeirecht zumindest nicht zwingend verfassungswidrig.

121 Ausführlicher dazu **Hemmer/Wüst, Staatsrecht I, Rn. 137 ff.**

vorbehaltlos garantiert: nach Wortlaut keine Schranken

127 Bei den vorbehaltlos gewährten Grundrechten gibt es nach dem Wortlaut überhaupt keine Einschränkungsmöglichkeiten, gleichwohl besteht Einigkeit darüber, dass auch diese Rechte nicht grenzenlos verwirklicht werden können.

> **Bspe.:** *Das öffentliche Schlachten von Säuglingen kann weder als religiöse Kulthandlung im Sinne des Art. 4 I, II GG noch als künstlerische Darbietung oder soziologische Feldforschung (etwa „Wie reagieren Passanten auf das öffentliche Abschlachten von Kleinkindern?") im Sinne des Art. 5 III S. 1 GG zulässig sein.*
>
> *Aber auch in weniger extremen Fällen kann sich die Frage stellen, ob z.B. künstlerische Anliegen am Bau über die Verletzung bauordnungsrechtlicher Vorschriften hinweghelfen können.*

gleichwohl nach h.M.: verfassungsimmanente Schranken möglich

128 Um diese Schranken zu gewinnen, gab und gibt es verschiedene Ansätze, wobei das BVerfG und die wohl h.M. nur verfassungsimmanente Schranken anerkennen, d.h. solche, die sich aus kollidierendem Verfassungsrecht ergeben.[122]

hemmer-Methode: Unterscheiden Sie diese Grundrechtskollision vom oben (Rn. 97) genannten Phänomen der Grundrechtskonkurrenz, bei der ein Verhalten von zwei Grundrechten desselben Grundrechtsträgers geschützt wird.

allerdings keine Schranken durch Schrankenübertragung, ...

129 Damit erteilt die h.M. zugleich allen Versuchen[123] eine Absage, Schranken der Grundrechte mit Gesetzesvorbehalt auf die schrankenlos Gewährten zu übertragen, z.B. die Schrankentrias des Art. 2 I GG, die Einschränkungsmöglichkeit durch allgemeine Gesetze nach Art. 5 II GG oder diejenigen eines konkurrierenden Grundrechts. Gegen eine solche Schrankenübertragung sprechen die Entstehungsgeschichte des Grundgesetzes und die Systematik der Schranken.

... sondern nur kraft kollidierenden Verfassungsrechts (v.a. GRe Dritter)

130 Als kollidierendes Verfassungsrecht kommen v.a. und unproblematisch grundrechtlich geschützte Positionen Dritter in Betracht, aber auch andere Rechtsgüter von Verfassungsrang. Die umfangreichen Kompetenztitel der Art. 73 ff. GG können dabei aber nur angeführt werden, wenn ihnen durch Auslegung auch die Wertung zu entnehmen ist, dass der entsprechende Gegenstand Verfassungsrang haben soll.

122 Vgl. zur Schrankengewinnung und zur praktischen Konkordanz das Musterbeispiel des „Mephisto-Urteils", BVerfGE 30, 173, Az. 1 BvR 435/68 = **juris**byhemmer.

123 Zur Begründung vgl. näher **Hemmer/Wüst, Staatsrecht I, Rn. 141**.

hemmer-Methode: Ein Schulbeispiel zur praktischen Konkordanz stellt das sog. „Schächt"-Urteil des BVerfG dar. Religiös motiviertes Schächten konnte grundsätzlich nicht verboten werden bzw. das Verbot des § 4a TierSchG war verfassungskonform auszulegen, da dem Tierschutz kein Verfassungsrang zukam, der nötig gewesen wäre, um einen Eingriff in Art. 4 I GG zu rechtfertigen.[124] Erst als Reaktion auf diese Entscheidung des BVerfG wurde der Tierschutz in Art. 20a GG aufgenommen.[125]

Da die schrankenlosen Grundrechte nicht leichter eingeschränkt werden können als solche mit Gesetzesvorbehalt, müssen freilich auch hier einschränkende Gesetze formell und materiell verfassungsmäßig sein. *131*

VI. Praktische Konkordanz/Verfassungsmäßiger Ausgleich

praktische Konkordanz

Zwischen den kollidierenden Verfassungsgütern muss schließlich ein angemessener Ausgleich (sog. praktische Konkordanz) erzielt worden sein. *132*

= angem. Ausgleich zw. kollidierenden Rechtspositionen

Dazu muss die Einschränkung des schrankenlos gewährten Grundrechts einem legitimen Zweck (nämlich dem Schutz kollidierenden Verfassungsgut) dienen und zu dessen Erreichung geeignet, erforderlich und angemessen sein (vgl. o. Rn. 117 ff.).

hemmer-Methode: Schon hier zeigt sich ein großer Unterschied zu „normalen" Grundrechten. Während dort der Gesetzgeber einen weiten Spielraum im Hinblick auf den legitimen Zweck hat, kommt hier nur der Schutz kollidierender Verfassungsgüter in Betracht!

Bei der Angemessenheit ist wieder eine Güterabwägung vorzunehmen (vgl. o. Rn. 120 ff.). Dabei ist allerdings der gesetzgeberische Beurteilungsspielraum geringer und damit die Kontrolldichte enger als bei Grundrechten mit Gesetzesvorbehalt, da diese ja von vornherein z.T. der Dispositionsbefugnis des Gesetzgebers unterstellt wurden.

---

124 BVerfG, NJW 2002, 663-666, Az. 1 BvR 1783/99 = **juris**byhemmer, mit interessanter Anmerkung Volkmann = **Life&Law 05/2002, 333**.

125 Die Einführung des Art. 20a GG ändert nach Ansicht des BVerwG aber nichts am Anspruch eines muslimischen Metzgers auf eine Schächterlaubnis, vgl. BVerwG, NVwZ 2007, 461-462, Az. 3 C 30/05 = **juris**byhemmer = **Life&Law 06/2007, 400**.

hemmer-Methode: Diese größere Kontrolldichte wird sich auf die Klausurlösung i.d.R. nicht auswirken, zumindest in einer ausführlichen Bearbeitung, z.B. bei einer Verfassungsbeschwerde, sollte aber auf sie hingewiesen werden.
Stellen Sie in der Klausur fest, ob kollidierende Grundrechte oder sonstiges Verfassungsrecht (⇨ weiteste Auslegung ⇨ Gesetzeskatalog, wenn Wertentscheidung) vorliegen und prüfen Sie dann die Verhältnismäßigkeit hauptsächlich als Interessenabwägung i.R.d. Angemessenheit (= Verhältnismäßigkeit i.e.S.).

Bsp.: *Im oben (Rn. 127) genannten Beispiel wurden die Religions- bzw. die Kunst- und Wissenschaftsfreiheit durch das kollidierende Lebensrecht (Art. 2 I, 1 I GG) der Kinder eingeschränkt. Dieses ist i.R.d. praktischen Konkordanz unproblematisch vorrangig.*

§ 3 ÜBERBLICK ÜBER WICHTIGE GRUNDRECHTE

In diesem Kapitel soll ein Überblick über die wichtigsten und klausurrelevantesten Grundrechte gegeben werden, wobei die Darstellung sich grds. an der durch das Aufbauschema vorgegebenen Gliederung (Schutzbereich, Eingriff, Schranken) orientiert und - der Funktion des Basics-Skripts entsprechend - auf die wichtigsten Probleme beschränkt ist. Eine erweiterte und in den Problemen vertiefte Darstellung findet sich im Skript **Hemmer/Wüst, Staatsrecht I** im Abschnitt über die Begründetheit der Verfassungsbeschwerde. *133*

A) Menschenwürde, Art. 1 I GG[126]

I. Schutzbereich *133a*

Der Schutzbereich der Menschenwürde erfasst den Schutz vor „Erniedrigung, Brandmarkung, Verfolgung, Ächtung“.[127] Daneben schützt die Menschenwürde v.a. davor, zum bloßen Objekt staatlichen Handelns degradiert zu werden.[128]

> ***Bsp.:*** *Eingriffe in die Menschenwürde sieht die h.M. bspw. im Fall der Folter[129] sowie im Fall der Tötung eines Unschuldigen, um Dritte zu retten.[130]*

Daneben wird ein Eingriff in die Menschenwürde aber auch dann angenommen, wenn eine Privatperson sich freiwillig zum Objekt eines anderen macht. Zumindest soll die „objektive Ausstrahlungswirkung“ des Art. 1 I GG betroffen sein.[131]

hemmer-Methode: Dieser Ansatz erscheint nicht zwingend, da Teil der Menschenwürde gerade das selbstbestimmte Handeln ist. Sich freiwillig zum Objekt eines anderen zu machen, ist damit kein Verstoß gegen Art. 1 I GG, sondern dessen Realisierung.

II. Rechtfertigung

„Die Würde des Menschen ist unantastbar“. Aus dieser Unantastbarkeit leitet die ganz h.M. ab, dass Eingriffe in die Menschenwürde nicht gerechtfertigt werden können – egal wie hoch der jeweilige Eingriffszweck auch anzusiedeln sein mag.

---

126 Vgl. dazu näher **Hemmer/Wüst, Staatsrecht I, Rn. 149 ff.**

127 BVerfGE 1, 97-108 (104), Az. 1 BvR 220/51 = **juris**byhemmer.

128 BVerfGE 9, 89-109 (95), Az. 1 BvR 396/55 = **juris**byhemmer; BVerfGE 57, 250-295 (275), Az. 2 BvR 215/81 = **juris**byhemmer.

129 LG Frankfurt, NJW 2005, 692 = Life & Law 2005, 238; BVerfG, NJW 2005, 246 = **Life&Law 04/2005, 246** = **juris**byhemmer.

130 BVerfG, NJW 2006, 751-761, Az. 1 BvR 357/05 = **juris**byhemmer = **Life&Law 04/2006, 269**.

131 BVerwGE 115, 189, Az. 6 C 3/01 = **Life&Law 09/2002, 630** = **juris**byhemmer.

B) Freie Entfaltung der Persönlichkeit, Art. 2 I GG[132]

I. Schutzbereich

Art. 2 I GG: freie Entfaltung der Persönlichkeit i.S.v. allgemeiner Handlungsfreiheit

Art. 2 I GG schützt die freie Entfaltung der Persönlichkeit. Darun- **134**
ter wird nach h.M. nicht nur ein „Kernbereich der Persönlichkeit" verstanden, sondern die allgemeine Handlungsfreiheit i.S. eines „Tun und Lassen, was man will".

Somit ist ein umfassender Schutz vor (einschränkenden) staatlichen Maßnahmen gewährleistet, der mehrere klausurrelevante Problemkonstellationen mit sich bringt:

Subsidiarität gegenüber Einzelgrundrechten

1. Art. 2 I GG würde eigentlich auch die Bereiche erfassen, die **135**
durch speziellere Einzelgrundrechte geschützt sind (z.B. die Berufsfreiheit, Art. 12 I GG). Im Verhältnis zu diesen Einzelgrundrechten ist Art. 2 I GG jedoch subsidiär. Daraus folgt zum einen, dass grds. in der Klausur mit der Prüfung der Einzelgrundrechte zu beginnen ist, zum anderen, dass sich ein Rückgriff auf Art. 2 I GG verbietet, wenn eine Maßnahme in den Schutzbereich eines speziellen Grundrechts fällt, ein Eingriff nach diesem aber gerechtfertigt ist.

str., ob Auffanggrundrecht für Nichtdeutsche bei Deutschen-GRen

2. Umstritten ist dagegen, ob ein Rückgriff auf Art. 2 I GG möglich **136**
ist, wenn das speziellere Grundrecht deshalb nicht einschlägig ist, weil der Betroffene nicht in seinen persönlichen Schutzbereich fällt.[133]

> ***Bsp.:** Ein Ausländer fühlt sich durch eine Maßnahme in seiner Berufsfreiheit beeinträchtigt. Nach Art. 12 I GG genießen nur Deutsche das spezielle Grundrecht der Berufsfreiheit.*

Nach der wohl vorzugswürdigen Ansicht können sich Nicht-Deutsche in solchen Konstellationen auf den Schutz des Art. 2 I GG berufen (vgl. o. Rn. 39).

nicht speziell geschützte Tätigkeiten

3. Bedeutung erlangt Art. 2 I GG v.a. für Betätigungen, die von **137**
keinem speziellen Grundrecht geschützt sind.

> ***Bspe. aus der Rechtsprechung des BVerfG:** Die Veranstaltung von Sammlungen (E 20, 150, 154), das Führen eines Kraftrades ohne Schutzhelm (E 59, 275, 278) und das Reiten im Wald (E 80, 137, 154).*

---

132 Vgl. dazu näher **Hemmer/Wüst, Staatsrecht I, Rn. 156 ff.**

133 Vgl. dazu näher **Hemmer/Wüst, Staatsrecht I, Rn. 159**.

hemmer-Methode: Denken Sie an diese Auffangfunktion auch in Fällen aus der aktuellen öffentlichen Diskussion, in denen zunehmende staatliche Reglementierungen die Freiheit des Einzelnen (u.U. durchaus gut gemeint) einschränken, z.B. Verpflichtung zur Mülltrennung, Verbot von Cannabiskonsum oder Beschränkung des Rauchens in der Öffentlichkeit.[134]

wichtige Sonderausprägungen

4. Zwei Sonderausprägungen dieses Schutzes nicht spezialgrundrechtlich erfasster Lebensbereiche sind die wirtschaftliche Handlungsfreiheit und das allgemeine Persönlichkeitsrecht.

- wirtschaftliche Handlungsfreiheit

a) Die wirtschaftliche Handlungsfreiheit hat Bedeutung für Formen wirtschaftlichen Handelns, die nicht bereits von Art. 12 I GG bzw. Art. 14 I GG erfasst sind, z.B. für den Abschluss von Verträgen als solchen oder für gelegentliche Tätigkeiten, die keinen Beruf darstellen.[135] Ausfluss der allgemeinen Handlungsfreiheit ist auch die Vertragsfreiheit (Privatautonomie). **138**

- allgemeines Persönlichkeitsrecht

b) Der Schutz des allgemeinen Persönlichkeitsrechts wurde vom BVerfG aus den Art. 1 I GG und Art. 2 I GG entwickelt und umfasst die „engere persönliche Lebenssphäre (...) namentlich auch im Blick auf moderne Entwicklungen und die mit ihnen verbundenen neuen Gefährdungen für den Schutz der menschlichen Persönlichkeit".[136] **139**

hemmer-Methode: Denken Sie an das allgemeine Persönlichkeitsrecht v.a. bei aktuelleren Fallbeispielen, bei denen in der öffentlichen Diskussion eine gewisse Sensibilität zu verspüren ist, so etwa bei statistischen Erhebungen („Recht auf informationelle Selbstbestimmung")[137], Genomanalysen bei Arbeitsverträgen (vgl. oben Rn. 78) oder im Rahmen heimlicher Vaterschaftstests.[138]

Das BVerfG hat dabei eine – freilich z.T. kritisierte – Abstufung nach der innersten (= Intim-) Sphäre, der Privat- oder Geheimsphäre und der äußeren (= Sozial-) Sphäre entwickelt („Sphärentheorie"), wobei Eingriffe mit zunehmendem Sozialbezug leichter zulässig sein sollen.[139]

---

134 BVerfG, NJW 2008, 2409-2422, Az. 1 BvR 3262/07 = **Life&Law 09/2008, 619** = **juris**byhemmer.

135 Zum Berufsbegriff vgl. unten Rn. 195.

136 BVerfGE 54, 148-158 (153), Az. 1 BvR 185/77 = **juris**byhemmer; BVerfG, NJW 1999, 2358-2359, Az. 1 BvR 2126/93 = **juris**byhemmer, zusammenfassend Grieger/Minkoff in **Life&Law 04/2011, 273**.

137 BVerfG vom 18.12.2018 - 1 BvR 142/15 **= Life&Law 06/2019, 403** = **juris**byhemmer.

138 Hierzu BVerfGE 117, 202-244, Az. 1 BvR 421/05 = **Life&Law 04/2007, 255** = **juris**byhemmer.

139 Näher zum allgemeinen Persönlichkeitsrecht **Hemmer/Wüst, Staatsrecht I, Rn. 162**; aus zivilrechtlicher Sicht vgl. **Hemmer/Wüst, Deliktsrecht I, Rn. 49 ff.**

II. Eingriffe

Eingriff bei jeder Beeinträchtigung des weit gefassten Schutzbereiches

Dem umfassenden Schutzbereich entsprechend liegt in jeder belastenden staatlichen Maßnahme ein Eingriff in die allgemeine Handlungsfreiheit vor, wobei aber hier entweder auf den klassischen Eingriffsbegriff abgestellt (vgl. o. Rn. 101) oder sonst das Vorliegen eines Eingriffs besonders sorgfältig geprüft werden muss, um bloße „Belästigungen" ausscheiden zu lassen. 140

III. Schranken

Schranken: Sittengesetze, Rechte anderer und v.a. verfassungsmäßige Ordnung (= Gesamtheit der verfassungsgemäßen Normen) ⇨ v.a. Verhältnismäßigkeitsprüfung

Hier ist regelmäßig die verfassungsmäßige Ordnung i.S.d. Art. 2 I GG zu prüfen. Dabei ist zu beachten, dass diese hier seit der sog. „Elfes"-Entscheidung (im Gegensatz z.B. zu Art. 9 II GG) - dem weiten Schutzbereich entsprechend - weiter verstanden wird als die Gesamtheit aller Rechtsnormen, die formell und materiell verfassungsmäßig sind.[140] Die allgemeine Handlungsfreiheit kann damit durch alle gesetzlichen und untergesetzlichen Normen, sowie darauf basierendem Verwaltungshandeln eingeschränkt werden. Die „Rechte anderer" und das „Sittengesetz" haben daneben keine eigenständige Bedeutung. Auch zur Ausfüllung dieser Schrankenvorbehalte wäre ein formell und materiell verfassungsgemäßes Gesetz erforderlich, das dann aber schon wieder Teil der verfassungsgemäßen Ordnung wäre. 141

☑

hemmer-Methode: Eine wichtige Rolle spielt gerade bei Art. 2 I GG die Prüfung der Schranken-Schranken, insbesondere des Grundsatzes der Verhältnismäßigkeit. Soweit Art. 2 I GG nicht subsidiär zurücktritt, liegt dort ein Schwerpunkt der Prüfung.

Berücksichtigen Sie hierbei in den Abwägungen, dass Art. 2 I GG Tätigkeiten der unterschiedlichsten sozialen Wertigkeit umfasst!
Beachten Sie schließlich noch, dass Entscheidungen des BVerfG gerne „getauft" werden: „Elfes-Urteil" (vgl. Rn. 141), „Solange I" und „Solange II" sowie „Maastricht-Urteil" (vgl. Rn. 47), „Lüth-Urteil" (vgl. Bsp. Rn. 169), „Mephisto-Beschluss" (Rn. 172) oder „Apotheken-Urteil" (vgl. Rn. 196) sind dafür nur exemplarische Beispiele. Solche „Schlagworte" ersetzen zwar keine eigene juristische Argumentation, gleichwohl zeichnet sich speziell die gute Verfassungsrechtsklausur auch durch die Integration wegweisender Rspr. aus.

[140] Grundlegend BVerfGE 6, 32-45 (37), Az. 1 BvR 253/56 = jurisbyhemmer; vgl. auch Pieroth/Schlink, Rn. 440.

C) Allgemeine und spezielle Gleichheitsgrundsätze, Art. 3 GG[141]

Gleichheitsrechte ⌧ Freiheitsrechte

Die Gleichheitsrechte und die Abwehrrechte stehen sich zwar nicht zusammenhangslos gegenüber, gleichwohl sind sie nach Regelungszweck und einschlägigen Sachverhalten so verschieden,[142] dass sie nicht in der Weise dargestellt werden sollen wie die übrigen Grundrechte, und auch ein eigenes Prüfungsschema vorgeschlagen wird. Dabei wird zunächst vom allgemeinen Gleichheitssatz (Art. 3 I GG) ausgegangen; im Anschluss werden die speziellen Gleichheitsverbürgungen des Art. 3 GG dargestellt. **142**

I. Geltung des Gleichheitssatzes

Geltung des Gleichheitssatzes: für gesamte staatliche Gewalt

Über den Wortlaut des Art. 3 I GG hinaus („vor dem Gesetz") verpflichtet der Gleichheitssatz nicht nur Behörden und Gerichte bei der Anwendung von Gesetzen, sondern auch den Gesetzgeber selbst. Diese Rechtssetzungsgleichheit ist i.d.R. schwerer zu prüfen als die Rechtanwendungsgleichheit: Für Exekutive und Judikative ergeben sich die Differenzierungskriterien für mögliche Ungleichbehandlungen meist schon aus den Gesetzen, während die Legislative diese gerade - den Anforderungen des Art. 3 GG gerecht werdend - finden muss. **143**

Grundrechtsträger sind alle natürlichen Personen. Wiederum über den Wortlaut („alle Menschen") hinausgehend nach Maßgabe des Art. 19 III GG auch juristische Personen (vgl. o. Rn. 40).

II. Anforderungen an den Gleichheitssatz

Der Gleichheitssatz gebietet grundsätzlich, Gleiches gleich und Ungleiches seiner jeweiligen Eigenart nach ungleich zu behandeln.[143] **144**

Problematisch ist an dieser Formel, dass es in der Realität niemals zwei völlig gleiche Sachverhalte gibt, sodass auf die Gleichheit hinsichtlich des für die Regelung ausschlaggebenden Merkmals abzustellen ist, z.B. auf die Eigenschaft als Eigentümer, Soldat, Familienvater, etc.

---

141 Vgl. dazu näher **Hemmer/Wüst, Staatsrecht I, Rn. 177 ff.**

142 Der Unterschied spiegelt sich z.B. auch in der Rechtsfolge wider, dass bei Verstößen gegen Art. 3 I GG das BVerfG Gesetze z.T. nicht für nichtig, sondern nur für mit dem Grundgesetz unvereinbar erklärt, damit kein „noch verfassungswidrigeres Vakuum" entsteht. Dem Gesetzgeber wird dann die Schaffung einer anderen Regelung aufgetragen, vgl. näher **Hemmer/Wüst, Staatsrecht I, Rn. 79, 186**.

143 So oder ähnlich die ständige Formulierung des BVerfG seit E 1, 14-66 (52) = **juris**byhemmer, Az. 2 BvG 1/51; vgl. auch Jarass/Pieroth, Art. 3 GG, Rn. 5.

Um Inhalt und Gründe der möglichen Ungleichbehandlung deutlich heraus zu arbeiten, müssen die Vergleichsgruppen allerdings durch das gemeinsame Tatbestandsmerkmal abschließend erfasst sein, d.h. es sollten keine weiteren Gruppen der gemeinsamen Obergruppe angehören.

Entsprechende Anforderungen stellt der Gleichheitssatz auch an die Gleichbehandlung von Ungleichem, sodass ein ähnliches Vorgehen möglich wäre. Es empfiehlt sich jedoch, wenn möglich, durch Suche nach geeigneten Vergleichsgruppen aus dem Gleichbehandlungs- ein Ungleichbehandlungsproblem zu machen. 145

Bsp.:[144] *Während Bahnhofsapotheken den Ladenschlusszeiten für Apotheken unterworfen sind, d.h. außerhalb der allgemeinen Ladenschlusszeiten nur im Rahmen des Notdienstes geöffnet haben dürfen, können sonstige Bahnhofsgeschäfte ihren Betrieb rund um die Uhr geöffnet haben.*

Man könnte nun also eine ungerechtfertigte Gleichbehandlung zwischen Bahnhofsapotheken und sonstigen Apotheken oder aber eine unzulässige Ungleichbehandlung zwischen Bahnhofsapotheken und sonstigen Bahnhofsgeschäften prüfen.

allerdings Rechtfertigung von Ungleichbehandlungen möglich:

Allerdings können Ungleichbehandlungen gerechtfertigt sein, da auch die im obigen Sinne „gleichen“ Sachverhalte (z.B. alle Soldaten) nicht völlig identisch sind (so gibt es Soldaten beim Heer, bei der Marine, bei der Luftwaffe, etc.). Dabei verfolgt der Gesetzgeber mit diesen Ungleichbehandlungen i.d.R. ein bestimmtes Ziel und bedient sich bestimmter Mittel. 146

- Differenzierungsziel

Das Differenzierungsziel ergibt sich dabei durch Auslegung des Gesetzes und seine Zulässigkeit aus anderen verfassungsrechtlichen Wertvorgaben. 147

Bsp.: *So läge einer unterschiedlichen steuerlichen Belastung von Anlagen nach ihren Emissionen das legitime Ziel des Umweltschutzes (vgl. Art. 20a GG) zugrunde.*

Verheiratete Beamte länger nicht zu befördern, um somit die Ehelosigkeit der Beamten zu fördern (da sich die Ehe negativ auf die Arbeitsmoral auswirken soll), wäre dagegen wegen Art. 6 I GG ein unzulässiges Ziel. In diesem Fall wäre aber primär Art. 6 I GG als spezieller Gleichheitssatz zu prüfen.

hemmer-Methode: Zu beachten ist, dass gerade hinsichtlich des Differenzierungsziels dem Gesetzgeber ein weiter Beurteilungsspielraum zusteht, d.h. man wird es nur als unzulässig erachten können, wenn eindeutig verfassungsrechtliche Vorgaben verletzt sind, nicht schon, wenn einem selbst das Ziel nicht opportun erscheint.

[144] BVerfGE 13, 225, Az. 1 BvR 148/57 = jurisbyhemmer.

- Differenzierungskriterium

Das Differenzierungskriterium ist nur zulässig, wenn es zur Errei- 148
chung des Ziels geeignet, erforderlich und angemessen (vgl. o. Rn. 117 ff.) ist.

Willkürverbot

Ohne genau nach Differenzierungsziel und -mittel zu trennen, 149
wird häufig formuliert, die Ungleichbehandlung dürfe nicht „willkürlich“ erfolgen.[145]

Diese Begrifflichkeit zeigt einerseits den weiten Beurteilungsspielraum des Gesetzgebers, kann aber andererseits „übers Ziel hinausschießen“, wenn man über Art. 3 I GG auf diese Weise Gesetze einer allgemeinen Gerechtigkeitskontrolle unterziehen will.

„neue Formel“

Deshalb verwendet das BVerfG die (heute immer noch so be- 150
zeichnete) „Neue Formel“,[146] nach der eine Ungleichbehandlung, vornehmlich bei personenbezogenen Differenzierungen,[147] nur dann gerechtfertigt sein kann, wenn „zwischen beiden Gruppen (...) Unterschiede von solcher Art und solchem Gewicht bestehen, dass sie die ungleiche Behandlung rechtfertigen können“. Es erfolgt also anders als bei nur sachbezogenen Differenzierungen keine bloße Willkürkontrolle, sondern es wird eine Rechtfertigung der Differenzierung verlangt. Diese Formel führt zu einer engeren, der oben genannten Unterscheidung zwischen Differenzierungsziel und Differenzierungskriterium eher angenäherten Verhältnismäßigkeitsprüfung

III. Prüfung in der Klausur

Prüfungsschema für Klausur

Nach dem oben Dargestellten ergibt sich folgendes ausführliches 151
Prüfungsschema:

Prüfungsschema zu Art. 3 I GG:

1. Ausscheiden besonderer Gleichheitssätze, somit Anwendbarkeit des Art. 3 I GG
2. Evtl. kurzes Skizzieren der Anforderungen an den allgemeinen Gleichheitssatz, etwa anhand der neuen Formel
3. Darstellung der ungleich behandelten Vergleichsgruppen unter Benennung einer Obergruppe
4. Darstellung und Prüfung von Differenzierungsziel und -kriterium, insbesondere Prüfung der Verhältnismäßigkeit i.e.S.

---

[145] Vgl. z.B. BVerfGE 50, 142-166 (162), Az. 1 BvL 25/77 = **juris**byhemmer; auch E 71, 39-64, Az. 1 BvL 4/83 = **juris**byhemmer; E 53, 30-96 (58), Az. 1 BvR 385/77 = **juris**byhemmer, BayVerfGH, BayVBl. 1999, 461-463, Az. Vf. 2-VII-97; BayVerfGH, BayVBl. 1999, 493-497, Az. Vf. 4-VII-97 = **juris**byhemmer.

[146] Grundlegend BVerfGE 55, 72-95 (88), Az. 1 BvL 50/79 = **juris**byhemmer.

[147] Vgl. BVerfG, NJW 2009, 48-55, Az. 2 BvL 1/07 = **Life&Law 03/2009, 194** = **juris**byhemmer; BVerfG, NJW 2013, 2257-2267, Az. 2 BvR 909/06 = **Life&Law 08/2013, 601** = **juris**byhemmer.

Das Schema kann freilich verknappt angewendet werden, wenn kein Schwerpunkt der Klausur auf Art. 3 I GG liegt, z.B. wenn sich der Betroffene durch ein Landesgesetz ungleich im Verhältnis zu den Bewohnern anderer Länder behandelt fühlt, da unstreitig Art. 3 I GG nur für die Behandlung durch jeweils den gleichen Hoheitsträger gilt.

hemmer-Methode: Gerade die Prüfung von Art. 3 I GG verlangt ein ausgeprägtes Argumentationsvermögen! Wenngleich die Frage der Gleich- bzw. Ungleichbehandlung letztlich mit dem sog. „gesunden Menschenverstand" beurteilt wird, so muss die Argumentation unter Ausführung der Differenzierungskriterien und Vergleichsgruppen in einem übersichtlichen Konzept ausgeführt und somit nachvollziehbar gestaltet werden.
Der Gleichheitssatz des Art. 3 I GG begründet - anders als die Freiheitsrechte - auch einen zumindest derivativen Leistungsanspruch gegen den Staat. Soweit andere eine solche Leistung erhalten, steht dem Einzelnen über Art. 3 I GG im Rahmen der Gleichbehandlung grundsätzlich der gleiche Anspruch zu. Aus Art. 3 I GG i.V.m. Art. 12 I GG wird insoweit der Anspruch auf Zugang zur universitären Ausbildung hergeleltet.[148]

IV. Besondere Gleichheitssätze, insbesondere Art. 3 II, III GG[149]

Art. 3 II GG: Geschlechtergleichbehandlung

1. Durch Art. 3 II GG ist die Gleichberechtigung von Männern und Frauen noch einmal speziell grundrechtlich geschützt, wobei der 1994 neu aufgenommene Art. 3 II S. 2 GG klarstellt, dass auch Maßnahmen zulässig bzw. sogar geboten sein können, die durch eine momentane Ungleichbehandlung (i.d.R. zugunsten der Frauen) eine Angleichung in Bereichen noch bestehender gesellschaftlicher Ungleichheiten anstreben. 152

> ***Bsp.:** Das BVerfG entnimmt in seinem Urteil zur Feuerschutzabgabe*[150] *Art. 3 III GG das Diskriminierungsverbot und Art. 3 II GG „lediglich" ein Gleichbehandlungsgebot.*

hemmer-Methode: Verfolgen Sie zu dieser Problematik auch die aktuelle juristische und politische Diskussion z.B. über Frauenquoten u.Ä. Achten Sie darauf, dass gerade in diesem Zusammenhang auch immer wieder wichtige Entscheidungen des Europäischen Gerichtshofes ergehen, insbesondere im Bereich des Arbeitsrechts.[151]

---

148 BVerfG, Beschluss vom 19.12.2017, BvL 3/14 und 1 BvL 4/14: Der n.c. in seiner bisherigen Ausprägung ist schon deshalb verfassungswidrig, weil die Abiturnoten der einzelnen Bundesländer nicht ohne weiteres vergleichbar sind.

149 Vgl. dazu und zu weiteren Diskriminierungsverboten im Grundgesetz **Hemmer/Wüst, Staatsrecht I, Rn. 188 ff.**

150 BVerfGE 92, 91-122, Az. 1 BvL 18/93 = **juris**byhemmer; a.A. Jarass/Pieroth, Art. 3 GG, Rn. 67.

151 Vgl. bspw. EuGH, Urteil vom 13.12.2018 – C-385/17 = **juris**byhemmer.

Ungleichbehandlungen im Rahmen der Art. 3 II, III GG kommen dabei nicht lediglich als „offene" bzw. „unmittelbare" vor, die also bereits dem Wortlaut nach bspw. anhand des Geschlechts differenzieren. Vielmehr gibt es auch „verdeckte", „faktische" oder „mittelbare" Ungleichbehandlungen, die zwar ihrem Wortlaut nach neutral sind, aber faktisch bspw. überwiegend Frauen betreffen.[152]

Rechtfertigung im Rahmen praktischer Konkordanz

Da Art. 3 II, III GG keinen geschriebenen Schrankenvorbehalt kennen, kommt eine Rechtfertigung nur zum Schutz kollidierender Verfassungsgüter in Betracht.

Ungleichbehandlung auch bei objektiven biologischen Unterschieden

Unterscheidungen zwischen den Geschlechtern können ferner gerechtfertigt sein, wo diese auf „objektiven biologischen und funktionalen Unterschieden" beruhen, wobei besonders hinsichtlich der „funktionalen Unterscheidung" stets genau zu prüfen ist, ob es sich insoweit nicht nur um sozial tradierte Vorstellungen handelt, die eine Ungleichbehandlung gerade nicht rechtfertigen. 153

Art. 3 III GG: verbotene Differenzierungskriterien

2. Seine größte Bedeutung erhält Art. 3 III GG durch die Klarstellung, dass die dort genannten Merkmale keinesfalls verfassungsrechtlich zulässige Diskriminierungskriterien sind. 154

3. Neben den Gleichheitssätzen des Art. 3 GG enthält das Grundgesetz noch einige weitere speziellere Gleichheitssätze bzw. Diskriminierungsverbote, so z.B. Art. 6 I,[153] V, 38 I S. 1,[154] 33 III GG (jeweils lesen!).

hemmer-Methode: Im Rahmen des Art. 6 I GG war im Zusammenhang mit der Einführung des LPartG[155] heftig diskutiert worden, ob sich dieser Norm neben dem Verbot, die Ehe schlechter zu stellen als andere Lebensformen, auch ein Gebot entnehmen lässt, nachdem die Ehe zwingend besser zu stellen ist als alle anderen Lebensformen.[156]
Begründet wurde dies damit, dass andernfalls der Schutz der Ehe kein „besonderer" mehr sei i.S.d. Art. 6 I GG. Das BVerfG lehnt diesen Ansatz ab. Der Schutz der Ehe ist schon deshalb ein besonderer, da nur die Ehe von Verfassungswegen garantiert ist. Während die Lebenspartnerschaft auch wieder abgeschafft werden kann, steht die Ehe nicht zur Disposition des Gesetzgebers.[157]

152 OVG Sachsen-Anhalt, Beschluss vom 29.09.2017, 1 M 92/17 = **Life&Law 12/2017, 855**: Mindestgröße für Polizeibeamte als faktische Diskriminierung der Frauen.

153 Vgl. BVerfG, NJW 1999, 557-561, Az. 2 BvR 1057/91 = **juris**byhemmer; BVerfG, FamRZ 2005, 2047-2049, Az. 1 BvR 1232/00 = **Life&Law 01/2006, 55** = **juris**byhemmer.

154 Vgl. zu diesem Grundrecht die Problematik der Überhangmandate und der Gleichheit der Wahl BVerfG, NJW 1999, 43-46, Az. 2 BvR 1953/95 = **juris**byhemmer.

155 Gesetz zur Beendigung der Diskriminierung gleichgeschlechtlicher Lebenspartnerschaften, Schönfelder Nr. 43.

156 M.w.N. Diederichsen, „Homosexuelle – von Gesetzes wegen?", NJW 2000, 1841-1844.

157 BVerfG, NJW 2002, 2543-2552, Az. 1 BvF 1/01 = **juris**byhemmer.

Das BVerfG neigt allerdings dazu, über Art. 3 I GG in weiten Bereichen eine Gleichstellung von Ehe und Lebenspartnerschaft zu fordern.[158]
Aktuell wird diskutiert, ob die Erweiterung der Ehe im BGB auf gleichgeschlechtliche Lebensgemeinschaften Art. 6 I GG verletzt. Auch dies dürfte zu verneinen sein. Nur weil andere Lebensformen zivilrechtlich den gleichen „Namen" tragen wie die Ehe im Sinne des Art. 6 I GG, verliert diese nicht ihre besondere Stellung.

D) Religions- und Gewissensfreiheit, Art. 4 GG

Im Grundgesetz ist die Religions- und Gewissensfreiheit zum einen im Grundrechtskatalog in Art. 4 GG geregelt, zum anderen enthält Art. 140 GG i.V.m. den Vorschriften der Weimarer Reichsverfassung zusätzliche Regelungen. *154a*

I. Schutzbereich

1. Abgrenzungen und Definitionen

h.M.: einheitl. Schutzbereich des Art. 4 GG, nur klarstellender Charakter des Art. 4 II GG

Das BVerfG und ihm folgend die h.L. sehen in Art. 4 GG ein umfassendes Grundrecht auf Religions-, Weltanschauungs- und Gewissensfreiheit, wobei Art. 4 I GG umfassenden Schutz des sog. „forum internum" aber auch des Bekenntnisses und des dem entsprechenden Handelns, insbesondere des kultischen Handelns und der Verbreitung, gewährt.[159] *154b*

Art. 4 II GG hat nur noch klarstellenden Charakter und ist auch insoweit zu eng, als hier der Wortlaut nur auf die Religionsausübung abstellt, weswegen Art. 4 I und Art. 4 II GG zusammen das einheitliche Grundrecht der Religionsfreiheit bilden.

Glaube: Überzeugung von Stellung des Menschen in der Welt

Glaubensfreiheit bedeutet dabei die Freiheit, sich eine (nach vorzugswürdiger Ansicht religiöse oder auch areligiöse[160]) Überzeugung von der Stellung des Menschen in der Welt und seiner Beziehung zu höheren Mächten und tieferen Seinsschichten zu bilden. Geschützt ist nach BVerfG nicht nur das Recht zu glauben, das sog. „forum internum", sondern auch das Recht, sein gesamtes Leben danach auszurichten, das sog. „forum externum".

---

[158] Vgl. bspw. BVerfG, NJW 2010, 2783-2789, Az. 1 BvR 611/07 = **Life&Law 11/2010, 755** = **juris**byhemmer für den Bereich der Erbschaftsteuer sowie BVerfG, NJW 2013, 2257-2267, Az. 2 BvR 909/06 = **Life&Law 08/2013, 601** = **juris**byhemmer für den Bereich der Einkommensteuer.

[159] Vgl. schon BVerfGE 12, 1-5 (3), Az. 1 BvR 59/56 = **juris**byhemmer; BVerfGE 32, 98 (106), Az. 1 BvR 387/65 = **juris**byhemmer.

[160] BVerwGE 90, 1-17 (4), Az. 6 C 3/91 = **juris**byhemmer.

Dabei gibt es insbesondere keine Beschränkung auf christliche Traditionen.[161]

hemmer-Methode: Art. 4 GG kann schon aus Gründen der staatlichen Neutralität nicht auf die althergebrachten und bekannten Glaubensrichtungen beschränkt sein, sondern muss auch offen sein für „neue“ Religionen, zumal Grundrechte gerade Minderheitenrechte sind! Woran der Einzelne glaubt, darf ihm nicht von staatlicher Seite vorgegeben werden, sondern entscheidet der Einzelne für sich selbst.

Gewissen: Phänomen, dessen Forderungen evidente Gebote unbedingten Sollens sind

Gewissen i.S.d. Art. 4 I GG wird vom BVerfG als „real erfahrbares seelisches Phänomen, dessen Forderungen (...) unmittelbar evidente Gebote unbedingten Sollens sind“, definiert. Eine Gewissensentscheidung soll jede ernste sittliche, d.h. an den Kategorien von „Gut“ und „Böse“ orientierte Entscheidung sein.[162] *154c*

2. Negative und kollektive Freiheit

auch kollektive Freiheit geschützt

Obwohl Glauben und Gewissen an sich sehr persönliche Dinge sind, ist anerkannt, dass Art. 4 GG auch die kollektive Freiheit, insbesondere also auch eine Religionsgemeinschaft als solche schützen kann.[163] *154d*

In dieser Funktion verstärkt Art. 4 GG noch den Schutz, der durch die staatskirchenrechtlichen Bestimmungen des Art. 140 GG i.V.m. Art. 137 ff. WRV gewährt wird, welche in diesem Rahmen aber nicht näher dargestellt werden sollen.[164]

negative Glaubensfreiheit

Eine besondere Bedeutung spielt bei Art. 4 GG auch die sog. negative Bekenntnis- oder Glaubensfreiheit.[165]

Ein wichtiges Beispiel ist das Kopftuch der islamischen Lehrerin. Hier wird in die negative Glaubensfreiheit der Schüler bzw. der Eltern eingegriffen, da die Kinder unter dem Zeichen eines für sie fremden Glaubens lernen müssen. Allerdings geht es auch um die positive Glaubensfreiheit der Lehrerin, sodass eine Abwägung der widerstreitenden Grundrechtspositionen vorzunehmen ist. Auf diese positive Glaubensfreiheit kann sich die Lehrerin auch im besonderen Gewaltverhältnis berufen, da es nicht um das sog. Betriebsverhältnis, sondern ihre persönliche Rechtstellung geht.

---

161 BVerfG, NJW 1989, 3269-3271, Az. 1 BvR 881/89 = **juris**byhemmer zur „Transzendentalen Meditation“.

162 E 12, 45-61 (54 f.), Az. 1 BvL 21/60 = **juris**byhemmer.

163 Vgl. BVerfGE 19, 129-135 (132), Az. 1 BvR 498/62 = **juris**byhemmer; Steiner, JuS 1982, 157-166 (159).

164 Dazu knapp z.B. Pieroth/Schlink, Rn. 592 ff.; Maunz/Zippelius, § 27; Steiner, JuS 1982, 157-166 (165 f.); lesenswert auch Renck, JuS 1989, 451-455.

165 BVerfG, Beschluss vom 27.10.2016, 1 BvR 458/10 = **Life&Law 04/2017, 268**: „Heidenspaß“ an Karfreitag als Betätigung der negativen Religionsfreiheit.

Angesichts der Bekenntnisfreiheit der Schule, vgl. Art. 140 GG, Art. 137 I WRV, Art. 7 GG und des Erziehungsrechts der Eltern muss nach e.A. die Religionsfreiheit der Lehrerin, die (anders als die Schüler) freiwillig diesen Beruf gewählt hat, zurückstehen.[166] Nach Ansicht des BVerfG ist dies hingegen nur dann der Fall, wenn es durch das Kopftuch der Lehrerin zu konkreten Beeinträchtigungen des Schulbetriebs bzw. auf Seiten der Schüler kommt.[167]

II. Eingriffe

Eingriffe: z.B. Verbote und Verletzung der staatl. Neutralität

Eingriffe in das Grundrecht des Art. 4 GG liegen v.a. in Verlet- 154e
zungen der staatlichen Neutralitätspflicht und im Verbot oder der Beeinträchtigung eines bestimmten Denkens, Bekennens oder Handelns, das vom Schutzbereich umfasst wird.

Wichtig ist hier auch der mittelbare, faktische Eingriff, etwa dann, wenn durch staatliche Stellen vor bestimmten neuen Religionsgemeinschaften gewarnt wird.[168]

III. Schranken

keine geschriebenen Schranken

Art. 4 GG ist dem Wortlaut nach schrankenlos gewährleistet, so- 154f
dass sich die Frage nach der Schrankengewinnung stellt.

Der Ansatz, die Schrankenvorbehalte aus Art. 140 GG, Art. 136 I, 137 III WRV zu übertragen, widerspricht der Systematik des Grundgesetzes.[169] Dieser Ansatz wird von der h.M. allenfalls für den Bereich der kollektiven Religionsfreiheit vertreten, und auch da nur für das Auftreten der Religionsgemeinschaften nach außen.

h.M.: nur kollidierendes Verfassungsrecht

Wichtig für die Klausur ist deshalb auch hier die Einschränkungsmöglichkeit durch kollidierendes Verfassungsrecht, wobei insbesondere negative und positive Bekenntnisfreiheit einander begrenzen können.[170] Bei der Abwägung kann es (den allgemeinen Regeln entsprechend) dann zum einen eine Rolle spielen, welcher Bereich betroffen ist (z.B. wird das forum internum kaum mit einem anderen Recht kollidieren können), zum anderen ob der Kernbereich der Religionsausübung oder nur ihre Peripherie betroffen ist.

---

166 BVerwG, NJW 2004, 3581-3584, Az. 2 C 45/03 = **Life&Law 01/2005, 54** = **juris**byhemmer.

167 BVerfG, Beschluss vom 27.01.2015, 1 BvR 471/10 = **Life&Law 06/2015, 437**.

168 Vgl. oben Rn. 102.

169 Vgl. oben Rn. 125.

170 BVerwG, NJW 2004, 3581-3584, Az. 2 C 45/03 = **Life&Law 01/2005, 54** = **juris**byhemmer (Kopftuchgesetz des Landes Baden-Württemberg); zur Frage des Kopftuchs einer Rechtsreferendarin vgl. VG Augsburg vom 30.06.2016 Au 2 K 15.457 sowie VGH Kassel, Beschluss vom 23.05.2017, 1 B 1056/17.

E) Meinungs-, Informations-, Presse- und Rundfunkfreiheit, Art. 5 I GG[171]

GRe d. Art. 5 I GG

Art. 5 I GG enthält genau genommen fünf Freiheitsgarantien: 155

<u>Übersicht zu Art. 5 I GG:</u>

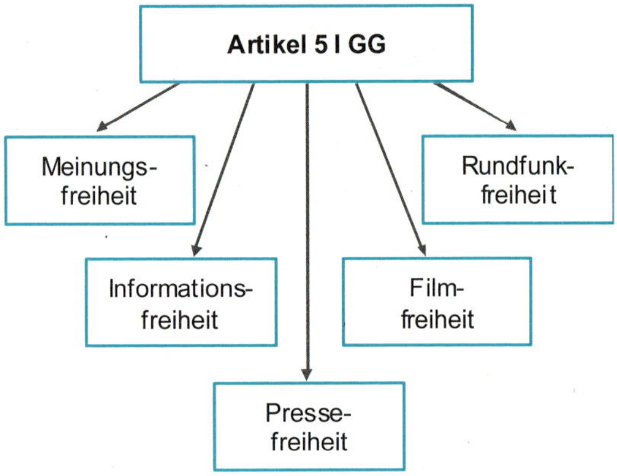

Kommunikations-grundrecht

Da diese Garantien allesamt kommunikatives Verhalten betreffen, wird Art. 5 I GG auch als „Kommunikationsgrundrecht" bezeichnet, und das BVerfG betont oft seine Bedeutung „für eine freiheitlich-demokratische Staatsordnung".[172] Der besseren Übersichtlichkeit halber werden hier jeweils Schutzbereich und Eingriff für die einzelnen Garantien zusammen dargestellt.

I. Schutzbereich und Eingriff

1. Meinungsfreiheit

Die Meinungsfreiheit ist die übergeordnete Freiheitsgarantie in 156
Art. 5 I GG, weshalb viele hier genannte Gesichtspunkte auch für die anderen Garantien gelten. Außerdem ist zu beachten, dass z.B. Presse- und Rundfunkfreiheit z.T. als leges speciales vorgehen können.[173]

Meinungsäußerung ⇔ Tatsachen-äußerung

a) Meinungsäußerungen i.S.d. Art. 5 I GG sind zu unterscheiden 157
von (als solchen nicht geschützten) Tatsachenäußerungen und zeichnen sich durch ein Element wertender Stellungnahme aus, während Tatsachenäußerungen grds. objektiv nach den Kategorien richtig und falsch überprüft werden können.

---

171 Vgl. dazu **Hemmer/Wüst/, Staatsrecht I, Rn. 200 ff.**

172 Vgl. bereits BVerfGE 7, 198-230 (208), Az. 1 BvR 400/51 = **juris**byhemmer.

173 Zum Verhältnis von Meinungs- und Pressefreiheit vgl. **Hemmer/Wüst, Staatsrecht I, Rn. 206 a.E.** m.w.N.

Allerdings ist die h.M. insoweit großzügig, als eine Meinungsäußerung schon dann vorliegt, wenn mit dem Tatsachenvortrag zusammen eine wertende Stellungnahme erfolgt. Außerdem fällt eine Tatsachenäußerung auch deshalb regelmäßig unter den Schutzbereich des Art. 5 I S. 1 GG, da sie zur Begründung oder Bildung einer Meinung dienen kann.

hemmer-Methode: Denken Sie ferner daran, dass Meinungen nicht nur klassisch, also z.B. mit Handzetteln oder einem Megaphon, geäußert werden können. Große Bedeutung hat Art. 5 I GG – insoweit mit Art. 8 GG korrespondierend - z.B. auch bei Demonstrationen, die durchaus schweigend ablaufen können.[174]

Meinungsäußerung großzügig ausgelegt

Somit genießen fast alle Äußerungen den Schutz des Art. 5 I GG, 158
soweit nicht bloße Angaben zu statistischen Zwecken o.Ä. vorliegen. Außerdem sollen bewusst falsche Tatsachen und Zitate aus dem Schutzbereich fallen.[175]

Bsp.: *Eine als unwahre Tatsachenbehauptung nicht dem Schutz des Art. 5 I GG unterstellte Äußerung ist die Leugnung der Judenverfolgung im Dritten Reich.*[176]

Dagegen soll die Leugnung der Kriegsschuld Deutschlands am Zweiten Weltkrieg als überwiegend wertungs- und damit meinungsbestimmte Äußerung vom Schutzbereich erfasst sein, da eine zu starke Gewichtung der Tatsachenelemente den Schutz des Art. 5 I GG zu stark einschränken würde.[177]

hemmer-Methode: Ob eine Äußerung nun eine Meinung i.e.S. oder eine Tatsachenbehauptung ist, ist damit für den Schutzbereich des Art. 5 I S. 1 GG irrelevant. Die Abgrenzung spielt freilich eine Rolle im Rahmen der Abwägung, da die Meinungsäußerung als Kern des Art. 5 I S. 1 GG in deutlich stärkerem Maße schutzwürdig ist.

Eingriffe

b) Eingriffe in die Meinungsfreiheit liegen vor, wenn durch Verbote die Meinungsäußerung überhaupt, eine bestimmte Meinung oder die Äußerung einer Meinung in einer bestimmten Weise untersagt bzw. zum Anknüpfungspunkt negativer Sanktionen gemacht wird. Außerdem kann ein Eingriff auch durch rein faktische, schutzbereichsverkürzende Maßnahmen stattfinden.

---

174 VGH München, DÖV 2012, 981, Az. 10 CS 12.1419 = **Life&Law 01/2013, 45**.

175 Beispiele u. Nachweise zur umfangreichen Kasuistik gerade in neuerer Zeit in **Hemmer/Wüst, Staatsrecht I, Rn. 200 f.**

176 Vgl. BVerfGE 90, 241-254, Az. 1 BvR 23/94 = **juris**byhemmer.

177 Vgl. BVerfGE 90, 1-21, Az. 1 BvR 434/87 = **juris**byhemmer.

2. Informationsfreiheit

Informationsfreiheit: schützt v.a. Adressaten der Nachricht

a) Art. 5 I S. 1 Alt. 2 GG schützt die Freiheit, sich aus allgemein zugänglichen Quellen ungehindert zu unterrichten. Die eigene Bedeutung gegenüber der Meinungsfreiheit erlangt die Informationsfreiheit dadurch, dass sie den Adressaten einer Information gerade in seiner aktiven Funktion schützt. **159**

allgemein zugängliche Quelle

Unter einer „allgemein zugänglichen Quelle" ist der Träger, aber auch der Inhalt einer Information gemeint, die an einen nicht abgegrenzten Personenkreis gerichtet ist.

Der allgemein zugänglichen Quelle ist die Quelle gleichzustellen, die verfassungswidrig verschlossen ist.[178]

Nicht geschützt ist die rechtswidrige Informationsbeschaffung (etwa durch Industriespionage), wobei hier regelmäßig schon keine „allgemein zugänglichen Quellen" vorliegen werden.

Eingriffe

b) Eingriffe liegen im Ausschluss von einem Informationsmedium, wobei u.U. auch eine nicht unerhebliche Verzögerung genügen kann. Da die „ungehinderte" Unterrichtung garantiert wird, sind Eingriffe auch schon bei psychischen Erschwernissen, z.B. der Registrierung aller Käufer einer Zeitschrift, möglich.[179] **160**

3. Pressefreiheit

Pressebegriff

a) Der Begriff der Presse ist in vielen Landespressegesetzen legaldefiniert. Diese können als einfachgesetzliche Regelungen zwar die Verfassung nicht verbindlich interpretieren, allerdings entsprechen die meisten Legaldefinitionen in etwa dem verfassungsrechtlichen Pressebegriff, der alle, d.h. nicht nur periodisch erscheinende, Druckerzeugnisse erfasst, die zur Verbreitung geeignet und bestimmt sind. **161**

Schutz von Informationsverschaffung bis Nachrichtenverbreitung

Geschützt werden die pressespezifischen Tätigkeiten „von der Beschaffung der Information bis zur Verbreitung der Nachricht" und alle „im Pressewesen tätigen Personen".[180] Der Schutz ist dabei nicht von einem bestimmten Darstellungsniveau abhängig.

hemmer-Methode: Ein Comic-Heftchen ist damit grds. genauso geschützt wie eine Boulevardzeitung, diese wiederum wie ein politisch orientiertes Nachrichtenmagazin! Anderer Ansicht ist zum Teil der Europäische Gerichtshof für Menschenrechte, der unter die Pressfreiheit nur die Druckwerke subsumiert, an deren Inhalt ein berechtigtes Informationsinteresse der Öffentlichkeit besteht.[181]

---

178 BVerfGE 103, 44-81, Az. 1 BvR 2623/95 = **juris**byhemmer.

179 Beachten Sie auch BVerfG, NJW 1994, 1147-1149, Az. 1 BvR 1687/92 = **juris**byhemmer: Das Recht des Mieters auf eine Parabolantenne besteht u.U. auch, wenn ein Kabelanschluss vorliegt.

180 BVerfGE 20, 162-230 (175 f.), Az. 1 BvR 586/62 = **juris**byhemmer.

181 Europäischer Gerichtshof für Menschenrechte, Urteil vom 07. Februar 2012.

Unterschiede könnten sich aber bei der Güterabwägung ergeben, wenn in die Verhältnismäßigkeitsprüfung die Bedeutung der Pressefreiheit als solcher im demokratischen Staatswesen mit eingeht.

Eingriffe

b) Eingriffe können grds. in der gleichen Art vorliegen wie bei der Meinungsfreiheit (vgl. o. Rn. 158), wobei die Pressefreiheit im Vorfeld der Informationsverbreitung natürlich wesentlich sensibler ist, soweit es z.B. um Erschwernisse bei der Informationsbeschaffung o.Ä. geht.[182] 162

☑

hemmer-Methode: Achten Sie darauf, dass sich die Pressefreiheit über die mittelbare Drittwirkung der Grundrechte auch im Zivilrecht beim Eingriff ins Persönlichkeitsrecht auswirken kann, so z.B. bei der Frage, ob ein Widerruf oder sogar eine Geldentschädigung geschuldet wird: Ob das entsprechende Presseorgan zum Widerruf verpflichtet ist, ergibt sich dann durch eine entsprechende Güterabwägung i.R.d. § 823 BGB.[183]

4. Rundfunkfreiheit

Begriff des Rundfunks

Der Begriff des Rundfunks umfasst – über den allgemeinen Sprachgebrauch hinaus – jede an eine Vielzahl von Personen gerichtete Übermittlung von Gedankeninhalten i.w.S. durch physikalische, insbesondere elektromagnetische Wellen, ohne Rücksicht darauf, ob dies drahtlos oder über Leitungen erfolgt.[184] 163

Geschützt sind also Hörfunk, Fernsehen, aber grds. auch neue Medien wie Internet etc.

Von größerer Bedeutung als die Freiheit des Einzelnen, einen Rundfunksender zu betreiben o.Ä., ist die Frage der Programmgestaltung, zu der eine Reihe von wichtigen Urteilen ergangen ist.[185] 164

Diese diffizilen und für die Klausur nur bedingt geeigneten Probleme sollen aber i.R.d. Basics-Skripts ausgeklammert bleiben.[186]

☑

hemmer-Methode: Denkbar wäre eine Aufgabenstellung zur Funktion der Rundfunkfreiheit als Abwehrrecht des Einzelnen noch am ehesten in Form eines neuen Mediums bzw. eines etwas atypischen Falles, bei dem Sie dann erst das Vorliegen von „Rundfunk" zu untersuchen haben.[187]

---

182 Die Pressefreiheit ist auch wichtig als objektive Werteordnung unabhängiger Presse beim Verbot staatlicher Pressesubventionen. Vgl. BVerfGE 80, 124-137 (134), Az. 1 BvR 727/84 = **juris**byhemmer.

183 Vgl. BVerfG, NJW 1998, 1381-1385, Az. 1 BvR 1861/93 = **juris**byhemmer, zur Gegendarstellung.

184 Vgl. Pieroth/Schlink, Rn. 654.

185 Einen Überblick über einige der sog. Rundfunkurteile geben Richter/Schuppert, 163 - 170.

186 Vgl. dazu knapp **Hemmer/Wüst, Staatsrecht I, Rn. 208** m.w.N.

187 Vgl. z.B. die Konstellation in BVerfG, NJW 1993, 1190-1191, Az. 1 BvR 1000/91 = **juris**byhemmer, in der ein Geistli-

Bei den neuen Medien ist zu beachten, dass die Verfassungsauslegung an die technische Entwicklung angeglichen werden muss, um auch heute den beabsichtigten Schutz zu gewähren. Bei vielen neuen Medien ist auch zudem zu berücksichtigen, dass sie auf Interaktion angelegt sind, sodass zu fragen ist, ob mehr die unbestimmte Anzahl möglicher Adressaten oder die individuelle Kommunikation (dann möglicherweise Schutz über Art. 10 GG!) prägend sind.

II. Schranken

Schranken: Gesetze zum Schutz der Jugend und der persönlichen Ehre und v.a. „allgemeine Gesetze"

Eines der wichtigsten Klausurprobleme i.R.d. des Art. 5 I GG beinhaltet der qualifizierte Schrankenvorbehalt des Art. 5 II GG (lesen!). Nach Ansicht des BVerfG sind dabei die Gesetze zum Schutz der Jugend und der persönlichen Ehre nur Unterfälle der „allgemeinen Gesetze", sodass es entscheidend auf diesen Begriff ankommt.[188] 165

„allgemein" nicht nur „allgemein geltend"

1. Dabei ist unstreitig, dass „allgemeine Gesetze" nicht schon alle die sind, die für jedermann gleichermaßen gelten, da Art. 5 II GG insoweit keine über Art. 19 I GG hinausgehende Bedeutung hätte. Die weitere Bedeutung des Begriffes war dagegen schon zur vergleichbaren Gewährleistung durch Art. 118 WRV umstritten. 166

Sonderrechtslehre und Abwägungslehre

2. Während nach der sog. Sonderrechtslehre allgemeine Gesetze solche sein sollten, die eine Meinung nicht als solche verbieten, also kein „Sonderrecht" gegen eine Meinung darstellen, waren nach der sog. Abwägungslehre solche Gesetze allgemeine, die ein Rechtsgut schützen, weil es bei einer Güterabwägung höher zu gewichten sei als die Meinungsäußerung. 167

⇨ vom BVerfG kombiniert

Als Synthese dieser beiden Ansätze arbeitet das BVerfG mit der Formel, allgemeine Gesetze seien solche, „die nicht eine Meinung als solche verbieten und die sich nicht gegen die Äußerung der Meinung als solche richten, sondern die dem Schutz eines schlechthin, ohne Rücksicht auf eine bestimmte Meinung zu schützenden Rechtsguts dienen, das gegenüber der Betätigung der Meinungsfreiheit den Vorrang hat".[189] 168

hemmer-Methode: Somit kommt man in der Klausur zu einer mehrstufigen Prüfung. Ein allgemeines Gesetz liegt jedenfalls dann vor, wenn das Gesetz in keiner Weise direkt und unmittelbar an eine Meinungsäußerung anknüpft, also sich nicht unmittelbar „gegen die Meinung richtet".

---

cher einen privaten Sender zu gottesdienstlichen Zwecken betrieben hat. Diese Entscheidung ist auch wegen weiterer verfassungsrechtlicher Probleme lesenswert. Problematisch im Hinblick auf die unbestimmte Vielzahl von Personen wären auch die in manchen Kaufhäusern und Supermärkten ausgestrahlten „Haussender".

188 BVerfGE 124, 300-347, Az. 1 BvR 2150/08 = **Life&Law 02/2010, 111** = **juris**byhemmer.

189 Grundlegend BVerfGE 7, 198-230 (209 f.), Az. 1 BvR 400/51 = **juris**byhemmer; seitdem st. Rspr. und in den Grundzügen auch Ansatz der h.L.

Sobald das Gesetz sich gegen die Meinungsäußerung als solche richtet, muss es aber zumindest alle Meinungen gleichbehandeln und darf nicht zwischen verschiedenen Meinungen differenzieren.[190]

III. Schranken-Schranken

1. Als spezielle Ausprägung des Verhältnismäßigkeitsgrundsatzes hat das BVerfG die sog. Wechselwirkungslehre entwickelt,[191] wonach das beschränkende Gesetz seinerseits wieder im Lichte des Grundrechts auszulegen und in seiner „diese Grundrechte beschränkenden Wirkung wieder selbst einzuschränken" ist.

Schranken-Schranke: Wechselwirkungslehre

Bsp.:[192] *L, der Leiter einer Pressestelle einer Großstadt, ruft bei der Eröffnung eines Filmfestivals dazu auf, den neuen Film des Regisseurs H nicht in den Kinos zu zeigen, da H früher in seinen Filmen „für die mörderische Judenhetze der Nazis" geworben hat. Die D-GmbH, die den neuen Film des H im Verleih hatte, erwirkte ein Unterlassungsurteil gegen L.* **169**

Nach dem weiteren Meinungsbegriff der h.M. hat L hier unproblematisch eine Meinung geäußert. In § 826 BGB, auf den die Unterlassungsklage gestützt war, könnte aber eine zulässige Schranke in Form eines allgemeinen Gesetzes liegen. § 826 BGB richtet sich nicht gegen die Meinungsfreiheit als solche und kann (abstrakt) auch wichtigere Rechtsgüter schützen. § 826 BGB ist somit ein allgemeines Gesetz i.S.d. Art. 5 II GG. Allerdings ist § 826 BGB seinerseits wieder im Lichte des Art. 5 GG zu sehen und zu interpretieren (Wechselwirkungslehre). Dadurch wird eine Güterabwägung im konkreten Einzelfall erforderlich, die hier nach Ansicht des BVerfG dazu führte, dass das Unterlassungsurteil aufzuheben sei.

hemmer-Methode: Hier findet eine Güterabwägung statt, bei der Sie - wie sonst auch - in der Verhältnismäßigkeit gewohnt argumentieren können. Sie sollten jedoch den speziellen Begriff der Wechselwirkungslehre ausdrücklich erwähnen und erläutern.
Nicht ganz einfach erscheint allerdings der Aufbau im Verhältnis zum „Abwägungslehreelement" in der Formel des BVerfG. Denkbar wäre folgendes Vorgehen: Nachdem Sie bei den Schranken festgestellt haben, dass ein allgemeines Gesetz i.S.d. „Sonderrechtslehreelements" vorliegt, prüfen Sie als zusätzliches Kriterium, dass das geschützte Rechtsgut abstrakt zumindest vorrangig sein kann.

---

190 BVerfGE 124, 300-347, Az. 1 BvR 2150/08 = **Life&Law 02/2010, 111** = **juris**byhemmer.

191 Grundlegend E 7, 198-230 (207 ff.), Az. 1 BvR 400/51 = **juris**byhemmer; vgl. auch ausführlich E 35, 202-245 (219 ff.), Az. 1 BvR 536/72 = **juris**byhemmer.

192 Nach BVerfGE 7, 198-230, Az. 1 BvR 400/51 = **juris**byhemmer („Lüth-Urteil"), wichtig zu diesem Bereich auch BVerfGE 25, 256-269, Az. 1 BvR 619/63 („Blinkfuer") = **juris**byhemmer.

Bei den Schranken-Schranken erwähnen Sie nach Geeignetheit und Erforderlichkeit als spezielle Ausprägung der Verhältnismäßigkeit i.e.S. die Wechselwirkungslehre, bei der es dann v.a. um die konkrete Gewichtung im Einzelfall geht.

2. Nach h.M. bildet das Zensurverbot des Art. 5 I S. 3 GG eine weitere spezielle Schranken-Schranke, welche folglich auch nicht unter den Voraussetzungen des Art. 5 II GG stattfinden darf. Gemeint ist dabei nach h.M. nur die sog. Vor- oder Präventivzensur.

F) Kunst- und Wissenschaftsfreiheit, Art. 5 III GG 170

Zensurverbot, Art. 5 I S. 3 GG (h.M.: nur Vorzensur)

Die Freiheitsgarantien des Art. 5 III GG dürften zwar nicht ganz die Klausurbedeutung des Art. 5 I GG erreichen, spielen aber ebenfalls oft eine Rolle, wobei hier typischerweise zwei Problemschwerpunkte auftauchen: der Begriff der „Kunst“ (weniger der der „Wissenschaft“) bei der Bestimmung des Schutzbereichs und die Rechtfertigung eines Eingriffs in die schrankenlos gewährleisteten Garantien.

I. Schutzbereich 171

Schutzbereich des Art. 5 III GG

Kunstfreiheit	**Wissenschaftsfreiheit**
⇨ formaler	⇨ Forschung
⇨ materieller	⇨ Lehre
⇨ offener Kunstbegriff	⇨ u.a.

Kunstbegriff sehr schwierig zu bestimmen

Ansätze: formaler, materieller und offener Kunstbegriff

1. Der Begriff der Kunst ist schwierig zu definieren, z.T. wird sogar vertreten, dass ihm inhärent sei, dass er sich einer Definition entziehe. Gleichwohl muss in der Klausur eine Schutzbereichsbeschreibung geleistet werden, wofür (nebeneinander) verschiedene Kunstbegriffe verwendet werden können: Nach einem mehr formalen Kunstbegriff ist charakteristisch, dass bestimmte Werktypen (etwa Gedicht, Bildhauerei, Malerei) vorliegen, während nach einem sog. materiellen Kunstbegriff als wesentlich an der Kunst „die freie schöpferische Gestaltung, in der Eindrücke, Erfahrungen und Erlebnisse des Künstlers durch das Medium einer bestimmten Formensprache zu unmittelbarer Anschauung gebracht werden“ betrachtet wird.[193] 172

[193] BVerfGE 30, 173 (188 f.), Az. 1 BvR 435/68 = jurisbyhemmer - Mephisto-Beschluss.

Dagegen ist nach einem eher offenen Kunstbegriff kennzeichnend für die Kunst, dass es wegen der „Mannigfaltigkeit ihres Aussagegehalts möglich ist, der Darstellung im Wege einer fortgesetzten Interpretation immer weiter reichende Bedeutungen zu entnehmen“.[194]

in Klausur grds. eher Großzügigkeit angebracht

Tendenziell ist hier in der Klausur jedenfalls eine gewisse Großzügigkeit angezeigt, auch wenn das in Frage stehende Verhalten nicht dem eigenen Kunstgeschmack entspricht. **173**

Insbesondere darf – ähnlich wie bei der Pressefreiheit – nicht schon im Schutzbereich eine (vermeintliche) Niveaukontrolle stattfinden, da diese gerade ein „staatliches Kunstrichtertum“ zur Folge hätte.

Dem Umfang nach sind sowohl Werk- als auch Wirkbereich geschützt, also sowohl die Vorbereitung und Schaffung des Kunstwerks als auch dessen Ausstellung.[195]

Wissenschaft: ernsthafter und planmäßiger Versuch der Wahrheitsermittlung

2. Wissenschaft ist nach einer Definition des BVerfG „jede Tätigkeit, die nach Inhalt und Form als ernsthafter planmäßiger Versuch der Wahrheitsermittlung anzusehen ist“.[196] Erforderlich ist nach h.M. sowohl das Aufbauen auf einen gewissen Kenntnisstand (wobei natürlich auch „Grundlagenforschung“ umfasst ist) als auch das Bemühen um Kenntniserweiterung mit einer planvollen Methode. Im Gegensatz zur Kunstfreiheit werden sich hier regelmäßig keine Schwierigkeiten ergeben. Die „Forschung und Lehre“ in Art. 5 III GG sind dabei als Unterbegriffe bzw. Teilbereiche der Wissenschaftsfreiheit zu verstehen. **174**

II. Eingriffe

Eingriffe

Eingriffe in Kunst- oder Wissenschaftsfreiheit können wie bei Art. 5 I GG in allen schutzbereichsverkürzenden Verboten, Sanktionen oder tatsächlichen Maßnahmen liegen. **175**

III. Schranken

schrankenlose Gewährleistung ⇨ kollidierendes Verfassungsrecht

Art. 5 III GG ist schrankenlos gewährleistet und nach ganz h.M. ist insbesondere ein Rückgriff auf die Schranken der Art. 5 II, 2 I GG abzulehnen. Möglich bleibt somit nur die Schrankengewinnung aus kollidierendem Verfassungsrecht im Wege der praktischen Konkordanz (vgl. o. Rn. 132), für welche Art. 5 III GG wohl einen der wichtigsten Anwendungsfälle in der Klausur bietet. **176**

---

[194] BVerfGE 67, 213-231 (265), Az. 1 BvR 816/82 = **juris**byhemmer - Anachronistischer Zug; wegen dieser - typischerweise - weiten Deutbarkeit verlangt die Kunstfreiheit auch, im Zweifel eine Deutung vorzunehmen, mit der die künstlerische Betätigung z.B. nicht verboten werden kann oder strafbewehrt ist, vgl. a.a.O., 230. Zum viel diskutierten Verhältnis von Kunst und Pornographie vgl. **Hemmer/Wüst, Staatsrecht I, Rn. 218** m.w.N.

[195] Näher zum Umfang m.w.N. **Hemmer/Wüst, Staatsrecht I, Rn. 219**.

[196] E 35, 79-170 (113), Az. 1 BvR 424/71 = **juris**byhemmer; E 47, 327-419 (367), Az. 1 BvR 333/75 = **juris**byhemmer.

Bsp.: Ein klassisches Beispiel für die Schwierigkeiten bei der Schrankengewinnung ist der Tierschutz; dieser kann eine Rolle spielen, wenn Tiere bei künstlerischen Darbietungen gequält (Kunstfreiheit) oder zu Forschungs- bzw. Schulungszwecken im Medizinstudium (Wissenschaftsfreiheit) getötet werden. Eine verfassungsrechtliche Verankerung des Tierschutzes könnte z.B. auf die Gewissensfreiheit der Studenten (sofern sie für ihre Scheine zu Tierversuchen „gezwungen" werden), auf die allgemeinen Sittengesetze (vgl. Art. 2 I GG), auf die in der Präambel angesprochene Verantwortung vor Gott oder auf die Kompetenznorm des Art. 74 I Nr. 20 GG gestützt werden,[197] freilich sind all diese Versuche methodisch wenig überzeugend und eher scheinpositivistisch.

G) Versammlungsfreiheit, Art. 8 GG[198]

Art. 8 GG schützt – zusammen mit Art. 5 I GG – in besonderem Maße die Freiheit der politischen Willensbildung. Dies kann in der Klausur z.B. bei einer Güterabwägung i.R.d. Verhältnismäßigkeitsprüfung erwähnt und auch berücksichtigt werden. 177

Art. 8 GG ist auch eines der Grundrechte, die besondere Bedeutung in verwaltungsrechtlichen Klausuren haben, soweit es um die sehr klausurrelevanten Fragen des Versammlungsrechts geht.

I. Schutzbereich

Art. 8 GG: Deutschengrundrecht

1. Zunächst ist darauf zu achten, dass der persönliche Schutzbereich des Art. 8 GG nur Deutsche (i.S.d. Art. 116 I GG) umfasst, Ausländer damit allenfalls über Art. 2 I GG geschützt werden können.[199] 178

Versammlung

2. Eine Versammlung ist die Zusammenkunft mehrerer Personen zur Verfolgung des gemeinsamen Zwecks der kollektiven Meinungsbildung oder Meinungskundgabe.[200] Hinsichtlich der erforderlichen Teilnehmerzahl ist umstritten, ob es dafür zwei, drei oder sogar sieben Teilnehmer bedarf.[201] Das BVerfG lässt bereits zwei Teilnehmer genügen.[202] 179

---

197 Vgl. Hufen, JuS 1995, 641-642, zur Entscheidung des VGH Kassel, NJW 1994, 1608-1610 = **juris**byhemmer; ferner zum Tierschutz unter dem Gesichtspunkt des Schächtens und Art. 4 GG: Pache, Jura 1995, 150-154.

198 Vgl. näher **Hemmer/Wüst, Staatsrecht I, Rn. 232 ff.**

199 Zu dieser Frage vgl. oben Rn. 39; zum Sonderproblem, welche Auswirkungen die Tatsache, dass ein Teil der Teilnehmer Ausländer sind, auf das Vorliegen einer Versammlung haben könnte, vgl. **Hemmer/Wüst, Staatsrecht I, Rn. 234**.

200 BVerfG, BayVBl. 2011, 368-370, Az. 1 BvR 1402/06 = **Life&Law 08/2011, 575** = **juris**byhemmer: Diese Meinungskundgabe kann auch konkludent erfolgen und auch darin liegen, „gegen" etwas, bspw. das Anliegen einer anderen Demo zu sein.

201 Vgl. näher m.w.N. **Hemmer/Wüst, Staatsrecht I**, a.a.O., sowie Deutelmooser, NVwZ 1999, 240-244: „Angst vor einem weiten Versammlungsbegriff?".

202 BVerfG, BayVBl. 2011, 368-370, Az. 1 BvR 1402/06 = **Life&Law 08/2011, 575** = **juris**byhemmer.

hemmer-Methode: Denken Sie an dieses Problem, wenn sehr wenige Teilnehmer vorhanden sind bzw. übersehen Sie nicht die Fragestellung, ob dann Art. 8 GG überhaupt anwendbar sein kann! Oft wird es sich aber z.B. um Demonstrationen von nicht unerheblicher Größe handeln, sodass Sie diesen Punkt mit dem Verweis auf die „Zusammenkunft mehrerer" schnell abhaken können.

str., in welchem Umfang und in welcher Art gemeinsamer Zweck erforderlich ist

Über das Merkmal des gemeinsamen Zwecks ist die Versammlung abzugrenzen von der bloßen Ansammlung, z.B. einer Menge 180
von Schaulustigen bei einem Unfall. Hinsichtlich dieses Merkmals geht die h.M. dahin, dass die Zusammenkunft in irgendeiner Weise der Bildung oder Äußerung eines gemeinsamen Willens dienen muss.[203] Nicht überzeugen kann dabei die vielfach vertretene weitere Einschränkung, dass diese Meinungsbildung bzw. -äußerung zu Angelegenheiten von öffentlichen Interessen stattfinden muss, schließlich schützt auch der korrespondierende Art. 5 I GG jede Meinungsäußerung. Die gemeinsame Meinungskundgabe muss nicht ausdrücklich erfolgen.

Es genügt auch, „gegen" etwas zu sein, bspw. gegen das Anliegen einer anderen Demo, sodass auch eine „echte Gegendemo" sich auf Art. 8 I GG berufen kann. Anders ist dies, wenn die Gegenveranstaltung als Hauptzweck die Verhinderung der zunächst gemeldeten Demo hat.[204]

hemmer-Methode: Auch hier wird häufig kein Problem liegen, wenn es sich z.B. um eine politisch motivierte Demonstration handelt. Sollte es dagegen auf die Frage nach dem Versammlungszweck ankommen, wird es klausurtaktisch i.d.R. am Geschicktesten sein, der h.M. zu folgen. Die „Meinungsbildung und -äußerung" sollte allerdings extensiv ausgelegt werden, sodass z.B. auch kulturelle Veranstaltungen i.d.R. erfasst sind.[205]
Sie können jedoch schon an dieser Stelle erwähnen, dass die unterschiedliche Bedeutung für die Allgemeinheit bei einer späteren Güterabwägung eine Rolle spielen kann.

geschütztes Verhalten

Geschütztes Verhalten ist v.a. die Veranstaltung der Versammlung selbst, aber auch schon die Vorbereitung und Anreise, soweit dies für effektiven Grundrechtsschutz erforderlich ist.[206] 181

[203] Vgl. näher m.w.N. (auch zur beachtlichen Mindermeinung, die die „bloße Freude am Zusammensein" genügen lassen, da Schutzgut des Art. 8 GG v.a. der „Schutz vor systematischer Isolierung" sei), **Hemmer/Wüst, Staatsrecht I, Rn. 235**; keine Versammlung liegt demnach dann vor, soweit kommerzielle Aspekte im Vordergrund stehen, „Love Parade", vgl. OVG Berlin, NJW 2001, 1740-1741, Az. 1 SN 101.00, bestätigt von BVerfG, NJW 2001, 2459, Az. 1 BvQ 28/01 = **juris**byhemmer.

[204] BVerfG, BayVBl. 2011, 368-370, Az. 1 BvR 1402/06 = **Life&Law 08/2011, 575** = **juris**byhemmer.

[205] BVerfG, Beschluss vom 27.10.2016, 1 BvR 458/10 = **Life&Law 04/2017, 268**.

[206] Näher zum Umfang des Schutzes m.w.N. **Hemmer/Wüst, Staatsrecht I, Rn. 236**.

„friedlich und ohne Waffen“ (bereits Schutzbereichsbeschränkung)

Beschränkt wird der Schutzbereich aber auf solche Versamm- 182
lungen, die friedlich und ohne Waffen verlaufen. Dabei sind Waffen solche nach § 1 WaffenG, aber auch weitere gefährliche Gegenstände, die mit aggressiver Intention mitgeführt werden.

> **Bspe.:** *Knüppel, große Gartengeräte. Keine Waffen sind dagegen Schutzgegenstände wie Helme oder Gasmasken.*

teleologische Reduktion

Eine teleologische Reduktion kann erforderlich sein, wenn die 182a
Waffen gebrauchsuntauglich ohne aggressive Intention mitgeführt werden, z.B. antike Kanonen in einem historischen Umzug.

Friedlich ist eine Versammlung, die keinen gewalttätigen, aufrührerischen Verlauf nimmt und bei der keine „körperlichen Handlungen von einiger Gefährlichkeit“ auftreten. Dabei wird der friedlichen Mehrzahl von Demonstranten der Schutz des Art. 8 GG nicht dadurch genommen, dass sich einzelne Teilnehmer oder sogar außenstehende Personen unfriedlich verhalten.[207]

II. Eingriffe

Eingriffe

Eingriffe in die Versammlungsfreiheit können in allen rechtli- 183
chen oder faktischen Maßnahmen liegen, die vom Schutzbereich erfasste Verhaltensweisen erschweren, insbesondere also auch in der Registrierung der Teilnehmer oder der Behinderung des Zugangs.

III. Schranken

Gesetzesvorbehalt

1. Art. 8 II GG enthält einen Gesetzesvorbehalt für Versamm- 184
lungen unter freiem Himmel (im Gegensatz zu solchen in geschlossenen Räumen).

Seinem Sinn und Zweck nach ist dafür nicht auf eine Überdachung o.Ä. abzustellen, sondern darauf, ob die Versammlung nach allen Richtungen von der Umwelt abgeschlossen und dadurch weniger gefährlich ist, also v.a. auf seitliche Abgrenzungen.

---

[207] BVerfG, BayVBl. 2011, 368-370, Az. 1 BvR 1402/06 = **Life&Law 08/2011, 575** = **juris**byhemmer.

Versammlungsgesetz

Wichtigstes (aber nicht einziges[208]) einschränkendes Gesetz ist das VersammlG,[209] wobei v.a. die (angesichts des Wortlauts des Art. 8 GG zumindest überraschende) Anmeldungspflicht des § 14 VersammlG sowie die ordnungsrechtliche Generalklausel des § 15 VersammlG von Bedeutung sind. Eine nähere Darstellung würde den Rahmen dieses Kapitels sprengen. Erwähnenswert erscheint jedoch eine dreifache Einschränkung der Anmeldungspflicht des § 14 VersammlG durch Auslegung im Lichte des Art. 8 GG: Für Spontanversammlungen ist eine Anmeldung gar nicht erforderlich und für Eilversammlungen muss die Frist des § 14 VersammlG (lesen!) nicht eingehalten werden, wenn die Anmeldung nur baldmöglichst erfolgt.[210] **185**

Außerdem soll ein Verstoß gegen die Anmeldungspflicht alleine ein Verbot nach § 15 VersammlG nicht rechtfertigen. Gleiches gilt nach der Rechtsprechung des BVerfG für einen bloßen Verstoß gegen die öffentliche Ordnung: Diese wird herkömmlicherweise als die Gesamtheit der ungeschriebenen Normen verstanden, die nach der Moralvorstellung der breiten Mehrheit unerlässlich für ein geordnetes Zusammenleben sind.

Solche Überzeugungen der Mehrheit können nach BVerfG einen Eingriff in Art. 8 I GG schon deswegen nicht rechtfertigen, weil dadurch der Charakter der Grundrechte als Minderheitenrechte umgangen würde.[211] Dies gilt jedenfalls, wenn es sich um die durch die Versammlung kundgegebene Meinung und nicht allein um die Art und Weise der Meinungskundgabe geht.[212]

Bei einer bloßen Verletzung der öffentlichen Ordnung wird deshalb meist nur eine Auflage in Betracht kommen.[213]

hemmer-Methode: Art. 8 GG spielt sehr häufig eine Rolle in Klausuren aus dem Bereich des Sicherheitsrechts. Hier ist es wichtig zu wissen, dass das VersammlG - schon im Interesse eines effektiven Grundrechtsschutzes - eine abschließende Spezialregelung darstellt und Rückgriffe auf das allgemeine Polizei- und Sicherheitsrecht daneben unzulässig sind, Grundsatz der sog. Polizeifestigkeit des VersammlG. Ausnahmen gelten im Vorfeld einer Versammlung, nach Auflösung einer Versammlung sowie dann, wenn die Maßnahme nach den Polizeigesetzen die mildere Maßnahme im Vergleich zu einem Versammlungsverbot darstellen.

208 Einschränkungen sind z.B. auch möglich durch das allgemeine Sicherheits- und Polizeirecht, wobei das Konkurrenzverhältnis dieser Normen zum VersammlG umstritten und dementsprechend in der Verwaltungsrechtsklausur von Bedeutung ist.

209 Das VersammlG gilt nach Art. 125a I GG weiter fort, auch wenn der Bundesgesetzgeber seit der Föderalismusreform keine Gesetzgebungskompetenz mehr hat. Allerdings können die Länder hiervon abweichende Gesetze erlassen. Hiervon hat bislang nur Bayern Gebrauch gemacht. Dort gilt nunmehr das BayVersG, das in den klausurrelevanten Bereichen allerdings weitgehend dem VersammlG entspricht.

210 Für Bayern ist dies in Art. 13 BayVersG geregelt.

211 BVerfG, NJW 2001, 2069-2072, Az. 1 BvQ 13/01; BVerfG, NJW 2001, 2072-2075, Az. 1 BvQ 17/01; BVerfG, NJW 2001, 2076-2078, Az. 1 BvQ 22/01; a.A. OVG Münster, NJW 2001, 2111-2112, Az. 5 B 395/01; OVG Münster, NJW 2001, 2113-2114, Az. 5 B 492/01; OVG Münster, NJW 2001, 2987, Az. 5 B 832/01: **alle Entscheidungen** = **juris**byhemmer.

212 BVerfG, NVwZ 2005, 80-81, Az. 1 BvR 1726/01 = **juris**byhemmer.

213 BVerfG, BayVBl. 2006, 348-349, Az. 1 BvQ 3/06 = **juris**byhemmer.

in geschlossenen Räumen nach kollidierendem Verfassungsrecht

2. Für Versammlungen in geschlossenen Räumen - hierfür gilt der Gesetzesvorbehalt des Art. 8 II GG gerade nicht - sind Einschränkungen kraft kollidierenden Verfassungsrechts möglich, so z.B. wenn Gefahr für Leib und Leben der Teilnehmer wegen der Einsturzgefahr des Gebäudes droht. *186*

H) Vereinigungsfreiheit, Art. 9 I GG[214]

Im Vergleich zu Art. 5 GG oder Art. 8 GG spielt Art. 9 I GG seltener eine Rolle. Die Vorschrift bietet sich aber zur Kombination mit anderen Grundrechten an, zumal es einige Klassiker dafür gibt, die man kennen sollte, sodass es jedenfalls sinnvoll erscheint, auch hier einen kurzen Überblick zu geben. *187*

I. Schutzbereich

Art. 9 I GG: Deutschengrundrecht

1. Vom persönlichen Schutzbereich des Art. 9 I GG sind nur Deutsche umfasst, Ausländer genießen aber nach h.M. Schutz über den sonst subsidiären Art. 2 I GG (vgl. o. Rn. 39). *188*

Nach ganz h.M. gewährt Art. 9 I GG als eine Art „Doppelgrundrecht" darüber hinaus auch den „Vereinen" selbst Schutz, ohne dass ein Rückgriff auf Art. 19 III GG erforderlich ist (kollektive Vereinsfreiheit).

sachlicher Schutzbereich

2. Sachlich sind unter „Vereinen und Gesellschaften" nicht abschließend die Korporationsformen i.S.d. BGB oder anderer Gesetze gemeint. Die grundgesetzliche Freiheit ist vielmehr gerade auf keine bestimmte Organisationsform beschränkt. Orientieren kann man sich am weit gefassten Begriff des § 2 I VereinsG. *189*

geschütztes Verhalten

Geschütztes Verhalten ist zunächst die Gründung, aber auch der Bestand von Vereinigungen, da der Schutz sonst weitgehend leerlaufen würde. Geschützt ist außerdem auch die negative Koalitionsfreiheit, d.h. das Recht, einer Vereinigung fernzubleiben oder aus ihr auszutreten.[215]

Nach wohl herrschender, wenngleich nicht unbestrittener Ansicht erfasst die negative Koalitionsfreiheit aber nur den Schutz vor Zwangsmitgliedschaften in privatrechtlichen Vereinigungen, nicht dagegen in öffentlich-rechtlichen Verbänden, da auch positiv deren Gründung nicht von Art. 9 I GG geschützt sei. Insoweit bleibt nur der Rückgriff auf Art. 2 I GG.[216]

---

214 Vgl. näher **Hemmer/Wüst, Staatsrecht I, Rn. 245 ff.**; Art. 9 III GG dürfte größere Bedeutung in (kollektiv-) arbeitsrechtlichen als in öffentlich-rechtlichen Klausuren haben und soll deshalb in diesem Skript nicht näher dargestellt werden. Ein knapper Überblick (ebenfalls ohne arbeitsrechtliche Detailfragen) wird gegeben in **Hemmer/Wüst, Staatsrecht I, Rn. 251**.

215 Vgl. BVerfGE 10, 89 ff. = **juris**byhemmer.

216 Vgl. BVerwG, BayVBl. 1999, 120-122 (121) = **juris**byhemmer.

problematisch dagegen externe Betätigungsfreiheit

Ein Problem, das sich gut in eine Klausur einbauen ließe, ist weiterhin die Frage, inwieweit Art. 9 I GG auch eine externe Betätigungsfreiheit, d.h. das Auftreten der Vereinsmitglieder nach außen, schützt. Einerseits gibt es (grds. zulässige) Vereinszwecke, die gerade in einer nach außen bemerkbaren Tätigkeit liegen (z.B. Umzüge eines Karnevalsvereins); andererseits sind viele Verhaltensweisen spezieller durch andere Grundrechte geschützt (im Beispiel v.a. durch Art. 8 GG). Nach heute h.M. sind (außerhalb des Bereichs des Art. 9 III GG) die Betätigungen deshalb abschließend durch die Spezialgrundrechte geschützt, allerdings können zumindest Tätigkeiten, die in den Kernbereich der Vereinsbetätigung fallen, auch über Art. 9 I GG Schutz genießen. 190

☑

hemmer-Methode: Dies lässt sich für die Klausur gut vertreten für Tätigkeiten, für die ohnehin kein spezieller, sondern „nur" der Schutz aus Art. 2 I GG besteht. In anderen Fällen erscheint es auch möglich, Art. 9 I GG nur ergänzend in der Güterabwägung heranzuziehen, wobei meist der Schutz durch das spezielle Grundrecht ohnehin weiter gehen wird, soweit es in seinem Kernbereich, Art. 9 I GG nur in einer Modalität betroffen ist.

II. Eingriffe

Eingriffe

Eingriffe können in jedem Verbot oder jeder Beeinträchtigung vom Schutzbereich erfasster Verhaltensweisen liegen. Soweit es um gesetzliche Ausgestaltungen z.B. im GmbHG oder AktG geht, ist aber zu beachten, dass Art. 9 I GG auch ein normgeprägtes Grundrecht ist und somit nicht immer ein Eingriff anzunehmen ist.[217] 191

III. Schranken

Schranken

Nach h.M. keine Schutzbereichsbegrenzung, sondern eine Schranke, ist die Möglichkeit eines (konsequenterweise konstitutiv verstandenen) Verbots in Art. 9 II GG, bei dem zu beachten ist, dass die „verfassungsmäßige Ordnung" anders als in Art. 2 I GG[218] eng i.S.v. elementaren Verfassungsgrundsätzen zu verstehen ist. 192

217 Vgl. oben Rn. 100.

218 Vgl. oben Rn. 141.

l) Berufsfreiheit, Art. 12 I GG[219]

große Klausurbedeutung der Berufsfreiheit

Art. 12 I GG ist von der Anfängerübung bis zum Examen eines der zentralen Grundrechte für die öffentlich-rechtliche Klausur. Insbesondere spielt er nicht nur in reinen Grundrechtsklausuren, sondern auch für verwaltungsrechtliche Arbeiten z.B. aus dem Bereich des Wirtschaftsverwaltungsrechts eine Rolle.[220] 193

I. Schutzbereich

Art. 12 I GG: Deutschengrundrecht

1. Vom personalen Schutzbereich des Art. 12 I GG werden nur Deutsche erfasst, Ausländer genießen nach h.M. Schutz über Art. 2 I GG.[221] Ferner werden juristische Personen über Art. 19 III GG miterfasst, für den die Berufsfreiheit ein geradezu typisches Beispiel ist. 194

hemmer-Methode: Auch das zweite „Wirtschaftsgrundrecht", Art. 14 I GG, ist auf juristische Personen nach Maßgabe des Art. 19 III GG anwendbar. In der Abgrenzung zu diesem schützt Art. 12 GG nicht das Eigentum als bereits „Erworbenes", sondern die Berufsfreiheit als „Erwerbsmöglichkeit". Wirtschaftliches Handeln außerhalb der Art. 12, 14 GG wird von Art. 2 I GG geschützt.[222]
Wenngleich Art. 12 GG auf juristische Personen anwendbar ist, so darf dies dennoch nicht darüber hinwegtäuschen, dass dieses Grundrecht für natürliche Personen nicht nur Bedeutung für die erwerbswirtschaftliche Tätigkeit, sondern auch für die Selbstverwirklichung des Einzelnen hat. Diese kann z.B. eine Rolle spielen, wenn es um Höchstaltersgrenzen für Berufe geht, deren Eingriffsintensität dadurch nur unerheblich verringert wird, dass der Betroffene Ansprüche auf Altersversorgung hat.[223]

2. Bei der Bestimmung des sachlichen Schutzbereichs der Berufsfreiheit sind mehrere Problemfelder für die Klausur eröffnet:

Berufsbegriff

a) Der Begriff des Berufes wird definiert als eine Tätigkeit, die auf Dauer angelegt ist und der Schaffung und Erhaltung einer Lebensgrundlage dient, die also über bloße Hobbys jedenfalls hinausgeht. 195

---

[219] Vgl. näher **Hemmer/Wüst, Staatsrecht I, Rn. 259 ff.**; zu den hier nicht näher dargestellten Art. 12 II, III GG (Schutz vor Arbeitszwang und Zwangsarbeit) vgl. a.a.O. Rn. 278.

[220] Interessante Entscheidungen aus diesem Bereich mit grundrechtlichen Bezügen sind z.B. BVerfGE 121, 317-388, Az. 1 BvR 3262/07 = **Life&Law 09/2008, 619** (Rauchverbot in Gaststätten); BVerfGE 115, 276, Az. 1 BvR 1054/01 = **juris**byhemmer, dazu: Berberich, **Life&Law 06/2006, 420** (Zulässigkeit privater Sportwettenanbieter).

[221] Vgl. oben Rn. 39; dieser Schutz bleibt in der Rechtsprechung des BVerfG kaum noch hinter dem des Art. 12 I GG zurück; vgl. BVerfG, NJW 2002, 663-666, Az. 1 BvR 1783/99, **Life&Law 05/2002, 333** = **juris**byhemmer mit interessanter Anmerkung Volkmann, DVBl. 2002, 332-336.

[222] Vgl. oben Rn. 39.

[223] Vgl. BVerfG, NJW 1998, 1776 -1778, Az. 1 BvR 2167/93 = **juris**byhemmer.

extensive Auslegung (offener und zukunftsgerichteter Berufsbegriff)

Im Interesse eines optimierten Grundrechtsschutzes ist dabei eine extensive und insbesondere auch zukunftsgerichtete, offene Betrachtungsweise gefordert. Bei dieser ist mit der z.T. vertretenen weiteren Anforderung, die Tätigkeit dürfe nicht „verboten“ sein, Zurückhaltung geboten, da sie die Gefahr eines Zirkelschlusses impliziert. Zu fordern ist vielmehr nur, dass sie an sich, d.h. auch nicht berufsmäßig betrieben, erlaubt ist.

> ***Bspe.:*** *„Berufsmäßige“ Terroristen, Einbrecher oder Killer können sich selbstverständlich nicht auf Art. 12 GG berufen, da ihre Tätigkeit schon an sich verboten ist.*

Des Weiteren ist die Beschränkung auf gewisse fixierte und tradierte Berufsbilder nicht unbeschränkt zulässig, da damit kein Raum für Innovationen bestehen würde, vielmehr können auch untypische Tätigkeiten einen Beruf i.S.d. Art. 12 GG darstellen.

einheitliches Grundrecht der Berufsfreiheit (Wahl und Ausübung)

b) Dem Umfang nach betrachtet das BVerfG und ihm folgend die ganz h.M. seit dem Apothekenurteil[224] Art. 12 I GG als einheitliches Grundrecht, das Berufswahl (also die Frage des „Ob?“) und Berufsausübung (also die Frage des „Wie?“) umfasst. 196

Da hierbei an Einschränkungen unterschiedliche Anforderungen gestellt werden,[225] kann hier die angesprochene Fixierung eines Berufsbildes eine Rolle spielen:

> ***Bsp.:*** *Wegen der zunehmenden Unfälle mit sog. Kampfhunden wird deren Züchtung verboten. Wenn man die Betätigung als „Kampfhundezüchter“ als eigenen Beruf anerkennt, liegt darin eine Regelung der Berufswahl („Ob?“).*
>
> *Sieht man dagegen im Kampfhundezüchten nur eine Modalität des Berufs „Hundezüchter“, so liegt lediglich eine Beschränkung einer partiellen Ausübung („Wie?“) vor.*

auch staatliche/staatlich gebundene Berufe geschützt

c) Geschützt werden von Art. 12 I GG außerdem die Berufsausbildung sowie auch „staatliche“ bzw. „staatlich gebundene Berufe“, wobei bei diesen Art. 12 GG durch Art. 33 (insbesondere Absatz V) GG überlagert bzw. modifiziert wird.[226] 197

II. Eingriffe

Eingriffsakte

Der obigen Einteilung des Schutzbereiches entsprechend sind verschiedene Eingriffe in die Berufsfreiheit denkbar, die überwiegend durch einen steuernden Rechtsakt, u.U. auch einmal auf andere Weise erfolgen können. 198

224 BVerfGE 7, 377, Az. 1 BvR 596/65 – **juris**byhemmer.

225 Vgl. unten Rn. 203.

226 Vgl. zur Ausbildung und den staatlichen Berufen auch **Hemmer/Wüst, Staatsrecht I, Rn. 264 ff.**

Dabei ist allgemein zu berücksichtigen, dass diese Maßnahmen nur dann Eingriffe in den (sog. funktionalen) Schutzbereich des Art. 12 I GG darstellen, wenn ihnen subjektiv oder objektiv eine berufsregelnde Tendenz innewohnt, d.h. wenn eine Berufsregelung entweder beabsichtigt ist oder unmittelbare und gewichtige Auswirkungen auf die Berufsfreiheit vorliegen.[227]

Bspe.: *Tempolimits auf Autobahnen sind keine Eingriffe in die Berufsfreiheit, auch wenn die Berufsausübung von bspw. Handelsvertretern dadurch u.U. negativ beeinflusst wird.*

Dagegen könnte man immissionsrechtlichen Anforderungen an bestimmte Industrieanlagen möglicherweise sogar eine subjektive Regelungsabsicht hinsichtlich der Berufsgruppe der Betreiber, jedenfalls aber objektiv unmittelbare und gewichtige Auswirkungen zusprechen.

Im Einzelnen gilt es zu unterscheiden:

Berufsausübungsregelungen

1. Berufsausübungsvorschriften regeln i.S. obiger Differenzierung, wie ein bestimmter Beruf ausgeübt werden muss bzw. darf. 199

subjektive Zulassungsbeschränkungen

2. Subjektive Zulassungsbeschränkungen machen die Frage, ob ein Bewerber den Beruf ergreifen bzw. weiter ausüben darf, von subjektiven, d.h. in der Person des Erwerbers liegenden Kriterien abhängig. 200

Bspe.: *Befähigungen, Leistungsnachweise, gewerberechtliche Zuverlässigkeit, etc. Besonders im Wirtschaftsverwaltungsrecht spielen diese Anforderungen eine große Rolle.*

hemmer-Methode: Nach der h.M. sind auch Höchstaltersgrenzen subjektive Zulassungsbeschränkungen, da sie in der Person des Bewerbers liegen.[228]
Dies ist freilich zweifelhaft, da sie – insofern wie objektive Zulassungsbeschränkungen – vom Einzelnen nicht einmal theoretisch zu beeinflussen sind und letztlich jeden Bewerber unabhängig von seiner Qualifikation treffen. Folgt man gleichwohl der Einordnung der h.M., ist dies einer der Fälle, in denen man in der Klausur klarstellen kann, dass die verschiedenen Eingriffsformen durchaus gleich belastend für den Bewerber sein können und deshalb die gleichen Anforderungen an ihre Rechtfertigung[229] gestellt werden müssen.

---

227 In neueren Entscheidungen verzichtet das BVerfG teilweise auf diese Begrifflichkeit; BVerfG, NJW 2006, 1261-1267, Az. 1 BvR 1054/01 = **juris**byhemmer. Allerdings sind dann regelmäßig Eingriffe auf der ersten Stufe gegeben, sodass die Drei-Stufen-Theorie ohnehin nicht weiterhelfen würde.

228 Vgl. BVerfG, NJW 1998, 1776-1778, Az. 1 BvR 2167/93 = **juris**byhemmer.

229 Vgl. sogleich unten Rn. 203.

objektive Zulassungsbeschränkungen

3. Objektive Zulassungsbeschränkungen machen die Wahl des Bewerbers (also die Frage nach dem „Ob") von Kriterien abhängig, die nichts mit der individuellen Person des Bewerbers zu tun haben. 201

***Bspe.** Bedürfnisklauseln, Errichtungsverbote oder Kontingentierungen.*

III. Schranken und Schranken-Schranken

Drei-Stufen-Theorie des BVerfG

Während nach dem Wortlaut des Art. 12 I S. 2 GG eine Regelungsbefugnis nur für die Berufsausübung besteht, wendet das BVerfG seit dem Apotheken-Urteil[230] der Deutung als einheitlichem Grundrecht entsprechend den Gesetzesvorbehalt für das Grundrecht der Berufsfreiheit im Ganzen, also auch für die Berufswahl an. 202

Dabei differenziert es in Anlehnung an die Unterscheidung im Verfassungstext und unter Berücksichtigung der Wirkung der verschiedenen Eingriffe auf den Betroffenen für deren Zulässigkeit folgendermaßen (sog. Dreistufentheorie[231]): 203

- Für Berufsausübungsregelungen müssen nur vernünftige Gründe des Allgemeinwohls bestehen.
- Subjektive Zulassungsregeln müssen dem Schutz wichtiger Gemeinschaftsgüter dienen.
- Objektive Zulassungsschranken sind nur durch den Schutz überragend wichtiger Gemeinschaftsguter gegen nachweisbare oder höchstwahrscheinliche schwere Gefahren gerechtfertigt.

Drei-Stufen-Theorie zu Art. 12 GG

Berufsfreiheit, Art. 12 GG, wird eingeschränkt durch:

1. Stufe: **Berufsausübungsregeln**
⇨ bei vernünftigen Erwägungen des Allgemeinwohls

2. Stufe: **Subjektive Zulassungsbeschränkungen**
⇨ zum Schutz wichtiger Gemeinschaftsgüter

3. Stufe: **Objektive Zulassungsbeschränkungen**
⇨ zum Schutz überragend wichtiger Gemeinschaftsgüter

230 BVerfGE 7, 377 ff., insb. 401 ff.

231 In neueren Entscheidungen prüft das BVerfG die Verhältnismäßigkeit z.T. ohne Rückgriff auf die Drei-Stufen-Theorie, vgl. BVerfG, NJW 2006, 1261-1267, Az. 1 BvR 1054/01 = **juris**byhemmer.

hemmer-Methode: Dabei fällt auf, dass eine gewisse Beliebigkeit der Wertigkeiten zu bestehen scheint; so hat das BVerfG als überragend wichtig so unterschiedliche Güter wie die Volksgesundheit, die Steuerrechtspflege und die Wirtschaftlichkeit der (damaligen) Deutschen Bundesbahn anerkannt. Letztlich kommt es auch auf Ihre Argumentation an, wobei es von Vorteil ist, wenn man für das „Gemeinschaftsgut" eine verfassungsrechtliche Verortung findet.

Subsidiaritätsverhältnis der Eingriffsformen

Außerdem besteht zwischen den genannten Stufen ein Subsidiaritätsverhältnis, d.h. ein Eingriff auf einer Stufe ist erst gerechtfertigt, wenn kein Eingriff auf einer weniger belastenden Stufe gleich wirksam möglich ist. 204

hemmer-Methode: Die Drei-Stufen-Theorie ist also im Klausuraufbau i.R.d. Verhältnismäßigkeitsprüfung zu integrieren, und zwar ausführlich wie folgt:

- **Die Prüfung eines legitimen Zwecks und der Geeignetheit sind wie gewohnt durchzuführen.**
- **Die Erforderlichkeitsprüfung findet in Form der Subsidiaritätsprüfung (vgl. o.) zwischen den Stufen statt.**
- **In der Angemessenheitsprüfung wird untersucht, ob die jeweiligen Maßnahmen die an sie gestellten Anforderungen (vgl. o.) erfüllen.**

Ergänzend ist u.U. zu beachten, dass die Drei-Stufen-Theorie nur eine spezielle Ausformung der Verhältnismäßigkeitsprüfung darstellt und deshalb ihren Anforderungen entsprechend zu modifizieren ist, wenn z.B. eine Ausübungsregelung den Betroffenen ausnahmsweise ebenso hart trifft wie eine Zulassungsbeschränkung: z.B. betrifft die Zulassung als Kassenarzt nur eine Ausübungsmodalität des Berufes „Arzt", doch kann ein (zumindest junger) Arzt ohne Kassenzulassung kaum wirtschaftlich überleben, sodass deren Verweigerung ihn vergleichbar einer Berufswahlbeschränkung trifft.[232]

Arbeiten Sie abschließend die Fälle in Hemmer/Wüst, Staatsrecht I, vor Rn. 259 bzw. 278 a.E. durch!

J) Schutz des Eigentums, Art. 14 GG[233]

Schutz des Eigentums, Art. 14 GG

Art. 14 GG gilt als besonders schwieriges Grundrecht, unterfällt aber seit der Nassauskiesungsentscheidung des BVerfG[234] weitgehend den gleichen Regeln wie die anderen Grundrechte. 205

Schwierigkeit: starke Normgeprägtheit

Freilich muss dabei beachtet werden, dass Art. 14 I GG in ganz besonderem Maße normgeprägt ist.[235]

---

232 Vgl. BVerfG, NJW 1998, 1776-1778, Az. 1 BvR 2167/93 = **juris**byhemmer.

233 Vgl. dazu näher **Hemmer/Wüst, Staatsrecht I, Rn. 285 ff.**; der vergleichbar strukturierte (vgl. a.a.O. Rn. 302) Schutz des Erbrechts soll im Rahmen dieses Basics-Skripts nicht näher dargestellt werden.

234 E 58, 300-353, Az. 1 BvL 77/78 = **juris**byhemmer.

235 Zur Problematik der Bestimmung eines Eingriffs bei normgeprägten Schutzbereichen vgl. oben Rn. 100.

I. Schutzbereich

keine Beschränkung im persönlichen Schutzbereich

1. Persönlich enthält Art. 14 GG keine Beschränkungen, sodass 206
sich natürliche und nach Maßgabe von Art. 19 III GG[236] juristische Personen auf ihn berufen können, nach Rechtsprechung des BVerfG freilich nicht Gebietskörperschaften des öffentlichen Rechts.

sachlicher Schutzbereich

2. Sachlich bedeutet die Normgeprägtheit des Schutzbereichs 207
bzw. der Ausgestaltungsauftrag in Art. 14 I S. 2 GG natürlich nicht, dass die Bestimmung des Eigentums völlig zur Disposition des Gesetzgebers stünde.

Vielmehr gibt es einen verfassungsrechtlich vorgegebenen Eigentumsbegriff, der grds. zu beachten ist.

a) Zu diesem Eigentumsbegriff gehören: 208

- das Sacheigentum (an Fahrnis und Grundstücken)
- private vermögenswerte Forderungen
- öffentlich-rechtliche Positionen, soweit sie „Äquivalent eigener Leistung“ sind, also z.B. Renten oder Anwartschaften der Sozialversicherungen, dagegen i.d.R. keine Subventionen.

Auch weitere private Rechtspositionen, wie z.B. das Besitzrecht 209
des Mieters und nach wohl h.M. das Recht am eingerichteten und ausgeübten Gewerbebetrieb werden durch Art. 14 GG geschützt.[237]

b) Nicht geschützt (und damit taugliche Elemente einer Negativ 210
abgrenzung) sind:

- Vermögen als solches: Daher wird Art. 14 GG grds. durch die Auferlegung öffentlich-rechtlicher Geldleistungspflichten nicht beeinträchtigt, soweit diese keinen erdrosselnden oder konfiskatorischen Charakter haben.[238]
- makelbehaftete, d.h. vor allem rechtswidrig erlangte Vermögenspositionen
- bloße Aussichten, Erwartungen, Gewinnchancen[239]

---

236 Vgl. oben Rn. 40.

237 Vgl. zum Besitzrecht BVerfGE 89, 1-14 (5 ff.), Az. 1 BvR 208/93 = **juris**byhemmer; zum Recht am Gewerbebetrieb vgl. **Hemmer/Wüst, Staatsrecht I, Rn. 287** m.w.N.; vom BVerfG wird die Existenz dieses Rechts offengelassen, BVerfG, NJW 2010, 3501-3502, Az. 1 BvR 1890/08 = **juris**byhemmer.

238 Krit. zur Begründung dieser h.M., aber im Ergebnis weitgehend übereinstimmend Jarass/Pieroth, Art. 14 GG, Rn. 12.

239 Vgl. BVerfGE 28, 119 (142), Az. 2 BvO 1/65; E 68, 193-226 (222), Az. 1 BvR 35/82; E 74, 129-162 (148), Az. 1 BvR 1052/79: **alle Entscheidungen** = **juris**byhemmer.

hemmer-Methode: Denken Sie bei den Gewinnaussichten aber wieder an einen möglichen Schutz über Art. 12 GG! Im Übrigen gilt: Bei neuen, Ihnen unbekannten Rechtspositionen können Sie die Zuweisung zu Art. 14 GG durch einen Vergleich mit den beiden Positiv- bzw. Negativlisten treffen. Stellen Sie z.B. auf die vergleichbare Privatnützigkeit, die Verfügungsbefugnis und die Schutzwürdigkeit des Betroffenen ab.

c) Jedenfalls geschützt sind somit aus den eigentumsrelevanten Bereichen diejenigen Positionen, die „einem Eigentümer zum Zeitpunkt der gesetzgeberischen Maßnahme konkret zustehen.“[240] 211

Soweit also Eigentumsbefugnisse eingeschränkt werden, ist zum jeweils gegenwärtigen Zeitpunkt der Schutzbereich betroffen, während er für die Zukunft zugleich auf ein neues Maß reduziert wird.

II. Eingriffe

zwei eigentumsrelevante Maßnahmen möglich

1. Art. 14 GG sieht zwei unterschiedliche „eigentumsrelevante Maßnahmen“ vor, die unterschieden werden müssen, nämlich die Inhalts- und Schrankenbestimmung, Art. 14 I S. 2 GG, und die Enteignung, Art. 14 III GG (jeweils lesen!). 212

Während die früher h.M., insbesondere die Rechtsprechung des BGH, zwischen diesen beiden Formen lediglich einen quantitativen Unterschied (etwa nach dem Kriterium des „Sonderopfers“ oder der „Schwere“) sah, unterscheidet das BVerfG seit der Nassauskiesungsentscheidung Inhaltsbestimmung und Enteignung qualitativ voneinander.

nach BVerfG kein quantitativer, sondern qualitativer Unterschied

Eine Inhaltsbestimmung kann damit nicht ab einer bestimmten Intensität in eine Enteignung „umschlagen“ und dadurch ausgleichspflichtig werden, sondern höchstens verfassungswidrig sein. Konsequenz für den Rechtsschutz des Bürgers ist, dass er sich gegen diesbezügliche Akte (verwaltungsgerichtlich) wehren kann und muss. Er hat also nicht die Möglichkeit, eine verfassungswidrige Maßnahme hinzunehmen und dann eine nicht vorgesehene Entschädigung zu verlangen („dulden und liquidieren“). 213

hemmer-Methode: Es gilt der Vorrang des Primärrechtschutzes. Der Bürger muss danach zunächst den VA (wenn vorhanden) anfechten und Rückgängigmachung der Vollziehung[241] beanspruchen. Nur wenn der Folgenbeseitigungsanspruch aus rechtlichen oder technischen Gründen nicht mehr möglich ist, bekommt der Bürger eine Entschädigung in Geld (= enteignungsgleicher Eingriff).

240 BVerfGE 70, 191-214 (201), Az. 1 BvL 57/79 = **juris**byhemmer.

241 Vgl. dazu den Folgenbeseitigungsanspruch im Teil Verwaltungsrecht.

Inhaltsbestimmung: generell-abstrakt, dolus eventualis

2. Da der Unterschied damit qualitativ zu bestimmen ist, ist von Interesse, wie sich Enteignung und Inhalts- und Schrankenbestimmung voneinander unterscheiden. Hierfür wird zum einen das Begriffspaar „generell-abstrakt (Inhaltsbestimmung)/konkret-individuell (Enteignung)" oder – da auch eine (zumindest gesetzliche) Enteignung abstrakt erfolgen muss – zum anderen wird das Finalitätskriterium herangezogen: Nach diesem regeln Inhalts- und Schrankenbestimmungen die allgemeine Eigentumsordnung für die Zukunft, wobei bestehende Rechtspositionen nur als (unbeabsichtigte) Nebenfolge beeinträchtigt werden, während die Enteignung gezielt Zugriff auf konkrete Rechtspositionen nimmt. 214

hemmer-Methode: Die Inhaltsbestimmung bedeutet somit eine zukunftsorientierte Neudefinition, die Enteignung eine Entziehung konkreter gegenwärtiger Eigentumspositionen zur Erfüllung bestimmter Aufgaben.
Letztlich sind beide Kriterien nicht hundertprozentig scharf voneinander zu trennen. Vertrauen Sie deshalb in der Klausur auch auf Ihr geschultes Judiz. Wenn Sie intuitiv ein Ergebnis gefunden haben, wird es Ihnen nicht schwerfallen, dieses argumentativ zu begründen. Wesentlich häufiger treten dabei Inhalts- und Schrankenbestimmungen auf, da der Enteignungsbegriff nach dem BVerfG sich schon wieder dem engen klassischen Enteignungsbegriff der staatlichen Güterbeschaffung annähert.[242]

rein faktische Maßnahmen weder Enteignung noch Inhaltsbestimmung

3. Aus dem Gesagten ergibt sich zugleich auch, dass faktische Maßnahmen weder eine Enteignung noch eine Inhalts- und Schrankenbestimmung darstellen können. Rechtsschutz gegen rein faktische Maßnahmen ist nicht denkbar, späterer Ausgleich für daraus resultierende Beeinträchtigungen ist nach den Grundsätzen über den enteignenden und enteignungsgleichen Eingriff möglich. 215

III. Schranken

Schranken

Entscheidende Bedeutung hat die Unterscheidung zwischen Enteignung und Inhaltsbestimmung bei der Frage der Schranken, weil an beide verfassungsrechtlich unterschiedliche Anforderungen gestellt werden. 216

hemmer-Methode: Deshalb müssen Sie sich auf der Stufe des Eingriffs noch nicht unbedingt entscheiden und können neutral von einer „eigentumsrelevanten Maßnahme" sprechen, was zugleich zum Ausdruck bringt, dass bei einem normgeprägten Schutzbereich nicht unbedingt ein Eingriff i.e.S. vorliegt. Sie können die Maßnahme aber auch gleich richtig qualifizieren und bei der Schrankenprüfung die Konsequenz daraus ziehen.

242 Vgl. aus der neueren Rspr. BVerfG, NJW 1998, 367-369, Az. 1 BvR 310/84 = **juris**byhemmer; BVerfG, BayVBl. 2002, 112-113, Az. 1 BvR 1512/97 = **juris**byhemmer.

1. Voraussetzungen einer Inhalts- und Schrankenbestimmung

Inhalts- und Schrankenbestimmung

Nach Art. 14 I S. 2 GG bestimmt der Gesetzgeber Inhalt und Schranken des Eigentums. Dabei ist ihm das Eigentum aber nicht zur freien Disposition überlassen, vielmehr ist in einer Art Wechselwirkung die Garantie des Eigentums als Wertentscheidung zu berücksichtigen, die mit der Sozialbindung des Art. 14 II GG in Ausgleich zu bringen ist. *217*

Somit ergibt sich auch hier eine modifizierte Verhältnismäßigkeitsprüfung, in deren Abwägung u.a. folgende Kriterien eingebracht werden können:

- die Existenz von Übergangs- und Härteklauseln
- die Eigenart des vermögenswerten Gutes, z.B. sein Sozialbezug sowie seine Bedeutung für die Allgemeinheit und den Eigentümer
- die Möglichkeit einer finanziellen Entschädigung, die von der früher angenommenen Enteignungsentschädigung zu unterscheiden ist und „nur" für die Verhältnismäßigkeit der Inhalts- und Schrankenbestimmung von Bedeutung ist (ausgleichspflichtige Inhaltsbestimmung). Bei der Frage, wann zur Verfassungsmäßigkeit eine Entschädigungspflicht besteht, können freilich die früher verwandten Abgrenzungskriterien (Schwere, Sonderopfer) wieder herangezogen werden.

  Auf eine solche finanzielle Entschädigung zur Sicherstellung der Verhältnismäßigkeit darf der Gesetzgeber aber nur als ultima ratio zurückgreifen, da sie nur Vermögensschutz und nicht den von Art. 14 I GG geforderten Bestandsschutz gewährleistet. Ausnahme- und Befreiungsregelungen sind aus diesem Grund vorrangig in Betracht zu ziehen.[243]

  Bsp.: *Wenn die Nutzungsmöglichkeiten eines Grundstücks durch naturschutzrechtliche Bestimmungen extrem eingeschränkt werden, muss der Gesetzgeber zunächst versuchen, die Verhältnismäßigkeit durch Ausnahme- oder Übergangsvorschriften zur gewährleisten. Nur wenn dies nicht möglich ist, darf auf eine Entschädigungszahlung zurückgegriffen werden.*

2. Voraussetzungen einer Enteignung

Enteignung

Art. 14 III S. 2 GG bestimmt, dass Enteignungen nur durch Gesetz (sog. Legalenteignung) oder aufgrund eines Gesetzes (Administrativenteignung) erfolgen dürfen. *218*

243 BVerfG, NJW 1999, 2877-2880, Az. 1 BvL 7/91 = **juris**byhemmer.

Dabei gilt grds. der Vorrang der Administrativenteignung, da bei dieser ein Rechtsschutz für den Betroffenen erheblich leichter zu erreichen ist, Art. 19 IV GG.

hemmer-Methode: Das oben dargestellte Abgrenzungsproblem stellt sich v.a. zwischen Inhaltsbestimmung und Legalenteignung. Allerdings darf nicht übersehen werden, dass in einem Einzelakt der Exekutive durchaus der Vollzug eines inhaltsbestimmenden Gesetzes liegen kann. Umgekehrt kann die Inhaltsbestimmung auch von der gesetzlichen Grundlage der Legalenteignung abzugrenzen sein.

Weitere Anforderungen an eine verfassungsmäßige Enteignung sind:

Wohl der Allgemeinheit

a) Die Enteignung ist nur zum Wohl der Allgemeinheit zulässig, welches freilich in Einzelfällen auch bei einer Enteignung zugunsten Privater gefördert sein kann.[244] 219

Junktimklausel

b) Nach der Junktimklausel des Art. 14 III S. 2 GG muss das enteignende Gesetz selbst Art und Ausmaß[245] der Entschädigung regeln. Für ihre Höhe sind nach Art. 14 III S. 3 GG die Interessen der Allgemeinheit und des Betroffenen abzuwägen; sie muss nicht (wird aber häufig) mit dem Verkehrswert identisch sein. 220

Für Rechtsstreitigkeiten über die Entschädigung ist der Rechtsweg zu den ordentlichen Gerichten eröffnet, Art. 14 III S. 4 GG.

z.T.: ultima ratio

c) Z.T. wird noch verlangt, dass im Gesetz und ggf. im vollziehenden Akt sichergestellt wird bzw. zum Ausdruck kommt, dass es sich bei der Enteignung um die ultima ratio handelt. Jedenfalls bei der Legalenteignung ist es (auch im Verhältnis zur Administrativenteignung) ratsam, diesen Punkt kurz anzusprechen. 221

hemmer-Methode: Im Übrigen sind selbstverständlich je nach Konstellation weitere Rechtmäßigkeitsvoraussetzungen zu prüfen, wie z.B. das Gesetzgebungsverfahren, bei der Administrativenteignung die Zuständigkeit der Behörde, etc. Darauf kommen Sie aber in der Klausur von selbst, wenn der Sachverhalt entsprechende Probleme enthält. Wichtig sollen hier die spezifischen Probleme der Enteignung sein. Wer sich ein (solche Selbstverständlichkeiten umfassendes) an die fünfzehn (!) Gliederungspunkte umfassendes Schema alleine für die Rechtmäßigkeit einer Administrativenteignung merken will, wie es in einschlägiger Ausbildungs-„Literatur" vorgelegt wird, muss ein Gehirn wie eine Festplatte haben oder wird dafür alle wirklich wichtigen Problemkonstellationen des Verfassungsrechts vergessen.

---

244 Vgl. BVerfGE 74, 264-297 (297), Az. 1 BvR 1046/85 (Boxberg-Entscheidung) = **juris**byhemmer, vgl. auch BVerfG, NJW 1999, 1176, Az. 1 BvR 21/97 = **juris**byhemmer.

245 Salvatorische Entschädigungsklauseln sind nicht ausreichend!

§ 4 WICHTIGE FRAGEN DES STAATSORGANISATIONSRECHTS

Problematik des Staatsorganisationsrechts in der Klausur

Das Staatsorganisationsrecht ist bei den Studenten z.T. recht un- 222
beliebt, weil seine Probleme sich nur schwer in ein für die Klausur handhabbares System bringen lassen. Allerdings enthält auch dieses Rechtsgebiet eine Reihe von Fragen, die zu den „Basics“ des Öffentlichen Rechts gezählt werden müssen, sei es, weil sie immer wieder beliebter Prüfungsstoff in staatsrechtlichen Klausuren sind, sei es weil sie auch in verwaltungsrechtliche Fragestellungen hineinspielen können.

Das vorliegende Kapitel ist dabei untergliedert in eine Darstellung der Staatszielbestimmungen (insbesondere des Rechtsstaatsprinzips), der drei Staatsgewalten Legislative, Exekutive und Judikative (einschließlich der Frage, wer im Bundesstaat jeweils die Kompetenz hat, sie auszuüben) sowie der obersten Staatsorgane (beschränkt auf die für die Klausur wichtigsten, nämlich den Bundespräsidenten, die Bundesregierung und den Bundestag). Auf eine Darstellung staatstheoretischer Grundlagen aus der Allgemeinen Staatslehre sowie eine eigene Erläuterung der politischen Parteien sowie der Finanzverfassung und der auswärtigen Gewalt wird dagegen verzichtet. Verwiesen sei hinsichtlich der letzten drei Themen aber auf die Bearbeitung im Skript **Hemmer/Wüst, Staatsrecht II**.[246]

hemmer-Methode: Motivieren Sie sich selbst frühzeitig für dieses wichtige Rechtsgebiet! Zum einen gehen Sie schon ruhiger in eine Prüfung, wenn Sie wissen, in keinem Gebiet „völlig blank“ zu sein, zum anderen geht es gerade in diesem Bereich auch um eine gute Allgemeinbildung.

A) Staatsziele, insbesondere Rechtsstaatsprinzip

Staatsziele: zentrale Prinzipien der Verfassung

Die zentralen Prinzipien der Verfassung, die sowohl für die Aus- 223
legung der Verfassung selbst, aber auch des einfachen Gesetzesrechts eine große Rolle spielen,[247] sind v.a. in Art. 20 GG und Art. 28 GG festgehalten. Es sind dies die Entscheidungen des Bonner Grundgesetzes für Republik, Demokratie, Bundesstaat, Rechtsstaat und Sozialstaat. Diese Prinzipien werden als Staatszielbestimmungen, parallel zur Terminologie anderer Wissenschaften auch als Strukturprinzipien bezeichnet.

---

246 Vgl. **Hemmer/Wüst, Staatsrecht II, Rn. 293 ff.** zur Finanzverfassung, Rn. 315 ff. zu den auswärtigen Beziehungen und Rn. 343 ff. zu den politischen Parteien.

247 Zur Bedeutung der Staatsziele in der Klausur auch **Hemmer/Wüst, Staatsrecht II, Rn. 64 ff.**

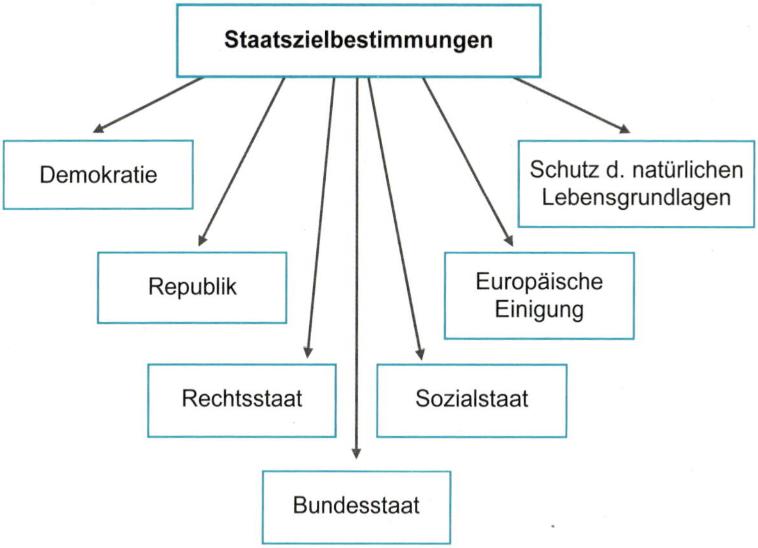

wechselseitige Beeinflussung der Staatsziele

Diese Prinzipien stehen in einem Verhältnis gegenseitiger Beein- 224
flussung und Wechselwirkung und begrenzen sich z.T. gegenseitig.

> **Bsp.:** *So könnte es in bestimmten Fällen dem Gebot sozialer Sicherheit als Ausfluss des Sozialstaatsprinzips eher entsprechen, wenn bei unzureichenden gesetzlichen Regeln in richterlicher Rechtsfortbildung Regeln zum Schutz der sozial Schwächeren geschaffen werden. Allerdings sind der richterlichen Rechtsfortbildung durch das Rechtsstaatsprinzip (Gewaltenteilung; Rechtssicherheit und -klarheit) Grenzen gesetzt.*[248]

In ihrer Bedeutung für die politische Praxis lassen sie sich wegen dieser Wechselwirkungen schwer gewichten, für die Übungs- und Examensklausur sind dagegen die meisten Probleme mit Ausprägungen des Rechtsstaatsprinzips verknüpft, weshalb allein dieses hier ausführlicher dargestellt wird.

hemmer-Methode: Die unmittelbare Klausurrelevanz der Staatszielbestimmungen ist weniger leicht einsichtig als z.B. die des Prüfungsschemas zur Verfassungsbeschwerde oder zur Grundrechtsverletzung. Lesen Sie die Passagen aber trotzdem und versuchen Sie die wesentlichen verfassungsrechtlichen Wertentscheidungen und ihre Ausprägungen zu verstehen: Dies gehört nicht nur zur „juristischen Allgemeinbildung" und kann für eine mündliche Prüfung wichtig sein, vielmehr können Sie sich auch in einer „normalen" Klausur positiv absetzen, wenn Sie dieses Hintergrundwissen in die Argumentation einfließen lassen. Z.T. werden auch grundlegende Begriffe, wie z.B. der des Gesetzes, geklärt, mit dem Sie immer umgehen können müssen.

248 Vgl. dazu den Beispielsfall bei **Hemmer/Wüst, Staatsrecht II, Rn. 74**.

I. Rechtsstaatsprinzip

Rechtsstaatsprinzip

Die verschiedenen Ausprägungen des Rechtsstaatsprinzips dürften in der Klausur i.d.R. am ehesten eine Rolle spielen und sollen daher hier etwas ausführlicher dargestellt werden. 225

hemmer-Methode: Merken Sie sich dabei für die Klausur schon jetzt zweierlei: Zum einen sollten Sie nicht unbestimmt das Rechtsstaatsprinzip heranziehen, sondern wenn möglich besser seine konkrete Ausprägung nennen, z.B. das Prinzip des Vertrauensschutzes oder von Vorrang und Vorbehalt des Gesetzes. Machen Sie sich aber klar, dass diese Ausprägungen eben aus dem Rechtsstaatsprinzip und damit aus dem Grundgesetz abgeleitet werden und deshalb von besonderer Bedeutung sind.

wichtige Rechtsstaatselemente

Unter Rechtsstaat wird ein Normenkomplex verstanden, der in wechselnder Akzentuierung Folgendes umfasst: Herrschaft der Gesetze, Mäßigung der Staatsgewalt, Sicherung der Bürgerfreiheit, Entwurf materieller Gerechtigkeit.

Überblicksartig lässt sich der Inhalt des Rechtsstaatsprinzips nach deutscher Tradition[249] folgendermaßen darstellen:

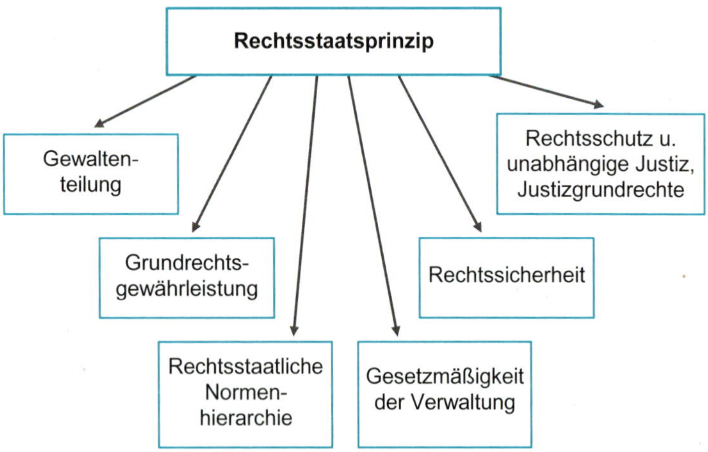

Von den genannten Punkten sollen an dieser Stelle das Gewalteilungsprinzip, die Normenhierarchie, die Gesetzmäßigkeit der Verwaltung und das Prinzip des Vertrauensschutzes und der Bestimmtheit etwas näher erläutert werden. Die Grundrechtsgewährleistung ist umfassend oben unter Rn. 75 ff., der verfassungsrechtliche Individualrechtsschutz oben unter Rn. 35 ff. dargestellt.

---

[249] Vgl. auch **Hemmer/Wüst, Staatsrecht II, Rn. 105**, zur historischen Entwicklung der Rechtsstaatsidee a.a.O., Rn. 101 ff.

1. Prinzip der Gewaltenteilung

Gewaltenteilung

Unter dem Begriff der „Gewaltenteilung“ versteht man nur, dass die Staatsgewalt nicht bei einigen wenigen (im Extremfall nur einer einzigen) Stelle(n) gebündelt ist, sondern dass sie von verschiedenen Stellen ausgeübt wird, die nicht zuletzt in einem Verhältnis der gegenseitigen Kontrolle stehen. 226

Bedeutung für Staat und Bürger

Für den Staat bedeutet Gewaltenteilung eine sinnvolle Aufgabenverteilung, die eine Erfüllung durch das jeweils geeignetste Organ sicherstellt. Für den Bürger führt sie zu einer verstärkten Freiheitssicherung, indem die aufgeteilte Schlagkraft der Staatsgewalt zugleich eine gemäßigte ist.

Dabei ist Gewaltenteilung in mehreren Richtungen denkbar:

Unterteilung in Staatsgewalten

➲ Zum einen durch die Unterteilung der Staatsgewalt in Legislative, Exekutive und Judikative. Zur Sicherung der jeweiligen Unabhängigkeit dieser Bereiche bestehen teilweise Verbote der Ämterhäufung (Inkompatibilitätsregelungen), was Art. 137 GG ausdrücklich vorsieht. Allerdings führt gerade das Prinzip der gegenseitigen Kontrolle „checks and balances“ (insbesondere der Exekutive durch die Judikative) dazu, dass im Einzelfall Eingriffe in den Herrschaftsbereich der jeweils anderen Gewalt vorkommen. 227

Bsp.: *Hebt das Verwaltungsgericht eine Entscheidung der Exekutive auf oder verpflichtet es sie sogar dazu, eine bestimmte Maßnahme vorzunehmen, liegt darin ein notwendiger Eingriff in deren Herrschaftsbereich.*

Allerdings dürfen diese Eingriffe nicht in den Kernbereich der jeweils anderen Gewalt erfolgen, darin würde eine Verletzung des Grundsatzes der Gewaltenteilung liegen.

Bsp.: *Die Ermessensausübung der Exekutive als deren Kernbereich darf das Verwaltungsgericht nur in engen Grenzen überprüfen und dabei keinesfalls sein Ermessen an die Stelle dessen der Behörde setzen (vgl. § 114 S. 1 VwGO).*

In den Herrschaftsbereich der Judikative darf wegen ihrer Sonderstellung sogar überhaupt nicht eingegriffen werden.

staatliche Gewaltausübung durch verschiedene Rechtspersönlichkeiten

➲ Zum anderen findet Gewaltenteilung dadurch statt, dass auch dieselbe Art der Gewalt innerhalb des Staats von verschiedenen Rechtspersönlichkeiten ausgeübt wird, also z.B. durch den Bund, die Länder und die Gemeinden. Insoweit ergeben sich Überschneidungen mit dem Bundesstaatsprinzip. 228

hemmer-Methode: Die Gewaltenteilung sollte auch in ihren geschichtlichen Dimensionen bekannt sein; dies wird nicht selten in der mündlichen Prüfung gefragt. Namen wie Montesquieu oder Locke sollten dann geläufig sein und richtig eingeordnet werden können.

2. Normenhierarchie - Primat des Rechts[250]

a) Auch in einem Rechtsstaat muss (und kann) zwar nicht das gesamte Leben völlig durchnormiert sein, soweit allerdings Rechtsnormen bestehen, haben sie den Vorrang vor allen anderen, d.h. nicht-rechtlichen Maßstäben. 229

Normenhierarchie

Dabei besteht im Rechtsstaat typischerweise eine klare Normenhierarchie, d.h. es gibt Normen verschiedener Rangstufen, von denen die oberen den unteren vorgehen. Graphisch lässt sich das Verhältnis der Normen untereinander folgendermaßen darstellen:

Art. 79 III GG

Verfassung

Formelle = Parlamentsgesetze

untergesetzliche Normen
v.a. Satzungen u. Verordnungen

Auch ungeschriebenes Recht ist im Rechtsstaat möglich, allerdings nur unter dem Vorbehalt des geschriebenen Rechts, d.h. nur, wo dieses planwidrige Lücken enthält. In seiner Rangordnung kann das ungeschriebene Recht dann freilich theoretisch auf allen Ebenen eingeordnet sein, d.h. es gibt auch Verfassungsgewohnheitsrecht, das geschriebenen einfachgesetzlichen Vorschriften vorgeht.

Gesetzesbegriff

b) Innerhalb der Normenhierarchie ist ein zentraler Begriff der des Gesetzes. Dabei kann - wie oben schon angedeutet - unterschieden werden zwischen: 230

---

250 Vgl. dazu näher **Hemmer/Wüst, Staatsrecht II, Rn. 110 ff.**

- geschriebenen und ungeschriebenen und innerhalb der geschriebenen zwischen
- förmlichen und nicht-förmlichen Gesetzen

Während das ungeschriebene Recht in der Klausur eher selten und nur in engen Fallgruppen eine Rolle spielt, ist die zweite Unterscheidung zwischen förmlichen und nicht-förmlichen Gesetzen eine zentrale Frage. Förmliche Gesetze sind dabei solche, die als Willensakte der Gesetzgebungsorgane in dem durch die Verfassung vorgesehenen Gesetzgebungsverfahren zustande kommen. Nicht-förmliche Gesetze sind dagegen solche, die nicht von einem Parlament geschaffen wurden. Es gilt also:

Förmliche Gesetze	**=**	**Parlamentsgesetze**
Nicht-förmliche Gesetze	**=**	**Exekutivgesetze**

hemmer-Methode: Diese Unterscheidung spielt bspw. eine Rolle im Rahmen der konkreten Normenkontrolle nach Art. 100 I GG.[251] Ein Vorlagerecht und eine entsprechende Pflicht bestehen nur hinsichtlich formeller nachkonstitutioneller Gesetze.

Exekutivrecht: Satzungen und Verordnungen

c) Die wichtigsten Arten des Exekutivrechts (d.h. eines Rechtssatzes, den nicht das Parlament, sondern eine Behörde erlässt) sind die Verordnungen und die Satzungen. Konstruktiver Unterschied zwischen beiden ist, dass Satzungen aufgrund eigener, wenngleich durch Gesetz verliehener, autonomer Satzungsgewalt erlassen werden können, während die Rechtsverordnung eine spezielle gesetzliche Ermächtigung zum Erlass der speziellen Verordnung voraussetzt. Gemeinsam ist aber beiden, dass sie für Eingriffe in Rechte des Bürgers einer Grundlage durch ein förmliches Gesetz bedürfen. Bei Satzungen ergibt sich der Umfang der Satzungsautonomie aus den betreffenden Spezialgesetzen, bei Verordnungen aus Art. 80 I S. 2 GG (lesen!), wonach die Ermächtigungsgrundlage zum Verordnungserlass Inhalt, Zweck und Ausmaß der erteilten Ermächtigung hinreichend genau bestimmen muss. 231

hemmer-Methode: Satzungen können von Gebietskörperschaften, aber auch von Anstalten des Öffentlichen Rechts, erlassen werden. Wichtigster Fall des Satzungserlasses in der Klausur ist aber sicher die gemeindliche Satzung.

251 Vgl. hierzu Rn. 27 ff.

3. Gesetzmäßigkeit der Verwaltung[252]

Gesetzmäßigkeit der Verwaltung:

a) Das Verhältnis der Exekutive zur Legislative ergibt sich aus Art. 20 III GG und Art. 83, 86 GG, wonach die Verwaltung die Gesetze ausführt und dabei an Gesetz und Recht gebunden ist. Diese Bindung der Verwaltung, sog. Gesetzmäßigkeit der Verwaltung, wird spezifiziert durch die Prinzipien von Vorrang und Vorbehalt des Gesetzes. 232

Dabei bedeutet

Vorrang des Gesetzes

- Vorrang des Gesetzes, dass die Verwaltung nicht gegen bestehende Gesetze handeln darf, und

Vorbehalt des Gesetzes

- Vorbehalt des Gesetzes noch weiter gehend, dass die Verwaltung überhaupt nur handeln darf, wenn ein entsprechendes Gesetz dies gestattet.

Gesetzmäßigkeit der Verwaltung

Vorrang des Gesetzes	**Vorbehalt des Gesetzes**
⇨ kein Handeln **gegen** Gesetz	⇨ kein Handeln **ohne** Gesetz

b) Während der Vorrang des Gesetzes grds. uneingeschränkt gilt und i.d.R. keine Probleme aufwirft, sind beim Vorbehalt des Gesetzes mehrere Konstellationen zu unterscheiden: 233

im GR-Bereich grds. immer erforderlich

- Im Grundrechtsbereich gilt der Vorbehalt des Gesetzes ebenfalls uneingeschränkt, was sich schon aus dem Grundgesetz selbst ergibt.[253] 234

Wesentlichkeitstheorie

- Soweit der Gesetzgeber einzelne Bereiche nicht selbst erschöpfend regelt, sondern die Exekutive dazu ermächtigt,[254] führt der Vorbehalt des Gesetzes über Art. 80 I S. 2 GG hinaus zu der Forderung, dass alle wesentlichen Fragen vom Gesetzgeber selbst zu entscheiden sind (sog. Wesentlichkeitstheorie).[255] 235

---

252 Vgl. dazu näher **Hemmer/Wüst, Staatsrecht II, Rn. 119 ff.**

253 Zur Problematik der Grundrechtsgeltung in sog. Sonderstatus- oder Besonderen Gewaltverhältnissen vgl. **Hemmer/Wüst, Staatsrecht II, Rn. 123 f.**

254 Vgl. oben Rn. 231.

255 Vgl. BVerfG, NJW 1998, 2515-2523, Az. 1 BvR 1640/97 **= Life&Law 12/1998, 802** = **juris**byhemmer.

Hauptproblem: Vorbehalt des Gesetzes in der Leistungsverwaltung

➲ Der problematischste Punkt zum Vorbehalt des Gesetzes ist seine Geltung in der Leistungsverwaltung,[256] also in Fällen, in denen nicht in Rechte des Bürgers eingegriffen wird, sondern im Gegenteil diesem vom Staat eine Leistung gewährt wird, z.B. bei der Vergabe von Subventionen. Während z.T. vertreten wird, dass in diesen Fällen mangels der Gefahr einer Rechtsverletzung der Vorbehalt des Gesetzes nicht gelten soll, wird überwiegend zumindest ein Gesetz im (nur) materiellen Sinn, konkret ein entsprechender Titel in einem Haushaltsgesetz gefordert. 236

Allerdings können sich in Einzelfällen strengere Anforderungen ergeben, z.B. wenn die Gefahr einer Grundrechtsbeeinträchtigung eines Dritten durch die Leistung an den Begünstigten besonders naheliegt oder wenn die Subventionierung einen wesentlichen, grundrechtssensiblen Bereich betrifft.[257] In einem solchen Fall gilt der „volle" Gesetzesvorbehalt.

hemmer-Methode: Da diese Gefahr eigentlich immer besteht und der Staat angesichts knapper Kassen nichts zu verschenken hat, spricht einiges dafür, den Vorbehalt des Gesetzes auch in der Leistungsverwaltung konsequenter anzuwenden, als es die noch h.M. tut. Dies gilt insbesondere auch in der technischen Durchführung, also bei der Erstellung von Vergaberichtlinien, etc. In der Klausur sollte man aber dieser h.M. im Ausgangspunkt folgen und strengere Anforderungen nur in extremen Fällen (z.B. bei der Subventionierung im künstlerischen Bereich) und unter Anknüpfung an spezielle verfassungsrechtliche Vorgaben vertreten.

4. Vertrauensschutz und Bestimmtheit

Bestimmtheit und Rechtssicherheit

Eine wichtige Anforderung an einen Rechtsstaat ist auch die Vorhersehbarkeit und Berechenbarkeit staatlichen Handelns sowie die Rechtssicherheit. 237

hemmer-Methode: Hier kann man sehr schön sehen, wie sogar einzelne Ausprägungen eines Staatsziels miteinander in Widerspruch treten können. Neben der Rechtssicherheit ist nämlich u.a. auch das Gebot materieller Gerechtigkeit staatlichen Handelns ein Element des Rechtsstaatsprinzips. Diese beiden Elemente können sich aber geradezu entgegenstehen, wenn es z.B. um die Möglichkeit geht, Gerichtsentscheidungen (u.U. sogar nach deren Rechtskraft) wieder aufzuheben. Die Rechtssicherheit fordert, getroffene Entscheidungen nicht mehr anzutasten, die materielle Gerechtigkeit fordert, jede falsche Entscheidung zu revidieren.

---

256 Vgl. dazu ausführlicher **Hemmer/Wüst, Staatsrecht II, Rn. 126 ff.**

257 Vgl. zum Problem der Pressesubventionen Degenhart, Staatsorganisationsrecht, Rn. 290 sowie BVerfGE 121, 30-69, Az. 2 BvF 4/03 = **Life&Law 10/2008, 683** = **juris**byhemmer.

Die Anfechtungsfristen für Gerichtsentscheidungen und der dreigliedrige Instanzenzug bilden insofern einen Kompromiss: Bis zu einem gewissen Punkt wird die Einzelfallgerechtigkeit stärker gewichtet, ab diesem Punkt (nämlich der formellen Rechtskraft) steht die Rechtssicherheit im Vordergrund und kann nur noch in engen Einzelfällen überwunden werden.

Zwei wichtige Ausprägungen des Rechtsstaatsprinzips in diesem Zusammenhang sind Vertrauensschutz und Rückwirkungsverbot sowie der Bestimmtheitsgrundsatz.

a) Vertrauensschutz und Rückwirkungsverbot

Vertrauensschutz und Rückwirkungsverbot

Der Vertrauensschutz spielt in verschiedenen Kontexten eine Rolle, spezielle Regelungen sind z.B. die §§ 48, 49 VwVfG oder der Schutz des Erworbenen durch Art. 14 GG. Eine wichtige Ausprägung ist auch das Rückwirkungsverbot für belastende Gesetze: 238

Art. 103 II GG

aa) Als (freilich nicht verallgemeinerungsfähige) Sondervorschrift verbietet Art. 103 II GG rückwirkende Strafvorschriften generell. 239

bb) Im Übrigen ist zu unterscheiden:

echte Rückwirkung: grds. unzulässig

- Bei der echten (retroaktiven) Rückwirkung greift die Norm nachträglich in solche Tatbestände ein, die bereits in der Vergangenheit abgeschlossen sind. Eine solche Rückwirkung von Gesetzen ist grds. unzulässig, entsprechende Gesetze sind nichtig. 240

  Bsp.: *Ein Gesetz aus dem Jahre 2009 bestimmt, dass für alle Einkünfte aus den Jahren 2003 bis 20007 noch einmal ein Solidaritätszuschlag von 7,5 % nachgezahlt werden muss.*

Ausnahmen gelten, wenn „ungeordnete Schwebezustände“ geklärt werden sollen oder ein neues Gesetz an Stelle eines nichtigen Gesetzes tritt, da kein Vertrauensschutz besteht, wenn der Betroffene aufgrund der verworrenen Gesetzeslage mit einer entsprechenden Klärung rechnen musste.

unechte Rückwirkung: grds. zulässig

- Bei der unechten (retrospektiven) Rückwirkung wirkt die Norm auf Tatbestände ein, die zwar aus der Vergangenheit herrühren, aber noch nicht abgeschlossen sind. 241

  Bsp.: *Änderung der gesetzlichen Voraussetzungen für das Betreiben eines Handelsgewerbes:*

  Ein Gewerbetreibender hat in der Vergangenheit den Gewerbebetrieb aufgenommen. Die Aufnahme selbst ist ein vergangener Tatbestand, er betreibt das Gewerbe aber immer noch.

Bei diesen so genannten Dauertatbeständen ergibt sich kein Rückwirkungsproblem. Die Grenzen hier sind die eines gewissen Vertrauensschutzes, der aber keineswegs so weit geht wie bei der echten Rückwirkung.

Die unechte Rückwirkung ist grundsätzlich zulässig, da es grundsätzlich kein schutzwürdiges Vertrauen in den Fortbestand einer bestehenden Rechtslage gibt, es sei denn es wurde ein besonderer Vertrauenstatbestand geschaffen.

Rückwirkung von Rechtsfolgen und tatbestandliche Rückanknüpfung

Ohne wesentliche Unterschiede in den Ergebnissen unterscheidet der zweite Senat des BVerfG statt zwischen echter und unechter Rückwirkung auch oft zwischen Rückwirkung von Rechtsfolgen und tatbestandlicher Rückanknüpfung.[258] **242**

Unzulässig ist damit ein Gesetz, das bereits vor seiner Verkündung gelten soll, im Unterschied zu einem solchen, das (auch hinsichtlich bereits vergangener Tatsachen) erst für die Zukunft Änderungen mit sich bringt.[259]

b) Bestimmtheit

Erfordernis der Bestimmtheit

Auch Bestimmtheitsprobleme stellen sich in verschiedenen Kontexten. Bei einer Ordnungsverfügung etwa, die dem Bürger die Beseitigung einer Störung aufgibt, müssen für ihn Ziel und Mittel der Störungsbeseitigung erkennbar sein. Eine Verfügung, die ihm aufgibt, alles Erdenkliche zu tun, um die Lärmbelästigung auf ein vertretbares Maß zu reduzieren, genügt diesen Anforderungen nicht. Ein Gesetz dagegen betrifft eine Vielzahl von Adressaten und eine Vielzahl von Fällen. Bestimmtheitserfordernisse stellen sich hier ganz anders als bei der Einzelverfügung. So ist z.B. grundsätzlich die Verwendung unbestimmter Rechtsbegriffe angesichts der Vielgestaltigkeit der Lebenssachverhalte notwendig und zulässig. Strengere Grundsätze gelten nach Art. 103 II GG für Strafgesetze bzw. Gesetze über Ordnungswidrigkeiten. **243**

hemmer-Methode: D.h. für Sie, dass Bestimmtheitsprobleme immer bezogen werden müssen auf die jeweilige Handlungsform der Verwaltung. Unterscheiden Sie die Handlungsform der Exekutive:

1. **Einzelfallbezogen: Verwaltungsakt, Zusicherung, Vertrag, Auskunft.**
2. **Allgemeiner Bezug: Rechtsverordnung, Satzung, Verwaltungsverordnung, Plan.**

---

258 Zur Abgrenzung vgl. BVerfG, DB 2010,1858-1861, Az. 2 BvL 14/02 = **Life&Law 12/2010, 835** = **juris**byhemmer.

259 Der BFH stellt die Unterscheidung zwischen echter und unechter Rückwirkung hinsichtlich solcher Steuergesetze in Frage, die während eines laufenden Veranlagungszeitraums erlassen werden, BFH, NJW 2006, 3663-3664, Az. VI R 33/03 = **juris**byhemmer.

Sehen Sie auch hier wieder die Wechselwirkung zwischen verschiedenen rechtsstaatlichen Prinzipien: Geht es z.B. um die Anordnung, die Zufahrt zu einem Gewerbebetrieb an eine andere Stelle des Grundstücks zu verlegen, kann das Verhältnismäßigkeitsprinzip sogar eine gewisse Unbestimmtheit gebieten! Würde nämlich die Führung der neuen Zufahrt ganz genau vorgeschrieben, obwohl andere Wege genauso möglich wären, läge hierin eine nicht erforderliche Belastung des Grundstückseigentümers.

II. Überblick über die übrigen Staatszielbestimmungen

1. Republik

Republik

Die Staatszielbestimmung der Republik schließt die Einführung einer Monarchie aus und stellt eine Entscheidung für ein Staatsoberhaupt dar, das nicht auf Lebenszeit, sondern nur auf Zeit bestellt wird. 244

Die Bedeutung des Republikprinzips wird in den Vorschriften über den Bundespräsidenten konkretisiert,[260] der durch Wahl und nicht auf Lebenszeit bestimmt wird.

2. Sozialstaatsprinzip[261]

Sozialstaatsprinzip

Das Sozialstaatsprinzip wird in Art. 20 I, 28 I S. 1 GG erwähnt und findet Ausprägungen außerdem in den Grundrechten der Art. 6, 9 III, 14 und 15 GG. 245

soziale Sicherheit und soziale Gerechtigkeit

Wichtigste Inhalte des Sozialstaatsprinzips sind die Gebote sozialer Sicherheit und sozialer Gerechtigkeit. Für die Gesetzgebung stellt es ein Verbot unsozialer Gesetze auf. Allerdings ist eine unmittelbare Ableitung von Rechtsfolgen aus dem Sozialstaatsprinzip auf extreme Fälle beschränkt, insbesondere kommt ihm als eigenständige Anspruchsgrundlage keine große eigenständige Bedeutung zu, solange das Existenzminimum einfachgesetzlich durch die Regelungen des BSHG gesichert ist. Allerdings ist es denkbar, dass es z.B. bei Verwaltungsentscheidungen ermessenssteuernd wirkt.

3. Bundesstaatsprinzip

allgemeine Staatslehre: Bundesstaat steht zwischen Einheitsstaat und Staatenbund

Nach allgemeiner Staatslehre ist der Bundesstaat ein Staatsgebilde zwischen Einheitsstaat und Staatenbund, in dem sowohl der Zentralstaat als auch die Gliedstaaten echte originäre Staatsgewalt besitzen. 246

---

260 Zum Bundespräsidenten und seiner Stellung vgl. auch unten Rn. 273 ff., sowie **Hemmer/Wüst, Staatsrecht II, Rn. 204 ff.**

261 Vgl. dazu näher auch **Hemmer/Wüst, Staatsrecht II, Rn. 68 ff.**

Das Bundesstaatsprinzip sichert sowohl den Gliedstaaten als auch dem Zentralstaat Existenz und eigene kraftvolle Betätigungsmöglichkeiten zu. Allerdings kann eine Begrifflichkeit aus der allgemeinen Staatslehre letztlich nicht weiter reichen, als eben die bundesstaatlichen Elemente im Grundgesetz festgeschrieben sind.

> **Bsp.:** *Auch wenn es jemandem im Einzelfall unter einer idealtypischen Vorstellung vom Bundesstaat angemessener erschiene, dass der Einflussbereich der Länder bei der Gesetzgebung vergrößert wird, kann diese Erwägung nicht über die Kataloge der Gesetzgebungskompetenzen des Bundes hinweghelfen.*
>
> *Für die Annahme eines insoweit „verfassungswidrigen Verfassungsrechts“ in den Kompetenztiteln dürfte das Bundesstaatsprinzip als solches i.d.R. zu schwach und unbestimmt sein.*

Auch dem Bundesstaatsprinzip kann Bedeutung in der Klausur zukommen, allerdings v.a. in den Fällen, in denen es im Grundgesetz eine der soeben angesprochenen speziellen Konkretisierungen gefunden hat, weshalb eine allgemeine Darstellung des Bundesstaatsprinzips „an sich“ hier nicht erfolgt.[262]

Als spezielle normative Ausprägungen des Bundesstaatsprinzips 247
sind dagegen erwähnenswert:[263]

- Die Homogenitätsklausel des Art. 28 I und III GG, die gewährleisten soll, dass die verfassungsmäßige Ordnung der Länder in den Grundzügen (Schlagwort: Homogenität, nicht Uniformität) den Anforderungen des Grundgesetzes entspricht.

- Die Kompetenzklausel des Art. 30 GG, wonach die Staatsgewalt bei den Ländern liegt, soweit nichts anderes geregelt ist. Im engen Zusammenhang dazu sind auch die speziellen Kompetenzvorschriften der Art. 70 ff. GG (für die Gesetzgebung) und Art. 83 ff. GG (für die Verwaltung) zu sehen.

- Die Kollisionsklausel des Art. 31 GG, wonach Bundesrecht Landesrecht bricht, soweit beide wirksam sind; dies gilt auch, wenn das Landesrecht an sich ranghöher, spezieller oder lex posterior wäre.

- Die Grundrechtsklausel des Art. 142 GG als lex specialis zu Art. 31 GG.

- Die die Stellung des Bundesrats regelnden Normen der Art. 50 ff. GG.[264]

---

262 Vgl. dazu näher (auch mit weiteren Nachweisen) **Hemmer/Wüst, Staatsrecht II, Rn. 75 ff., 88 f.**

263 Vgl. dazu näher **Hemmer/Wüst, Staatsrecht II, Rn. 81 ff.**

264 Zu seiner Mitwirkung beim Gesetzgebungsverfahren vgl. Rn. 261.

hemmer-Methode: Auch hier gilt wieder: Sehen Sie die über das Grundgesetz verstreuten Zusammenhänge. Versuchen Sie in der Argumentation jeweils von der sachnächsten Normierung auszugehen und ziehen Sie dann weitere Ausprägungen ergänzend heran.

4. Demokratieprinzip[265]

Volkssouveränität als Ausübung der Staatsgewalt

Das Demokratieprinzip beinhaltet die Volkssouveränität als Ausübung der Staatsgewalt im Namen des Volkes und die Wahl der wichtigsten Träger der Staatsgewalt durch das Volk. Deutlich wird das in Art. 20 II GG, nach dem alle Staatsgewalt vom Volk ausgehen soll, welches es durch Wahlen und Abstimmungen (Volksentscheide, Volksbegehren und Volksbefragungen) ausübt. **248**

Das Grundgesetz hat sich für eine mittelbare repräsentative Demokratie entschieden und eine unmittelbare Entscheidungsbefugnis des Volkes gibt es nur, wenn diese vom Grundgesetz ausdrücklich vorgesehen ist.

Das Demokratieprinzip umfasst weiterhin das Prinzip der Mehrheitsentscheidung, die Gleichheit der Staatsbürger, die politischen Grundrechte (z.B. Art. 5 I, 8 GG) und die Oppositionsfreiheit. Wesentlich für eine Demokratie ist zudem, dass die durch Wahlen vermittelte Legitimation zeitlich begrenzt ist, Demokratie bedeutet immer auch eine „Herrschaft nur auf Zeit“.

Wichtig ist aus diesem Grund das Prinzip der demokratischen Legitimation jeder Ausübung hoheitlicher Gewalt, wobei diese unterschiedlich intensiv vorliegen kann.

demokratische Legitimation

Nach dem Grundgesetz ist nur das Parlament vom Volk gewählt und damit direkt legitimiert. Alle anderen Staatsorgane müssen durch die Einschaltung des Parlaments mittelbar demokratisch legitimiert werden.

Insbesondere wird auch die Bundesregierung nicht vom Volk gewählt, sie wird aber vom Parlament bestimmt und überwacht (System der parlamentarischen Demokratie) und ist gegenüber dem Volk mittelbar demokratisch legitimiert.

5. Weitere Staatszielbestimmungen

weitere Staatsziele

Neben diesen „klassischen Staatszielen“ wurden außerdem als Ausdruck gewandelter politischer Ziele und gesellschaftlicher Vorstellungen auch der Schutz der natürlichen Lebensgrundlagen (Art. 20a GG) und die Europäische Einigung (Art. 23 I GG) zu Staatszielen erhoben. **249**

---

265 Vgl. dazu näher **Hemmer/Wüst, Staatsrecht II, Rn. 90 ff.**

B) Staatsgewalten und Kompetenzen

Staatsgewalten und Kompetenzverteilung

Wie oben erwähnt herrscht im Rechtsstaat Gewaltenteilung; zum einen durch die Trennung von Legislative, Exekutive und Judikative, zum anderen aber auch durch die Aufteilung dieser Gewalten auf mehrere Ebenen, v.a. Bund, Länder und Gemeinden. 250

Im Bundesstaat von besonderer Bedeutung ist dabei die Frage, ob jeweils der Bund oder das Land die Kompetenz hat, eine Gewalt auszuüben.

Im Grundgesetz stellt Art. 30 die Grundsatzregel der Ausübung staatlicher Gewalt durch die Länder auf, die aber in den jeweiligen Bereichen noch durch Sondervorschriften ergänzt und modifiziert wird.

I. Legislative

Unter dem Grundgesetz gibt es mehrere verschiedene Arten der Gesetzgebungskompetenz, nämlich 251

- (ausschließliche) Länderkompetenz
- ausschließliche Bundeskompetenz als geschriebene Kompetenzen und nach h.M. auch
- ungeschriebene Kompetenzen
- konkurrierende Gesetzgebungskompetenzen (Bund oder subsidiär Länder)

1. Grundsatz: Länderkompetenz

Art. 70 GG: Grundsatz Länderkompetenz

Nach Art. 70 GG steht die Gesetzgebungskompetenz den Ländern zu, wenn nicht eine Kompetenz des Bundes bestimmt ist (oder ein Fall ungeschriebener Bundeskompetenz vorliegt, vgl. u. Rn. 256 ff.). 252

> **Bsp.:**[266] *Die wichtigsten Fälle der Landeskompetenzen sind das allgemeine Polizei- und Sicherheitsrecht sowie die Kulturhoheit. Eine Rolle in der Klausur kann auch das Feiertagsrecht sowie das Straßen- und Wegerecht (vorbehaltlich des Boden-, Fernstraßen- und Straßenverkehrsrechts) spielen. Weitere Bereiche sind das Gemeinderecht, das Recht der Landesverfassungsgerichtsbarkeit und das Wahlrecht der Länder.*

---

266 Vgl. zu diesen und weiteren Beispielen m.w.N. Jarass/Pieroth, Art. 70 GG, Rn. 12.

hemmer-Methode: Auch wenn in der Praxis die Gesetzgebung durch den Bund in den meisten Bereichen die größere Rolle spielt, sollten Sie in der Klausur als Ausgangspunkt Ihrer Prüfung von Art. 70 GG ausgehen, um zu zeigen, dass Sie das Regelungsprinzip des Grundgesetzes verstanden haben. Eine ausdrückliche Zuweisung von Kompetenzen an die Länder gibt es im Grundgesetz nur an wenigen Stellen, vgl. Art. 98 III, 105 IIa und 106 VII GG.

2. Geschriebene Bundeskompetenzen

Die nach Art. 70 GG erforderliche Zuweisung von Gesetzgebungskompetenzen an den Bund erfolgt im Grundgesetz verschieden:

a) Ausschließliche Bundeskompetenzen

Art. 71, 73 GG: ausschließliche Bundeskompetenz

Nach Art. 71 GG kann in einzelnen Bereichen der Bund die ausschließliche Gesetzgebungskompetenz haben, d.h. Ländergesetze können überhaupt nur wirksam sein, wenn der Bund die Länder zur Gesetzgebung ermächtigt hat. 253

hemmer-Methode: Art. 71 GG ist insoweit lex specialis zu Art. 31 GG, der ja „nur“ einen Vorrang von Bundesrecht anordnet, d.h. bei Art. 71 GG sind die Landesgesetze nichtig unabhängig davon, ob eine Kollision mit Bundesrecht vorliegt. Bei Art. 31 GG ist eine Landeskompetenz grundsätzlich gegeben und das Gesetz ist wirksam, es sei denn, es liegt eine Kollision vor.

Die Gegenstände der ausschließlichen Gesetzgebungskompetenz sind im Katalog des Art. 73 GG aufgezählt (lesen!). Darüber hinaus wird nach h.M. aber auch eine ausdrückliche Bundeskompetenz begründet, wenn das Grundgesetz eine nähere Regelung „durch ein Bundesgesetz“ o.Ä. vorsieht.

> ***Bspe.:*** *Art. 4 III S. 2 (Zivildienst), 21 III (Parteienwesen), 38 III (Wahlen), 87 I S. 2 (Festlegung der Gemeinschaftsaufgaben), 94 II GG (nähere Regelung des BVerfG).*

b) Konkurrierende Gesetzgebungskompetenz

Art. 72, 74 GG: konkurrierende Gesetzgebungskompetenz

Im Bereich der konkurrierenden Gesetzgebung steht die Gesetzgebungskompetenz den Ländern zu, solange und soweit der Bund davon keinen Gebrauch gemacht hat.[267] 254

[267] Näher dazu **Hemmer/Wüst, Staatsrecht II, Rn. 150 ff.**; BVerfG, NJW 2003, 41-58, Az. 2 BvF 1/01 = **juris**byhemmer.

Insbesondere die Frage, wie weit der Bund davon Gebrauch gemacht hat, kann problematisch sein, d.h. in der Klausur muss möglicherweise ein Bundesgesetz dahingehend ausgelegt werden, ob es abschließend sein soll. Davon ist nur auszugehen, wenn der Bund die Materie erschöpfend geregelt hat.

Soweit der Bund von seiner Kompetenz Gebrauch gemacht hat, ist den Ländern ein weiteres Tätigwerden verwehrt. Etwas anderes gilt in den Fällen des Art. 72 III GG. Hier dürfen die Länder von zuvor erlassenen Bundesgesetzen abweichende Regelungen schaffen. Der Grundsatz Bundesrecht bricht Landesrecht, Art. 31 GG, wird hier durch den lex-posterior-Grundsatz ersetzt, Art. 72 III S. 3 GG.

Voraussetzung nach Art. 72 II GG: Erforderlichkeit einer bundesgesetzlichen Regelung

Voraussetzung dafür, dass der Bund aber überhaupt die Materie regeln darf, ist nach Art. 72 II GG in den dort genannten Fällen, dass eine bundesgesetzliche Regelung „erforderlich" ist. Diese Erforderlichkeit ist nur gegeben, wenn die Gleichwertigkeit der Lebensverhältnisse im Bund nicht auch durch (gleichgerichtete) Ländergesetze erreicht werden kann.[268] In diesem Zusammenhang ist auch an Art. 93 I Nr. 2a GG zu denken, der eine Überprüfung des Vorliegens der Erforderlichkeit auf Initiative der Ländervertretungen und des Bundesrats ermöglicht. Nach Art. 93 II GG kann überprüft werden, dass diese Erforderlichkeit nicht mehr besteht.[269] Die entsprechende Bundesverfassungsgerichtsentscheidung ersetzt dann ein Bundesgesetz nach Art. 72 IV GG.

Die Gegenstände der konkurrierenden Gesetzgebung sind in Art. 74 GG geregelt. Da dieser Katalog einige Bereiche beinhaltet, die sich z.B. für Grundrechtsklausuren anbieten, ist gerade die konkurrierende Gesetzgebung relativ klausurrelevant.

> ***Bspe. aus Art. 74 I GG:*** *Nr. 1 (Bürgerliches Recht und Strafrecht), Nr. 3 (Vereinsrecht), Nr. 11 (Recht der Wirtschaft), Nr. 12 (Arbeits- und Sozialversicherungsrecht), Nr. 19 (Maßnahmen gegen Krankheitsübertragung und Zulassung zu Heilberufen), Nr. 24 (Abfallbeseitigung und Immissionsschutz).*

3. Ungeschriebene Bundeskompetenzen

ungeschriebene Bundeskompetenzen

Darüber hinaus werden (freilich in engen Grenzen) von der überwiegenden Ansicht auch noch ungeschriebene Gesetzgebungskompetenzen des Bundes anerkannt. 255

---

268 Näher dazu **Hemmer/Wüst, Staatsrecht II, Rn. 155 ff.**

269 Vgl. oben Rn. 26.

Dabei wird herkömmlich unterschieden zwischen:

Kompetenz kraft Sachzusammenhangs

- Kompetenz kraft Sachzusammenhangs, nach der der Bund übergreifende Regelungen treffen darf, die unerlässlich sind, um eine ausdrücklich zugewiesene Materie sinnvoll zu regeln. Es findet also eine Ausweitung „in die Breite“ statt.[270] **256**

  Bsp.: *Gebührenfestsetzungen für gerichtliche Beurkundungen im Zusammenhang mit dem bürgerlichen Recht.*

Annexkompetenz

- Annexkompetenz, von der die Stadien der Vorbereitung und Durchführung einer Materie innerhalb des Kompetenztitels miterfasst werden. Es findet also eine Ausweitung „in die Tiefe“ statt. **257**

  Bsp.: *Polizei- und Ordnungsgewalt zu einer speziellen Materie kann durch den Bundesgesetzgeber mitgeregelt werden, so z.B. im Gewerberecht auch die gewerbeaufsichtlichen Maßnahmen.*

Kompetenz kraft Natur der Sache

- Kompetenz kraft Natur der Sache, nach der der Bund Materien regeln darf, die der Gesetzeskompetenz der Länder a priori entzogen sind, die vielmehr begriffsnotwendig vom Bund geregelt werden müssen. **258**

  Bsp.: *Bestimmung des Sitzes der Bundesregierung, Festlegung von Nationalfeiertagen.*[271]

hemmer-Methode: Lernen Sie schon vom Begriff her problemorientiert. Dadurch werden obige Differenzierungen leichter verständlich.

4. Exkurs: Gesetzgebungsverfahren des Bundes

Gesetzgebungsverfahren des Bundes

Die Beachtung der Gesetzgebungskompetenzen ist entscheidend für die formelle Verfassungsmäßigkeit des Gesetzes und kann so z.B. auch bei einer Verfassungsbeschwerde von Bedeutung sein.[272] **259**

Ebenfalls möglicher Prüfungsgegenstand einer Klausur ist das Gesetzgebungsverfahren des Bundes. Nur wenn das Gesetz auch insoweit ordnungsgemäß zustande gekommen ist, ist es formell verfassungsmäßig.

---

270 Vgl. BVerwG, NVwZ 2013, 1006-1010, Az. 6 A 2/12 = **Life&Law 09/2013, 684** = **juris**byhemmer.

271 Vgl. BVerfG, NJW 1998, 2515-2523, Az. 1 BvR 1640/97 = **Life&Law 12/1998, 802** = **juris**byhemmer.

272 Vgl. oben Rn. 108 ff.

Da sich hier jedoch seltener Probleme ergeben, soll hier nur der grundsätzliche Ablauf kurz dargestellt werden, hinsichtlich einzelner möglicher Probleme sei verwiesen auf unser Skript Staatsrecht II.[273]

a) Gesetzgebungsinitiative und Vorverfahren

Gesetzgebungsinitiative

Das formelle Gesetzgebungsverfahren wird durch die Einbrin- 260
gung einer Gesetzesvorlage in den Bundestag eingeleitet.

Dazu berechtigt sind nach Art. 76 I GG die Bundesregierung, der Bundesrat und die „Mitte des Bundestages", welche nach § 76 I GeschOBT aus einer Fraktion[274] oder fünf Prozent der Mitglieder besteht. Anschließend werden die Gesetzesvorlagen nach Maßgabe der umfänglichen Regelung in Art. 76 II und III GG weitergeleitet,[275] um Stellungnahmen von anderen Organen einzuholen.

b) Beschlussfassung

Beschlussfassung im Bundestag

Die Beschlussfassung über das Gesetz findet im Bundestag statt, 261
wobei nach §§ 78 ff. GeschOBT in drei Lesungen darüber beraten und schließlich abgestimmt wird.

Beteiligung des Bundesrates: diff. Einspruchs- und Zustimmungsgesetze

Von Bedeutung ist hier besonders die Rolle des Bundesrates, vgl. Art. 77 GG:[276] Bei sog. Einspruchsgesetzen kann er gegen das Gesetz nach Durchführung des Verfahrens vor dem Vermittlungsausschuss[277] Einspruch einlegen, welcher nur mit qualifizierter Mehrheit vom Bundestag zurückgewiesen werden kann, Art. 77 III, IV GG. In den Fällen, in denen das Grundgesetz bestimmt, dass die Zustimmung des Bundesrates erforderlich ist, kann das Gesetz ohne diese überhaupt nicht zustande kommen.

hemmer-Methode: Ein Zustimmungsgesetz liegt jedoch nur vor, wenn dies ausdrücklich im Grundgesetz geregelt ist, z.B. Art. 84 I GG.[278]
Ein interessantes Problem in diesem Zusammenhang ist die Frage, welche Folgen es nach sich zieht, wenn die Vertreter eines Landes in einer Bundesratssitzung entgegen Art. 51 III S. 2 GG nicht einheitlich abstimmen.[279]

---

273 **Hemmer/Wüst, Staatsrecht II, Rn. 168 ff.**

274 Definiert in § 10 GeschOBT.

275 Zu dabei möglichen Problemkonstellationen vgl. **Hemmer/Wüst, Staatsrecht II, Rn. 171**.

276 Näher dazu **Hemmer/Wüst, Staatsrecht II, Rn. 173 ff.**

277 BVerfG, Beschluss vom 11.12.2018, 2 BvL 4/11 u.a. = **Life&Law 10/2019, 713** = **juris**byhemmer.

278 Vgl. dazu Rn. 267.

279 Vgl. hierzu BVerfGE 106, 310-351, Az. 2 BvF 1/02 = **Life&Law 04/2003, 273** = **juris**byhemmer; Hoppe, „Das Schweigen von Innenminister Schönbohm im Bundesrat", DVBl. 2002, 725-726; Ipsen, „Gespaltenes Votum bei Abstimmungen im Bundesrat", DVBl. 2002, 653-656; Schenke, „Die verfassungswidrige Bundesratsabstimmung", NJW 2002, 1318 1324.

c) Ausfertigung und Verkündung

Ausfertigung und Verkündung

Ist das Gesetz zustande gekommen, ist es vom zuständigen Fachminister und vom Bundeskanzler gegenzuzeichnen und vom Bundespräsidenten auszufertigen und zu verkünden.[280] **262**

d) Verfassungsändernde Gesetze

verfassungsändernde Gesetze, Art. 79 GG: spezielle formale Anforderungen und Ewigkeitsgarantie

Bei verfassungsändernden Gesetzen ist nach Art. 79 II GG außerdem formell zu beachten, dass eine Zweidrittelmehrheit in Bundestag und Bundesrat erforderlich ist und nach Absatz 1 ausdrücklich der Wortlaut des Grundgesetzes geändert werden muss. Materiell gilt die sog. Ewigkeitsgarantie des Art. 79 III GG, d.h. die bundesstaatliche Ordnung, der Schutz der Menschenwürde nach Art. 1 GG und die in Art. 20 GG niedergelegten Grundsätze dürfen nicht geändert werden. **263**

II. Exekutive

Exekutive – Verwaltungskompetenzen

Der Exekutive gehören die Staatsleitung und - hier v.a. von Interesse – die Verwaltung an. Dabei ist Verwaltungshandeln nach einer negativ abgrenzenden Definition das Wahrnehmen einer öffentlichen Aufgabe, die nicht Rechtsprechung oder Gesetzgebung ist. Ausschlaggebend ist dabei nicht die Rechtsform des Handelnden (z.B. einer GmbH), sondern das Zuordnungssubjekt (der Staat) und dessen Zielsetzung (Erfüllung öffentlicher Aufgaben). **264**

1. Grundsatz der Länderverwaltung

Art. 83 GG: Grundsatz der Länderverwaltung

Auch bei der Verwaltung ergibt sich als Grundsatz, dass die Ausübung der hoheitlichen Gewalt durch die Länder stattfindet. Soweit es sich um sog. gesetzesakzessorische Verwaltung, also den Vollzug von Gesetzen, handelt, ergibt sich das aus Art. 83 GG, für die nicht-gesetzesakzessorische Verwaltung bleibt es bei der allgemeinen Grundregel des Art. 30 GG.[281] **265**

2. Ausführung der Bundesgesetze als eigene Angelegenheiten

eigene Angelegenheiten

Dabei führen die Länder nach Art. 83, 84 I GG grds. auch Bundesgesetze als eigene Angelegenheiten aus. **266**

---

[280] Zur Frage des Prüfungsrechts des Bundespräsidenten vgl. unten Rn. 278 ff.

[281] Vgl. oben Rn. 247.

hemmer-Methode: Die Ausführung der Landesgesetze ist im Grundgesetz nicht geregelt. Dass aber auch diese durch die Länder erfolgt, ist selbstverständlich und ergibt sich zumindest ebenfalls aus der Grundnorm des Art. 30 GG.

Organisationsgewalt

Die Ausführung als eigene Angelegenheit bedeutet, dass den Ländern die Organisationsgewalt zusteht und sie die notwendigen Behörden einrichten und das Verwaltungsverfahren selbst regeln können.

Die „Einrichtung der Behörden" umfasst dabei nicht nur die Ausstattung mit sachlichen und persönlichen Mitteln und die Bestimmung von deren Sitz und örtlicher wie sachlicher Zuständigkeit, sondern nach h.M. auch ihre Errichtung, also die Neugründung einer Behörde. Zugleich steht dem Land in diesen Fällen auch die Aufgabenzuweisung an die Behörde zu, die von der Errichtung nicht sinnvoll getrennt werden kann. **267**

Allerdings können auch die Bundesgesetze selbst die Regelung dieser Organisationsbereiche enthalten, Art. 84 I S. 1 GG. Von diesen Bundesgesetzen können die Länder wiederum abweichende Regelungen erlassen, Art. 84 I S. 2 GG, soweit nicht der Bund nach Art. 84 I S. 5 u. 6 GG mit Zustimmung des Bundesrates ausnahmsweise abweichungsresistente Verfahrensregelungen geschaffen hat.

Rechtsaufsicht des Bundes

Gemäß Art. 84 II GG übt der Bund bei der Ausführung von Bundesgesetzen durch die Länder als eigene Angelegenheiten lediglich eine Rechtsaufsicht[282] (es wird nur die Rechtmäßigkeit, nicht die Zweckmäßigkeit geprüft) aus, die sich nach Art. 84 III, IV GG (lesen!) in einem Recht auf allgemeine Information, der Möglichkeit, einen Beauftragten zu entsenden oder eine Mängelrüge auszusprechen sowie in dem Recht, in bestimmten Fällen Einzelweisungen auszusprechen, manifestiert. **268**

3. Bundesauftragsverwaltung

Bundesauftragsverwaltung (Einfluss des Bundes größer, aber echte Länderverwaltung)

Art. 85 GG sieht die Möglichkeit vor, dass die Länder Bundesgesetze in Form der Bundesauftragsverwaltung ausführen. Dabei unterstehen die Landesbehörden einem Weisungsrecht der obersten Bundesbehörde, und es findet nach Art. 85 IV GG eine Fachaufsicht statt, d.h. die Aufsicht erstreckt sich auch auf die Zweckmäßigkeit des Verwaltungshandelns. Welche Materien zur Bundesauftragsverwaltung gehören, ergibt sich abschließend aus dem Grundgesetz. **269**

Auch die Bundesauftragsverwaltung ist gleichwohl „echte Länderverwaltung" insofern, als die Länder Behördeneinrichtung und Verwaltungsverfahren regeln können, soweit nicht ein Gesetz mit Zustimmung des Bundesrates etwas anderes vorsieht, Art. 85 I GG.

[282] Näher zur Aufsicht sowie zur Abgrenzung der Rechts- zur Fachaufsicht vgl. **Hemmer/Wüst, Staatsrecht II, Rn. 188 f.**

4. Bundeseigene Verwaltung

bundeseigene Verwaltung

Schließlich kennt das Grundgesetz auch die bundeseigene Verwaltung, Art. 87 GG. Hier tritt der Bund selbst nach außen als Verwaltungsträger auf. Die Gegenstände der bundeseigenen Verwaltung ergeben sich zum einen aus Art. 87 GG selbst, zum anderen aus weiteren Vorschriften des Grundgesetzes, z.B. Art. 87b, 87d I, 89, 90 III GG. 270

Nach der näheren Ausgestaltung kann unterschieden werden zwischen

- bundesunmittelbarer Verwaltung, in denen der Bund selbst als juristische Person des öffentlichen Rechts unmittelbarer Träger der Verwaltungsbehörden ist, und
- mittelbarer Bundesverwaltung, bei der Aufgaben an i.d.R. selbstständige juristische Personen des Öffentlichen Rechts übertragen werden, die dem Bund untergeordnet sind.

hemmer-Methode: Sie sollten die grundsätzlichen Unterschiede und die Begrifflichkeiten zumindest für das mündliche Examen beherrschen. Es sind aber auch Klausurfälle denkbar, in denen die Arten der Verwaltung und die Verwaltungskompetenzen zentrale Probleme darstellen. Lesen Sie dazu den Beispielsfall in unserem Skript Staatsrecht II, Rn. 198.

III. Judikative

Judikative

Im Bereich der Judikative spielt die Kompetenzverteilung im Bundesstaat in der Klausur selten eine Rolle, gleichwohl soll ihre Grundstruktur dargestellt werden. Nach Art. 92 GG wird die rechtsprechende Gewalt durch die im Grundgesetz vorgesehenen Bundesgerichte und die Gerichte der Länder ausgeübt, d.h. praktisch sind die meisten Gerichte[283] Landesgerichte. Auf Bundesebene gibt es das BVerfG nach Art. 93, 94 GG sowie die obersten Gerichtshöfe des Bundes nach Art. 95 GG. 271

> ***Bsp.:*** *Dies sind für die Bereiche der ordentlichen Gerichtsbarkeit der Bundesgerichtshof (BGH), des Weiteren das Bundesverwaltungsgericht (BVerwG), der Bundesfinanzhof (BFH), das Bundesarbeitsgericht (BAG) und das Bundessozialgericht (BSG).*

Außerdem können nach Art. 96 GG für bestimmte Bereiche zusätzlich besondere Bundesgerichte eingerichtet werden, die allerdings in der Klausur keine Rolle spielen dürften.

283 Zum Begriff des Gerichts nach dem Grundgesetz vgl. **Hemmer/Wüst, Staatsrecht II, Rn. 28, 200 ff.**

C) Oberste Staatsorgane

Auch die obersten Staatsorgane können Gegenstand einer Klausur sein, so z.B. wenn es im Organstreitverfahren um die Abgrenzung ihrer Rechte untereinander geht, aber z.B. auch mit der Frage nach dem Prüfungsrecht des Bundespräsidenten bei der Ausfertigung eines Gesetzes als Einstieg in eine Grundrechtsprüfung. 272

Dem Zuschnitt auf die Klausur entsprechend werden nur die drei klausurrelevantesten Organe behandelt, nämlich der Bundespräsident, die Bundesregierung und der Bundestag. Der Bundesrat hat Klausurrelevanz überwiegend in seiner Rolle bei der Gesetzgebung[284] bzw. in der Abgrenzung seiner Kompetenzen zu denen anderer Organe.

Der Funktion des Basics-Skripts entsprechend sollen Verständnis für die Stellung des jeweiligen Organs im Staatsgefüge geschaffen und die wichtigsten klausurrelevanten Probleme deutlich gemacht werden.

I. Bundespräsident

Bundespräsident: v.a. Art. 54 ff. GG

Das Amt des Bundespräsidenten ist primär in den Art. 54 ff. GG geregelt, allerdings wird er auch in anderen Normen (v.a. Art. 82 GG zur Verkündung von Gesetzen) erwähnt. 273

Der Bundespräsident wird nach Art. 54 I S. 1 GG durch die Bundesversammlung auf fünf Jahre gewählt, welche sich zu gleichen Teilen aus den Mitgliedern des Bundestages und von den Ländern bestimmten Mitgliedern zusammensetzt.[285]

1. Stellung des Bundespräsidenten

Stellung des Bundespräsidenten

Die Rechtsstellung des Bundespräsidenten ist als solche im Grundgesetz nicht geregelt, er ist aber unstreitig das Staatsoberhaupt der Bundesrepublik Deutschland. 274

unselbstständiger, nicht regierender Präsident

Gleichwohl ist seine Stellung vergleichsweise schwach, und er ist ein „unselbstständiger, nicht regierender Präsident“,[286] der in seinen meisten Entscheidungen von anderen Organen abhängig ist.

Er hat eigenständige Macht v.a., wenn andere Verfassungsorgane nicht mehr arbeiten können, z.B. in den Fällen der Auflösung des Bundestages.

---

[284] Vgl. oben Rn. 261.

[285] Näher zur Wahl vgl. **Hemmer/Wüst, Staatsrecht II, Rn. 205**; darauf, dass diese Wahl auf Zeit Hauptaussage des Republikprinzips ist, wurde schon oben unter Rn. 244 hingewiesen.

[286] Vgl. Stern, Staatsrecht II, § 30 II 7.

hemmer-Methode: Häufig wird auch der Machtverlust im Vergleich zum Reichspräsidenten nach der Weimarer Reichsverfassung betont. Allerdings hilft diese angeblich schwächere Stellung argumentativ nicht weiter, wenn es um Fragen geht, die im Grundgesetz nicht ausdrücklich geregelt sind: Ob nämlich der Bundespräsident dann in diesem speziellen Zusammenhang ebenfalls eine schwächere Stellung hat, soll ja gerade erst untersucht werden.
Die Argumentation, „ ... der Bundespräsident kann diese Befugnis nicht haben, weil er eine schwächere Stellung hat, zu der diese Befugnisse nicht gehören können ... “, ist genau genommen eine petitio principii, d.h. eine Ergebnisherleitung, die durch eine Annahme begründet wird, die selbst an sich nicht feststeht, sondern u.a. aus dem Ergebnis selbst hergeleitet wird.

2. Die wichtigsten Befugnisse des Bundespräsidenten

a) Zuständigkeit bei der Regierungsbildung[287]

Vorschlag des Bundeskanzlers, Ernennung der Bundesminister

Nach Art. 63 I GG wählt der Bundestag den Bundeskanzler auf den Vorschlag des Bundespräsidenten hin (zur Wahl des Kanzlers vgl. u. Rn. 284). Außerdem ernennt der Präsident auf den Vorschlag des Kanzlers hin die Bundesminister, Art. 64 I GG. Dabei steht ihm zwar ein formell- und materiell-rechtliches Prüfungsrecht zu, doch spielt dies angesichts der (auch rechtlich) geringen Anforderungen, die an eine Ministerernennung gestellt werden, kaum eine Rolle. Ein allgemeines politisches Prüfungsrecht wird dagegen überwiegend abgelehnt, weil ein solches die unabhängige Stellung des Kanzlers, der überdies auch die Verantwortung für die Regierungsarbeit trägt, beeinträchtigen würde. 275

b) Zuständigkeit bei Regierungskrisen

Zuständigkeiten bei Regierungskrisen

Eine zumindest theoretisch wichtige Rolle spielt der Bundespräsident bei Krisen der Regierung (auch sog. Reservefunktion). Wenn der Bundeskanzler die Vertrauensfrage (vgl. auch unten Rn. 292) nach Art. 68 GG (lesen!) gestellt und nicht die erforderliche Mehrheit gefunden hat, kann der Bundespräsident auf Vorschlag des Bundeskanzlers den Bundestag auflösen. 276

Gesetzgebungsnotstand, Art. 81 II GG

Wird nach Verneinung der Vertrauensfrage der Bundestag nicht aufgelöst und auch kein neuer Kanzler nach Art. 68 I S. 2 GG oder Art. 67 GG gewählt, kann der Bundespräsident nach Art. 81 I S. 1 GG für eine bestimmte Gesetzesvorlage, die die Bundesregierung als dringlich bezeichnet, den Gesetzgebungsnotstand ausrufen, wenn der Bundestag sie ablehnt.

[287] Näher dazu **Hemmer/Wüst, Staatsrecht II, Rn. 206 ff.**

Nach Art. 81 II GG gilt das Gesetz dann als zustande gekommen, wenn der Bundestag eine erneute Vorlage wieder nicht (oder nur in einer für die Regierung unzumutbaren Fassung) annimmt und der Bundesrat zustimmt.

c) Völkerrechtliche Vertretung des Bundes

völkerrechtliche Vertretung

Nach Art. 59 I GG vertritt der Bundespräsident die Bundesrepub- 277
lik völkerrechtlich, wobei freilich völkerrechtliche Verträge unter den Voraussetzungen des Art. 59 II GG der Zustimmung des Bundestages bedürfen.[288]

d) Ausfertigung von Gesetzen

Ausfertigung von Gesetzen

Nach Art. 82 I GG fertigt der Bundespräsident „die nach den Vor- 278
schriften dieses Grundgesetzes zustande gekommenen Gesetze“ nach Gegenzeichnung durch die Bundesregierung aus.

Die Frage, ob bzw. in welchem Umfang er dabei ein Prüfungsrecht hat und ggf. die Ausfertigung verweigern kann, gehört zu den absoluten Klassikern des Staatsorganisationsrechts[289] und ist insbesondere in Anfängerarbeiten häufiges Klausurthema.

hemmer-Methode: Hier handelt es sich um eines der wenigen Probleme des Staatsorganisationsrechts, bei denen vom Studenten einiges Wissen vorausgesetzt wird. Wichtig ist aber auch die richtige Einordnung des Problems in der Klausur:
Es kann den Einstieg zu einer schlichten Verfassungsmäßigkeitsprüfung eines Gesetzes (z.B. formell anhand der Kompetenzen, materiell anhand von Grundrechten) sein oder prozessual z.B. mit einem Organstreitverfahren verbunden werden, wenn sich der Bundestag durch die Nichtausfertigung in seinen Rechten verletzt fühlt.

kein politisches Prüfungsrecht

Weitgehend unumstritten ist, dass der Bundespräsident einerseits 279
kein politisches Prüfungsrecht in dem Sinne hat, dass er Gesetze, die er für politisch nicht opportun hält, nicht ausfertigen müsste. Hierin läge ein unzulässiger Eingriff in die politische Staatsleitung durch das unmittelbar demokratisch legitimierte Parlament.

aber formelles Prüfungsrecht

Andererseits ist auch allgemein anerkannt, dass der Bundesprä- 280
sident ein formelles Prüfungsrecht hat: Dies ergibt sich daraus, dass er nur die „nach den Vorschriften dieses Grundgesetzes zustande gekommenen Gesetze“ ausfertigen muss, worunter jedenfalls die verfahrensmäßigen Voraussetzungen zu verstehen sind, wie allgemein aus der gleichen Verwendung des Begriffs des „Zustandekommens“ in Art. 78 GG (lesen!) geschlossen wird.

---

288 Näher zum Abschluss völkerrechtlicher Verträge **Hemmer/Wüst, Staatsrecht II, Rn. 327 ff.**

289 Ausführlich zu den gängigen Argumenten, insbesondere zum materiellen Prüfungsrecht Borysiak/Fleury, JuS 1993, L 81 ff.

Hauptproblem: materielles Prüfungsrecht?

Heftig umstritten und daher Schwerpunkt entsprechend gelager- 281
ter Klausuren ist die Frage, ob dem Bundespräsidenten auch ein Prüfungsrecht hinsichtlich der materiellen Verfassungsmäßigkeit eines Gesetzes zusteht.

Dabei würde eine umfassende, ausführliche Darstellung aller Argumente den Rahmen dieses Basics-Skripts sprengen, verwiesen sei insofern auf die relativ ausführliche Darstellung im Skript **Hemmer/Wüst, Staatsrecht II**.[290]

Es sollen allerdings die wichtigsten Gruppen von Argumenten und die grundsätzliche Kritik daran kurz aufgezeigt werden:

- Argumente aus dem Wortlaut sind unergiebig, da dieser hier offen ist: Einerseits sind auch materielle Vorschriften solche des Grundgesetzes, andererseits könnte die ähnliche Formulierung wie in Art. 78 GG (vgl. o.) für eine Beschränkung auf formelle Gesichtspunkte sprechen.

Amtseid und Gefahr der Präsidentenanklage wohl Zirkelschlüsse

- Die Argumente, die auf den Amtseid des Bundespräsidenten, Art. 56 GG, oder die Gefahr einer Präsidentenanklage, Art. 61 GG abstellen, sind für sich alleine Zirkelschlüsse: Schließlich kann der Präsident durch den Eid nur zu Handlungen verpflichtet sein bzw. nur für das Unterlassen von solchen Handlungen zur Verantwortung gezogen werden, zu denen er auch sonst berechtigt ist.

andererseits auch kein Kompetenzkonflikt zum BVerfG

- Andererseits spricht das Verhältnis zum BVerfG nicht gegen ein materielles Prüfungsrecht, da ein solches in Stadien des Gesetzgebungsverfahrens aktuell würde, in denen das BVerfG i.d.R. noch nicht mit dem Gesetz befasst ist. Außerdem kann das BVerfG die Letztentscheidungskompetenz behalten, wenn es z.B. zu einem Organstreit über die Verkündigung kommt.

materielles Prüfungsrecht (zumindest bei Evidenz) zu bejahen

Letztlich ist mit der h.M. ein Prüfungsrecht anzuerkennen, da es 282
dem Bundespräsidenten als nach Art. 20 III GG an Recht und Gesetz gebundenes Verfassungsorgan nicht zugemutet werden kann, sehenden Auges die Ausfertigung einer verfassungswidrigen Norm vorzunehmen.

Dies umso mehr, als er nicht antragsberechtigt zu einer abstrakten Normenkontrolle ist und mithin keine Möglichkeit hätte, eine Klärung der Verfassungsmäßigkeit herbeizuführen. Ergänzend kann noch die – allerdings sehr formalistische – Erklärung herangezogen werden, dass formelle und materielle Verfassungsmäßigkeit sich nur schwer trennen lassen, da ein materiell-verfassungswidriges Gesetz sich auch als formell, da die Voraussetzungen des Art. 79 GG nicht beachtendes, verfassungswidriges verfassungsänderndes Gesetz verstehen lässt.

---

290 **Hemmer/Wüst, Staatsrecht II, Rn. 217 ff.**

II. Bundesregierung

Die Bundesregierung setzt sich nach Art. 62 GG aus dem Bundeskanzler und den Bundesministern zusammen. Ihre Aufgaben sind über das ganze Grundgesetz verteilt, wobei sie v.a. Funktionen als politisches Führungsorgan, Exekutivorgan und bei der Gesetzgebung innehat. 283

1. Regierungsbildung

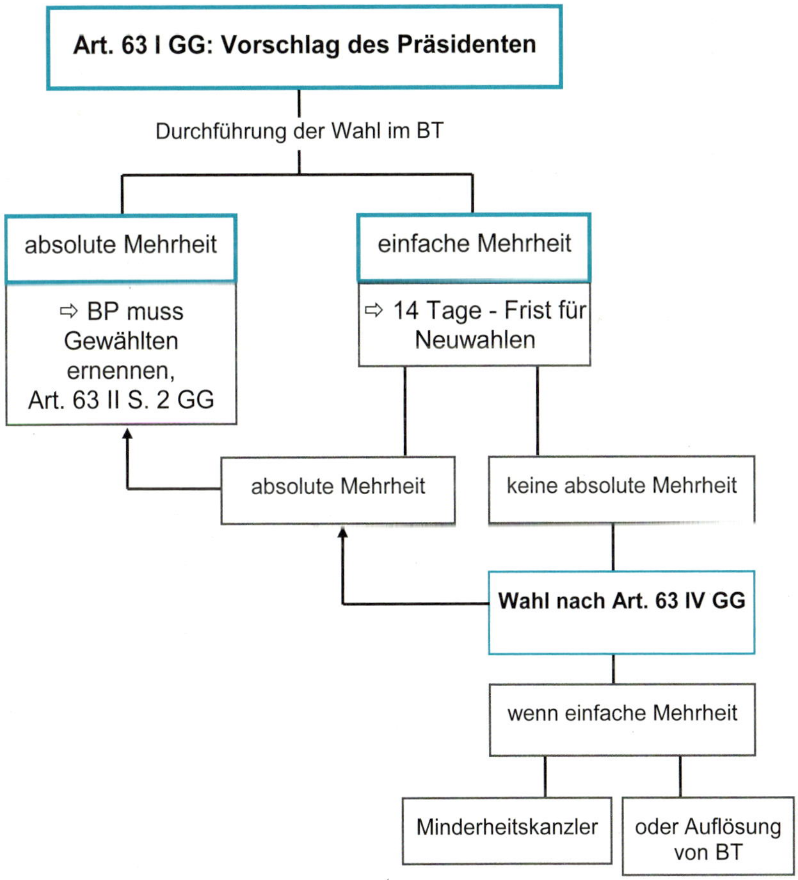

Regierungsbildung: Wahl des Kanzlers durch Bundestag

a) Nach dem Ausgang der Bundestagswahl (vgl. u. Rn. 294 ff.) und in Absprache mit den Parteien schlägt der Bundespräsident einen Kanzlerkandidaten, i.d.R. den Kandidaten der Mehrheitspartei bzw. -koalition, vor, Art. 63 I GG. D.h., die Amtsperiode des Kanzlers ist an die Wahlperiode des Bundestages gekoppelt. Wird dieser im ersten Wahlgang mit der in Art. 63 II GG geforderten absoluten Mehrheit der stimmberechtigten Mitglieder i.S.d. Art. 121 GG gewählt, wird er anschließend vom Bundespräsidenten zum Kanzler ernannt. 284

Andernfalls kann der Bundestag innerhalb von vierzehn Tagen (in beliebig vielen Anläufen) versuchen, den Kanzler mit der erforderlichen Mehrheit zu wählen, vgl. Art. 63 III GG.

Wird auch innerhalb dieser Frist der Kanzler nicht gewählt, findet nach Art. 63 IV GG nochmals ein letzter Wahlgang, u.U. mit mehreren Kandidaten statt. Erhält ein Kandidat die erforderliche Mehrheit, muss ihn der Bundespräsident nach Art. 63 III S. 2 GG zum Bundeskanzler ernennen. Anderenfalls kann der Bundespräsident nach Art. 63 III S. 4 GG den Kandidaten mit den meisten Stimmen zum Kanzler ernennen („Minderheitenkanzler") oder den Bundestag auflösen.

Vorschlag und Ernennung der Bundesminister

b) Auf Vorschlag des Bundeskanzlers ernennt der Bundespräsi- 285
dent nach Art. 64 I GG die Bundesminister, wobei ihm nach h.M. ein rechtliches, nicht aber ein politisches Prüfungsrecht zusteht, vgl. oben Rn. 275.

Koalitionsvereinbarungen: Rechtsnatur str., aber jedenfalls keine (einklagbare) rechtliche Bindung

c) Im Zusammenhang mit der Kanzlerwahl (aber auch mit der Ministerernennung) kann in der Klausur das Problem der Wirksamkeit sog. Koalitionsvereinbarungen auftauchen: Deren grundsätzliche Zulässigkeit wird heute allgemein angenommen, da sie der Parteiendemokratie, vgl. Art. 21 GG, nahe liegen und sich auch formal nur diese Parteien, nicht aber die Staatsorgane binden wollen.

Ebenso ist aber im Ergebnis auch weitgehend anerkannt, dass die Verpflichtungen nicht gerichtlich durchsetzbar sind: Teilweise wird schon die Bindungswirkung abgelehnt, zumindest aber auf die Parteien beschränkt, sodass die Staatsorgane nicht gebunden sind.

Außerdem fehlt es an einem Rechtsweg, soweit man die Koaliti- 286
onsvereinbarungen als verfassungsrechtliche Verträge ansieht: § 40 I VwGO scheidet für verfassungsrechtliche Streitigkeiten aus, in der (abschließenden) Zuständigkeit des BVerfG sind sie nicht erwähnt und die subsidiäre Zuständigkeit der ordentlichen Gerichte, vgl. Art. 19 IV GG, dürfte ebenfalls nicht eingreifen, da die Parteien nicht in ihrer Stellung als Teil der Gesellschaft, sondern in ihrem der Staatlichkeit zuzuordnenden Bereich betroffen sind.

2. Regierungsprinzipien

Art. 65 GG nennt für die Regierungsarbeit drei Prinzipien: das Kanzlerprinzip, das Ressortprinzip und das Kollegialprinzip.

- Kanzlerprinzip

- Nach dem Kanzlerprinzip des Art. 65 S. 1 GG bestimmt der 287
Kanzler die Richtlinien der Politik (sog. Richtlinienkompetenz) und trägt dafür die Verantwortung. Was noch unter die Richtlinien fällt, ist im Einzelfall schwer zu bestimmen, allerdings ist eine eher enge Auslegung zu bevorzugen, um die anderen Regierungsprinzipien nicht völlig leer laufen zu lassen. Diese Richtlinien binden die Einzelminister als Leiter ihres Ministeriums, keinesfalls aber andere Verfassungsorgane.

- Ressortprinzip

➲ Nach dem Ressortprinzip des Art. 65 S. 2 GG leitet jeder Minister seinen Geschäftsbereich innerhalb der durch die Richtlinien vorgegebenen Grenzen selbständig. Damit ist jeder Minister für die sich dadurch ergebenden Einzelfragen voll verantwortlich. 288

- Kollegialprinzip

➲ Nach dem Kollegialprinzip des Art. 65 S. 3 GG entscheidet über Streitigkeiten zwischen den Bundesministern die Regierung als Gesamtheit. Ihm bleibt neben Kanzler- und Ressortprinzip freilich nur Raum für ressortübergreifende Fragen, die nicht von Richtlinien des Kanzlers erfasst werden (können). 289

3. Verantwortlichkeit der Regierung

Verantwortlichkeit der Regierung

Wegen der Entscheidung des Grundgesetzes für ein parlamentarisches Regierungssystem ist die Regierung vom Parlament abhängig und bedarf der Zustimmung seiner Mehrheit. Dies wird einmal deutlich bei der Kanzlerwahl (vgl. o. Rn. 284), zum anderen bei den Kontrollbefugnissen des Bundestages sowie v.a. beim konstruktiven Misstrauensvotum und der Vertrauensfrage. 290

a) Konstruktives Misstrauensvotum

konstruktives Misstrauensvotum

Wenn der Bundestag zu dem gewählten Kanzler kein Vertrauen mehr hat, kann er ihm auf Initiative eines Viertels der Mitglieder (vgl. § 97 GeschOBT) das Misstrauen aussprechen. Dies muss allerdings nach Art. 67 I GG konstruktiv geschehen, d.h. der Bundestag muss zugleich mit der Mehrheit seiner Mitglieder einen neuen Kanzler wählen. Gelingt ihm das nicht, hat er keine Möglichkeit, den alten Kanzler abzuberufen. Wenn der Bundestag dagegen einen neuen Kanzler gewählt hat, muss der Bundespräsident auf Gesuch des Bundestages den alten Kanzler entlassen, mit dem die ganze Regierung zurücktritt, und den neuen ernennen. 291

☑

hemmer-Methode: Im Zusammenhang mit dem konstruktiven Misstrauensvotum gibt es zwei Probleme, die man zumindest für die mündliche Prüfung wissen sollte, die aber auch für das Verständnis dieses Instituts von Bedeutung sind:
Zum einen können nach h.M. durch einfachen Parlamentsbeschluss zwar Einzelheiten der Regierungsführung, nicht aber die Amtsführung des Kanzlers insgesamt förmlich missbilligt werden. Ein solches „allgemeines, nicht-konstruktives Misstrauensvotum" würde nämlich die Stellung des Bundeskanzlers ebenfalls schwächen, ohne eine personelle Alternative aufzuzeigen.
Zweitens ist zu beachten, dass es nach dem Grundgesetz kein Misstrauensvotum gegen einzelne Minister gibt. Da mit dem Kanzler aber ggf. die gesamte Regierung zurücktritt, wäre als ultima ratio zur Ablösung eines Ministers durch das Parlament möglich, dem Bundeskanzler, der an seinem Minister festhält, selbst konstruktiv das Misstrauen auszusprechen, um auf diese Weise auch den Minister „loszuwerden".

b) Vertrauensfrage

Vertrauensfrage

Der Kanzler kann aber auch von sich aus beantragen, dass das 292
Parlament ihm sein Vertrauen ausspricht. Wenn dies geschieht, wird er i.d.R. im Amt bleiben und keine Konsequenzen ziehen.

Möglichkeiten bei negativem Ausgang der Vertrauensfrage

Findet er dagegen keine Mehrheit, kann er zurücktreten oder aber nach Art. 68 I S. 1 GG dem Bundespräsidenten vorschlagen, binnen 21 Tagen den Bundestag aufzulösen. Die Auflösungsbefugnis des Bundespräsidenten erlischt, wenn der Bundestag innerhalb dieser Frist einen neuen Kanzler wählt. Stattdessen besteht aber auch die Möglichkeit, dass die Regierung beim Bundespräsidenten den Antrag stellt, für eine bestimmte Gesetzesvorlage (im Zusammenhang mit der der Kanzler insbesondere auch die Vertrauensfrage stellen konnte) den Gesetzgebungsnotstand zu erklären.[291]

Zu beachten ist, dass wegen des Art. 68 GG inhärenten Verbots der Selbstauflösung des Bundestages eine Auflösung nur erfolgen kann, wenn die Verweigerung des Vertrauens auch ernst gemeint war, also tatsächlich eine sog. politisch instabile Lage besteht, was freilich nur in engen Grenzen nachprüfbar ist.[292]

III. Bundestag

Bundestag = Parlament: zentrales Organ der repräsentativen Demokratie

Der Bundestag – das Parlament – ist die Versammlung der vom 293
Volk gewählten Volksvertreter, der Abgeordneten und das zentrale Organ der mittelbaren Demokratie: Da das Volk als Souverän nicht alle Entscheidungen selbst treffen kann, bestimmt es in periodisch wiederkehrenden Abständen seine Vertreter und überträgt diesen die Staatsgewalt (repräsentative Demokratie).

hemmer-Methode: Bei Fragestellungen anhand des Demokratieprinzips[293] ist dieser Unterschied zwischen dem Bundestag als einzigem unmittelbar demokratisch legitimierten Staatsorgan und anderen Organen, die lediglich mittelbar demokratisch legitimiert sind, u.U. von Bedeutung.

1. Wahl des Bundestages

Wahl des Bundestages

a) Nach Art. 38 I GG werden die Abgeordneten des Bundestages 294
in allgemeiner, unmittelbarer, freier, gleicher und geheimer Wahl gewählt.

---

291 Vgl. oben Rn. 276.

292 Vgl. näher mit einem Beispielsfall und m.w.N. **Hemmer/Wüst, Staatsrecht II, Rn. 235**; BVerfGE 114, 121-195, Az. 2 BvE 4/05 = **Life&Law 09/2005, 635** = **juris**byhemmer.

293 Vgl. oben Rn. 248.

Wahlrechtsgrundsätze

Die Anforderungen, die diese sog. Wahlrechtsgrundsätze an eine Wahl stellen, sind v.a. in Anfängerveranstaltungen beliebtes Prüfungsthema. Umso größere Bedeutung haben sie, als sie über Art. 28 I S. 1 u. 2 GG auch über die Bundestagswahl selbst hinaus Anwendung finden. Im Einzelnen bedeutet dabei:[294]

- **Allgemeinheit der Wahl**, dass das gesamte Volk die Chance zur verantwortlichen Mitbestimmung hat, weshalb das aktive (und auch passive) Wahlrecht grds. allen Bürgern unabhängig von z.B. Religion, Rasse, Besitzverhältnissen, etc. zustehen muss. Allerdings sind gewisse formale Wahlvoraussetzungen, die einen geordneten Ablauf der Wahl ermöglichen (z.B. das Erfordernis eines Wahlscheins), zulässig, und auch materielle Anforderungen dürfen gestellt werden, wenn sie auf zwingenden Gründen beruhen; so sieht z.B. das Grundgesetz selbst in Art. 38 II GG eine Altersgrenze (Volljährigkeit) vor.[295] 295

Art. 137 GG: Inkompatibilitäten

Außerdem sieht Art. 137 GG eine Einschränkung der Allgemeinheit der Wahl in Form von sog. Inkompatibilitätsbestimmungen vor, die im Interesse der Gewaltenteilung eine Ämterhäufung verhindern sollen.

hemmer-Methode: Unterscheiden Sie diese Inkompatibilitätsbestimmungen von der sog. Ineligibilität, also dem Verbot der Wählbarkeit. Diese ist i.d.R. unzulässig, da sie nicht erforderlich ist: Es reicht die Inkompatibilität, nach der ein Erwerber sein Amt verliert, wenn er die Wahl zu einem anderen, mit diesem nicht zu vereinbarenden Amt, annimmt.

- **Unmittelbarkeit der Wahl**, dass sich die Zusammensetzung des Parlaments möglichst nah am Willen des Volkes orientieren und nur noch der mathematische Vorgang der Stimmauswertung zwischen Wahlakt und Wahlergebnis stehen soll. Deshalb darf das Ergebnis der Wahl nur von den wahlberechtigten Bürgern selbst bestimmt werden.[296] Dadurch wäre z.B. ein Wahlmännersystem nach Art der amerikanischen Präsidentschaftswahlen unvereinbar.[297] 296

- **Freiheit der Wahl**, dass auf Wähler oder Wahlbewerber weder vor noch nach der Wahl irgendein Druck, Zwang oder sonstiger rechtswidriger Einfluss ausgeübt werden darf.[298] Ein solcher liegt freilich i.d.R. auch bei massiver Wahlpropaganda noch nicht vor. 297

- **Gleichheit der Wahl**, dass grds. jeder Bürger gleichen Anteil am Wahlergebnis nehmen kann. 298

---

[294] Ausführlicher zu den Wahlrechtsgrundsätzen **Hemmer/Wüst, Staatsrecht II, Rn. 247 ff.**

[295] Vgl. BVerfG, NVwZ 2012, 1167-1175, Az. 2 BvC 2/11 = **Life&Law 09/2013, 679** = **juris**byhemmer (Wahlrecht von im Ausland lebenden Deutschen).

[296] Vgl. BVerfGE 7, 63 (68), Az. 2 BvR 9/56 = **juris**byhemmer; vgl. auch E 3, 45-52 (49), Az. 1 BvL 67/52 = **juris**byhemmer: der Wähler müsse „das letzte Wort haben“.

[297] Vgl. BVerfGE 47, 253-285 (279 f.), Az. 2 BvR 134/76 = **juris**byhemmer.

[298] Vgl. BVerfGE 15, 165-167 (166), Az. 2 BvR 587/62 = **juris**byhemmer; E 44, 125-197 (139), Az. 2 BvE 1/76 = **juris**byhemmer; vgl. auch Erichsen, Jura 1983, 635-647 (640) m.w.N. (Fn 57).

hemmer-Methode: Hier können sich Abgrenzungsprobleme zur Allgemeinheit der Wahl ergeben: Würde das Wahlrecht völlig von einem bestimmten Besitzstand abhängig gemacht, wäre die Allgemeinheit der Wahl verletzt, dagegen wäre ein Drei-Klassen-Wahlrecht, wie es bis 1918 in Preußen galt, ein Verstoß gegen den Grundsatz der gleichen Wahl.

diff. gleicher Zählwert und gleicher Erfolgswert

Dabei ist zu unterscheiden zwischen dem gleichen Zählwert einer Stimme (also z.B. kein Drei-Klassen-Wahlrecht), vgl. o., der i.d.R. unproblematisch gegeben sein wird, und dem gleichen Erfolgswert der Stimme, der zu Schwierigkeiten führen kann:[299]

> ***Bsp.:*** *Nach der in weiten Bereichen geltenden sog. Fünf-Prozent-Klausel (vgl. z.B. § 6 III BWG) kann eine Partei Mandate nur erlangen, wenn sie mindestens fünf Prozent der Stimmen erlangt hat. Damit haben die Stimmen der Bürger, die für eine Partei mit 4,9 Prozent gestimmt haben, bei gleichem Zählwert einen ungleichen Erfolgswert, da sie letztlich unberücksichtigt bleiben. Das BVerfG sieht die Fünf-Prozent-Klauseln gleichwohl als zulässig an, da sie eine die Funktionsfähigkeit der Demokratie gefährdende Zersplitterung der Parlamente verhindern.*[300]

hemmer-Methode: Mit ein Grund für den Untergang der Weimarer Verfassung war letztlich das Fehlen einer Fünf-Prozent-Klausel. Die Funktionsfähigkeit des Parlaments konnte so teilweise nicht gewährleistet werden. Probleme mit der Erfolgswertgleichheit ergeben sich auch im Bereich der Überhangmandate nach § 6 V BWahlG.

➲ **Geheime Wahl** heißt, dass die Wahlentscheidung nach außen unbekannt bleibt. Die Geheimheit sichert erst die Freiheit der Wahl (vgl. o.) und muss, um effektiv durchgesetzt zu werden, grds. unverzichtbar sein. Zugleich muss die Wahl aber offen, das heißt für die Wähler nachvollziehbar sein.[301] *299*

diff. Mehrheitswahl und Verhältniswahl

b) Außer den Wahlrechtsgrundsätzen ist auch die grundsätzliche Entscheidung zwischen Mehrheitswahl und Verhältniswahl von Bedeutung.[302] *300*

Während bei der Mehrheitswahl aus einem Wahlkreis immer nur der eine Kandidat, der die meisten Stimmen auf sich vereinigt, ins Parlament kommt, bestimmt sich dessen Zusammensetzung bei der Verhältniswahl nach dem Anteil der Stimmen, die eine Partei insgesamt erlangen konnte:

---

299 Vgl. zum Problem der Überhangmandate BVerfG, NJW 1997, 1553-1568, Az. 2 BvF 1/95 = **juris**byhemmer; NJW 1998, 2892-2895, Az. 2 BvC 28/96 = **juris**byhemmer. Nach § 6 BWG gibt es aber der Wahl vom 22.09.2013 keine Überhangmandate mehr, sondern sog. Ausgleichsmandate.

300 Vgl. bereits BVerfGE 1, 208-261 (256 f.), Az. 2 BvH 1/52 , später z.B. E 51, 222-257 (237), Az. 2 BvR 193/79; BVerfGE, 129, 300-355 Az. 2 BvC 4/10 u.a. = **Life&Law 03/2012, 199**: **alle Entscheidungen** = **juris**byhemmer, zur Wahl zum Europaparlament. Vgl. dazu auch **Hemmer/Wüst, Staatsrecht II, Rn. 258**.

301 Aus diesem Grund ist nach BVerfG eine Wahl rein per Wahlcomputer unzulässig, BVerfG, DVBl. 2009, 511-516, Az. 2 BvC 3/07 = **Life&Law 06/2009, 411** = **juris**byhemmer.

302 Vgl. auch **Hemmer/Wüst, Staatsrecht II, Rn. 243 ff.**

Diesem Anteil entsprechend dürfen Kandidaten jeder Partei von der im Vorfeld aufgestellten Kandidatenliste ins Parlament gesandt werden.

hemmer-Methode: Das Mehrheitswahlsystem führt i.d.R. zu Zwei-Parteien-Systemen, da alle kleineren Parteien selten eine Mehrheit in einem Wahlkreis erlangen können. Da in jedem einzelnen Wahlkreis letztlich nur zählt, wer die meisten Stimmen hatte, ist dem Mehrheitswahlsystem eine große Ungleichheit des Erfolgswertes, vgl. o., immanent.

Wahlperiode: vier Jahre, Ausfluss des Demokratieprinzips

c) Die Wahlperioden betragen nach Art. 39 I S. 1 GG jeweils immer vier Jahre. Diese zeitliche Begrenzung ist ebenfalls Ausfluss des Demokratieprinzips, da dadurch sichergestellt ist, dass das Volk die einmal übertragene Staatsgewalt nicht auf alle Zeit verliert. 301

Aus diesem Grunde dürfte auch eine (grds. mögliche, freilich verfassungsändernde i.S.d. Art. 79 GG) Verlängerung nur in einem Rahmen möglich sein, der diese demokratische Funktion nicht zunichtemacht.

Nahezu einhellig wird außerdem angenommen, dass eine entsprechende Verlängerung immer erst mit Wirkung für die nächste Legislaturperiode möglich wäre,[303] da das Volk für den jeweils gewählten Bundestag die Staatsgewalt nur für die z.Zt. der Wahl vorgesehene Höchstdauer übertragen hat.

2. Funktionen des Bundestages

Befugnisse des Bundestages

Der Bundestag als unmittelbar demokratisch legitimiertes Verfassungsorgan hat nach dem Grundgesetz eine zentrale Rolle. Diese äußert sich nicht zuletzt in den drei sich ergänzenden Arten von Befugnissen, die er innehat: die Herrschaftsbestellungs-, die Gesetzgebungs- und die Kontrollfunktion:

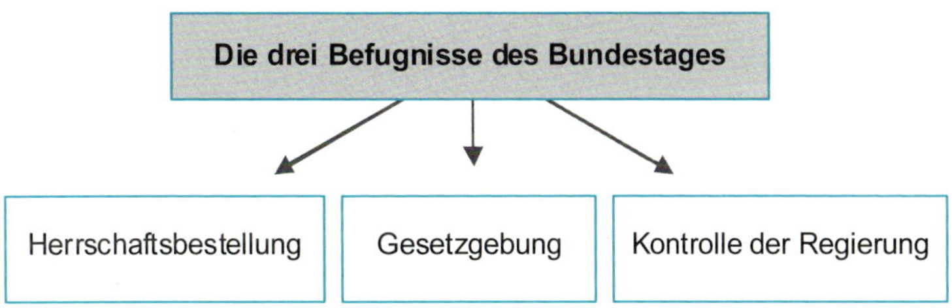

Herrschaftsbestellungsfunktion

- Seine Herrschaftsbestellungs- bzw. Wahlfunktion übt der Bundestag dadurch aus, dass er die anderen obersten Bundesorgane (mit-) bestellt und diese dadurch mittelbar demokratisch legitimiert. 302

[303] Vgl. Jarass/Pieroth, Art. 39 GG, Rn. 1 m.w.N.

Bspe.: *Der Bundestag ist beteiligt an der Bestellung des Kanzlers (vgl. oben Rn. 284), des Bundespräsidenten (vgl. oben Rn. 273) und des BVerfG.*

Gesetzgebungsfunktion

➲ Seine (zentrale) Gesetzgebungsfunktion übt der Bundestag durch Initiativrecht und Gesetzesbeschlüsse aus (vgl. o. Rn. 259 ff.); formal gehört dazu auch das klassische Parlamentsrecht der Haushaltshoheit, da die Haushaltsgesetze in der Form eines (nur-) formellen Gesetzes ergehen.[304] ***303***

Kontrollfunktion

➲ Seine Kontrollfunktion kann der Bundestag durch vielfältige Rechte v.a. der Regierung gegenüber ausüben, z.B. das Zitationsrecht des Art. 43 I GG, das Zustimmungserfordernis für manche völkerrechtlichen Verträge nach Art. 59 II GG, die Regierungskontrolle bei konstruktivem Misstrauensvotum und die Vertrauensfrage (vgl. oben Rn. 291 f.). ***304***

Untersuchungsausschüsse

Eine besonders effektive und im Einzelfall auch klausurrelevante Kontrollmöglichkeit ist die Einsetzung sog. Untersuchungsausschüsse nach Art. 44 GG.[305] Wichtig ist dabei die Unterscheidung zwischen sog. Mehrheitsenquête (durch Mehrheitsbeschluss) und Minderheitsenquête (auf Antrag von mindestens einem Viertel der Mitglieder, auch gegen den Willen der Mehrheit, die deshalb beim Einsetzungsbeschluss auch den Antrag der Minderheit nicht verändern darf, etwa durch Erweiterung des Untersuchungsgegenstandes, § 2 PUAG[306]).

Bei der Festlegung des Untersuchungsgegenstandes ist zu beachten, dass der Untersuchungsausschuss nicht mehr Kompetenzen haben kann als der Bundestag selbst, sodass sich thematische Einschränkungen aus dem Bundesstaatsprinzip (z.B. bei ausschließlicher Länderzuständigkeit) oder dem Gewaltenteilungsgrundsatz (z.B. keine Eingriffe in den Kernbereich der Regierung) ergeben können, vgl. § 1 III PUAG.

3. Sonstiges[307]

GeschOBT

a) Von einer gewissen praktischen Bedeutung ist die Geschäftsordnung des Bundestages (GeschOBT), die sich jeder neu gewählte Bundestag gibt. In der Klausur wird sie allerdings selten eine Rolle spielen. ***305***

Wissen sollte man, dass diese GeschOBT als nach h.M. satzungsähnliches Recht im Kollisionsfalle natürlich die Verfassung nicht verdrängen kann, dass aber die Konkretisierungen des Grundgesetzes, die durch die GeschOBT vorgenommen werden, weitgehend als verfassungskonform anerkannt werden.

---

304 Zu Haushaltsplan und Haushaltsgesetzen vgl. auch **Hemmer/Wüst, Staatsrecht II, Rn. 302 ff.**

305 Vgl. dazu näher **Hemmer/Wüst, Staatsrecht II, Rn. 266 ff.**

306 Sartorius, Nr. 6.

307 Näheres zu den im Folgenden angedeuteten Einzelproblemen findet sich in **Hemmer/Wüst, Staatsrecht II, Rn. 274 ff.**

Fraktionen im Bundestag

b) Ebenfalls von großer praktischer Bedeutung sind die Fraktio- 306
nen im Bundestag, welche regelmäßig von den „Parteien im Parlament" gebildet werden.[308] Für die Klausur von Bedeutung ist v.a., dass diese Fraktionen antragsberechtigt im Organstreitverfahren sein können (vgl. o. Rn. 13). Die Ausschüsse im Bundestag außer dem Untersuchungsausschuss (vgl. o.) haben i.d.R. keine Klausurrelevanz.

Abstimmungen: § 45 I GeschOBT zur Beschlussfähigkeit

c) Bei den Abstimmungen des Bundestages ist zu beachten, 307
dass er nach § 45 I GeschOBT an sich zwar nur beschlussfähig ist, wenn die Hälfte seiner Mitglieder anwesend ist. Allerdings besteht dafür gleichsam eine Vermutung, d.h. nach § 45 II, III GeschOBT muss die Beschlussunfähigkeit auf Antrag einer Fraktion bzw. von fünf Prozent der Mitglieder festgestellt werden, sodass in der Praxis zumeist erheblich weniger Mitglieder als die Hälfte anwesend sind.

Sollten sich in einem Sachverhalt längere Ausführungen über das Abstimmungsverhalten über ein Gesetz oder eine Maßnahme finden, ist es bei der Prüfung der formellen Gesetz- bzw. Verfassungsmäßigkeit ratsam zu überprüfen, welche Form der Mehrheit durch das Grundgesetz vorgeschrieben ist und ob diese eingehalten wurde.

> **Bspe.:** *Es gibt die Anordnung der einfachen und der absoluten Mehrheit, wobei letztere hier die Mehrheit der Stimmen der Mitglieder des Bundestages bedeutet. Die gleiche Unterscheidung wird zwischen einfacher und qualifizierter Zwei-Drittel-Mehrheit getroffen, welche erforderlich sein können.*

Stellung des einzelnen, insb. des fraktionslosen Abgeordneten

d) Die Stellung des einzelnen Abgeordneten wird durch 308
Art. 38 I S. 2 GG bestimmt, nach dem diese „Vertreter des ganzen Volkes, an Aufträge und Weisungen nicht gebunden und nur ihrem Gewissen unterworfen" sind. Konflikte können entstehen zwischen diesem für die repräsentative Demokratie wesentlichen Postulat und der für die praktische Bewältigung der Aufgaben des Parlaments fast unerlässlichen Fraktionsdisziplin.

Besonders für den Sonderfall eines fraktionslosen Abgeordneten[309] ist von Bedeutung, dass jedem Abgeordneten das Stimm- und in gewissen (freilich engen) Grenzen auch ein Rederecht im Plenum zusteht; in den Ausschüssen hat der einzelne fraktionslose Abgeordnete dagegen (umgekehrt) keinen Anspruch auf ein Stimmrecht, dafür aber ein Rederecht in zumindest einem Ausschuss.

Immunität und Indemnität

Die Abgeordneten des Bundestages genießen ferner nach Art. 46 I, II GG Immunität und Indemnität.[310]

---

308 Vgl. BGH, NJW 1998, 3047-3049, Az. VI ZR 205/97 = **juris**byhemmer.

309 Grundlegend zum fraktionslosen Abgeordneten BVerfGE 80, 188-244 (190 ff.), Az. 2 BvE 1/88 = **juris**byhemmer; vgl. zu den wichtigsten Aspekten auch **Hemmer/Wüst, Staatsrecht II, Rn. 289 ff.**

310 Näher **Hemmer/Wüst, Staatsrecht II, Rn. 287 f.**

2. KAPITEL: STAATSHAFTUNGSRECHT

Staatshaftungsrecht: mangels StHG letztlich Ansammlung verschiedener, z.T. gewohnheitsrechtlicher Anspruchsgrundlagen

Das Staatshaftungsrecht ist nach der Verwerfung des Staatshaftungsgesetzes aus dem Jahre 1981 durch das BVerfG[311] weiterhin nicht zusammenhängend kodifiziert, sondern wird durch verschiedene gesetzliche, v.a. aber richterrechtlich entwickelte Institute beherrscht.[312] Allerdings ist darauf hinzuweisen, dass 1994 mit Art. 74 I Nr. 25 GG eine konkurrierende Kompetenzzuweisung für den Bundesgesetzgeber ins Grundgesetz aufgenommen wurde,[313] sodass ein neues Staatshaftungsgesetz nun denkbar erscheint, nachdem das StHG[314] von 1981 v.a. aus kompetenzrechtlichen Gründen verworfen worden war. 309

Anspruchsgrundlagen

Nach der z.Zt. noch geltenden Rechtslage können dem Staatshaftungsrecht v.a. folgende Ansprüche zugerechnet werden:[315]

- die Amtshaftung, § 839 BGB i.V.m. Art. 34 GG,
- der Folgenbeseitigungsanspruch,
- die Enteignungsentschädigung nach Art. 14 III GG,[316]
- Haftung für enteignenden und enteignungsgleichen Eingriff,
- der Aufopferungsanspruch.

§ 1 AMTSHAFTUNGSANSPRUCH, § 839 BGB I.V.M. ART. 34 GG[317]

§ 839 BGB i.V.m. Art. 34 GG: Amtshaftungsanspruch

Anspruchsgrundlagen für den gegen den Staat gerichteten Amtshaftungsanspruch sind § 839 BGB und Art. 34 GG, die zusammen gelesen werden müssen: § 839 BGB statuiert danach als Ausgangspunkt eine Haftung des Beamten, die nach Art. 34 GG auf den Staat übergeht. 310

---

311 E 61, 149-208, Az. 2 BvF 1/81 = **juris**byhemmer.

312 Ossenbühl (Staatshaftungsrecht, 2) bezeichnet das Staatshaftungsrecht als „gewachsenes Chaos".

313 Vgl. auch **Hemmer/Wüst, Staatsrecht II, Rn. 154**. Es handelt sich dabei um den einzigen Kompetenztitel in Art. 74 GG, bei dem die Zustimmung des Bundesrates vorgeschrieben ist.

314 Zu den Regelungen des StHG von 1981 vgl. z.B. Bender, Staatshaftungsrecht, 3. Auflage, 1981.

315 Des Weiteren wäre zu denken an spezialgesetzliche Haftungstatbestände (z.B. die Haftung für Tumultschäden), an Gefährdungshaftungstatbestände, die auch den Staat treffen können (§ 7 StVG, § 25 AtomG), an vertragliche Schadensersatzansprüche oder Ansprüche aus öffentlich-rechtlicher GoA. Allerdings sollen diese Randgebiete hier ebenso unberücksichtigt bleiben, wie die ebenfalls im weitesten Sinne zur Staatshaftung zählenden öffentlich-rechtlichen Unterlassungs- und Erstattungsansprüche; einen interessanten Fall zur Amtshaftung in seinen Bezügen zur öffentlich-rechtlichen Verwahrung und öffentlich-rechtlichen GoA entschied das OLG Köln, NVwZ 1994, 618, Az. 7 U 83/93 = **juris**byhemmer.

316 Vgl. oben Rn. 218 f.

317 Zur Haftung nach § 839 BGB vgl. auch **Hemmer/Wüst, Staatshaftungsrecht, Rn. 7 ff.**

Art. 34 GG stellt demnach eine befreiende Schuldübernahme dar.

Prüfungsschema

Für den Anspruch aus § 839 BGB i.V.m. Art. 34 GG sind folgende Merkmale zu prüfen:

<u>Prüfungsschema § 839 BGB i.V.m. Art. 34 GG:</u>

A) Handeln eines Amtsträgers

B) Ausübung eines öffentlichen Amtes

C) Verletzung einer Amtspflicht

D) Drittbezogenheit der Amtspflicht

E) Verschulden

F) Schaden

G) Haftungsbeschränkungen

A) Handeln eines Amtsträgers

Handeln eines Amtsträger (beachte: haftungsrechtlicher Beamtenbegriff)

§ 839 BGB spricht von der Haftung eines Beamten. Für die dort vorgesehene Eigenhaftung des Beamten (die z.B. bei fiskalischem Handeln von Bedeutung ist) ist dieser Begriff auch eng i.S. eines Beamten im statusrechtlichen Sinne (vgl. §§ 4, 10 BBG) auszulegen. Soweit es dagegen um die Haftung des Staates geht, ist der Beamtenbegriff in Anlehnung an Art. 34 GG nach ganz h.M. weit auszulegen und erfasst jeden, dem die zuständige Stelle die Ausübung eines öffentlichen Amtes anvertraut hat, sog. Beamter im haftungsrechtlichen Sinn.[318] Dies können auch Angestellte und Arbeiter sein, Personen in besonderen öffentlich-rechtlichen Amtsverhältnissen (z.B. Minister oder Gemeinderäte) oder sogar Privatpersonen, die öffentlich rechtliche Aufgaben wahrnehmen (Verwaltungshelfer oder Beliehene; s.u.).[319] *311*

B) Ausübung eines öffentlichen Amtes

Ausübung eines öffentlichen Amtes (nicht nur Handeln bei Gelegenheit der Amtsausübung)

Die schädigende Handlung muss „in Ausübung" des öffentlichen Amtes erfolgen, d.h. mit ihr in einem inneren und äußeren Zusammenhang stehen. Damit ist die Ausübung öffentlicher Gewalt i.S. eines hoheitlichen Tätigwerdens gemeint, sodass insbesondere fiskalisches Handeln nicht genügt. Bei privatrechtlichem Handeln ist allein § 839 BGB (i.V.m. dem engen Beamtenbegriff) einschlägig. *312*

---

318 Vgl. Czybulka/Jeand'Heur, JuS 1992, 396-401 (397); krit. zu dieser Begrifflichkeit, aber in der Sache ebenso Arndt/Zinow, JuS 1993, L 17 (18); zum Beamtenbegriff in § 839 BGB auch Palandt, § 839 BGB, Rn. 27 ff.

319 Vgl. dazu auch **Hemmer/Wüst, Deliktsrecht II, Rn. 265**; gerade das Problem der Verwaltungshelfer ist eines der schwierigsten überhaupt!

Nicht ausreichend ist ferner ein Handeln bei Gelegenheit der Amtsausübung.

hemmer-Methode: Z.T. wird die Prüfung des Amtsträgers auch in diesen Prüfungsschritt mit einbezogen, was der Sache nach natürlich keinen Unterschied macht.
Bei der Abgrenzung, ob die Schädigung „in Ausübung" oder nur „bei Gelegenheit" des Amtes erfolgte , können Sie, z.B. bei der an sich rechtlich indifferenten Teilnahme am Straßenverkehr, auf Ihr Wissen zur ähnlich gelagerten Frage bei §§ 278, 831 BGB (vgl. Hemmer/Wüst, Basics-Zivilrecht I/1, Rn. 447), sowie zur Abgrenzung von öffentlich-rechtlichem und privatrechtlichem Handeln im Zusammenhang mit § 40 VwGO zurückgreifen.

Staatshaftung f. private Unternehmer

Problematisch kann die Staatshaftung für das Handeln privater Unternehmer sein:

Bsp.:[320] *Nachdem ein unbekannt gebliebener Fahrer seinen Opel Commodore in den Straßengraben manövriert hatte, beauftragten die zuständigen Polizeibeamten den Abschleppunternehmer A, das Fahrzeug zu bergen. Dieser versuchte, den Wagen an einem Stahlabschleppseil aus dem Graben zu ziehen. Als sich das Abschleppfahrzeug gerade auf der Gegenfahrbahn befand, raste Susi Schnell (S) mit ihrem VW-Käfer auf die schuldhaft ungesicherte Bergungsstelle zu und das nun quer über die Straße verlaufende Stahlseil trennte die Dachholme des Käfers ganz und den Hals der S fast durch. S verlangt vom Bundesland L Schadensersatz, da diesem „das fahrlässige Verhalten des A zuzurechnen sei".*

Die Frage nach der Zurechnung von durch privatrechtlichen Vertrag eingeschalteten Firmen war und ist umstritten.[321] Der BGH prüft in einer Art wertender Abgrenzung, ob der Staat in einem solchen Maße auf die Durchführung der Arbeit Einfluss nimmt, dass sie die Arbeiten des privaten Unternehmers wie eigene gegen sich gelten lassen muss (sog. Werkzeugtheorie). Zumindest für den Bereich von Vollstreckungshandlungen bzw. sogar für die gesamte Eingriffsverwaltung geht der BGH aber nun davon aus, dass eine Zurechnung generell stattzufinden hat, da der Private gleichsam als Erfüllungsgehilfe tätig wird und somit einem Verwaltungshelfer nahekommt. Der Staat soll sich zudem seiner öffentlich-rechtlichen Haftung aus § 839 BGB, Art. 34 GG nicht durch Einschaltung eines Privaten entziehen können.

320 Nach BGHZ 121, 161-168, Az. III ZR 189/91 (Opel-Commodore-Fall) = **juris**byhemmer.

321 Vgl. die Nachweise bei BGH, BayVBl. 1993, 475 (476), Az. III ZR 189/91.

C) Verletzung einer Amtspflicht

Verletzung einer Amtspflicht

Des Weiteren muss eine Amtspflicht verletzt worden sein. Streng dogmatisch gesehen ist Anknüpfungspunkt also keine Pflicht des Staates gegenüber dem Bürger, sondern eine Pflicht des Amtsträgers gegenüber seinem Dienstherren (welche freilich drittschützend sein muss, vgl. sogleich unten). Dabei geben weder § 839 BGB noch Art. 34 GG Auskunft über Inhalt und Umfang dieser Amtspflichten. Die Rechtsprechung hat jedoch einen umfangreichen Kanon von Amtspflichten entwickelt. 313

Bspe.[322] *sind die Pflichten zu recht- und gesetzmäßigem Handeln, zur fehlerfreien Ermessensausübung, zur sachlichen und unvoreingenommenen Entscheidung, zur Beachtung (nicht unbedingt Befolgung!) höchstrichterlicher Rechtsprechung, zur Schonung unbeteiligter Dritter und zur richtigen, unmissverständlichen und vollständigen Auskunftserteilung.*

hemmer-Methode: Die wichtigsten Fallgruppen sollten Sie sich für die Klausur merken, im Übrigen ist ein bisschen juristische Vorstellungskraft erforderlich, um zu einer gut vertretbaren Amtspflicht zu kommen.
Ein besonders interessantes Problem stellt die Amtspflichtverletzung durch Unterlassen dar: Eine solche ist nur denkbar, wenn und soweit eine nicht durch das Opportunitätsprinzip beschränkte Rechtspflicht zum Handeln besteht. Dies ist also auf Extremfälle beschränkt.[323]

Eine klausurrelevante Amtspflicht ist auch die des Gemeinderates zur Anwendung der erforderlichen Sorgfalt bei der Planung i.R.d. gemeindlichen Bauleitplanung, jedenfalls im Bereich der Planungsleitlinie des § 1 VI S. 2 Nr. 1 BauGB. 314

D) Drittbezogenheit der Amtspflicht

Drittbezogenheit der Amtspflicht und Fallen in Schutzbereich

Damit der Geschädigte aus der Amtspflichtverletzung Ansprüche ableiten kann, muss es sich um eine drittbezogene Amtspflicht handeln und der Geschädigte muss auch in deren Schutzbereich fallen. 315

hemmer-Methode: Auch insoweit wäre es genauso möglich, die beiden Prüfungspunkte zu einem Punkt „Verletzung einer drittbezogenen Amtspflicht" zusammenzuziehen.

Merkmal der Drittbezogenheit

Das Merkmal der Drittbezogenheit wirkt also haftungsbegrenzend und ist durch Auslegung der Amtspflicht bzw. der diese begründenden Rechtsnorm zu ermitteln.

---

322 Vgl. auch (jeweils m.w.N.) die Auflistungen bei **Hemmer/Wüst, Deliktsrecht II, Rn. 267a**, sowie Battis, Rn. 403.

323 OLG Hamm, Urteil vom 18.01.2019, 11 U 153/17 = **Life&Law 08/2019, 559 = juris**byhemmer.

Dabei kann man i.d.R. solche Amtspflichten als drittbezogen begreifen, die zumindest auch subjektiv-öffentlichen Rechtspositionen des Bürgers dienen sollen, dagegen nicht solche Pflichten, die nur im öffentlichen Interesse bestehen. Abgrenzungskriterium kann außerdem (ähnlich wie bei drittschützenden Normen i.R.d. § 42 II VwGO) der gegenüber der Allgemeinheit abgrenzbare Adressaten- bzw. Begünstigtenkreis einer Norm sein.

Bsp.: *Ist zur Ausführung eines Bundesgesetzes (bspw. eines Rahmengesetzes) ein Ausführungsgesetz der Länder erforderlich, könnte man eine Amtspflichtverletzung eines Landesparlamentes darin sehen, dass dieses das Gesetz nicht erlässt. Allerdings besteht die Pflicht, ein bestimmtes Gesetz zu erlassen i.d.R. gegenüber einem unbestimmten Adressatenkreis und dient nicht den subjektiven Rechten Einzelner, weshalb eine Haftung für legislatives Unrecht häufig ausscheidet. Dagegen besteht nach h.M. die oben angesprochene Pflicht bei der Bauleitplanung auch gerade zugunsten der (zumindest dinglich) Berechtigten an den von der Planung betroffenen Grundstücken.*

Dritter in Schutzbereich der Pflicht?

316 Des Weiteren ist erforderlich, dass der Dritte in den Schutzbereich dieser Amtspflicht fällt. Diese Feststellung ist dann einfach, wenn man die Drittbezogenheit gerade mit dem Schutz derjenigen Gruppe begründet hat, in die auch der Geschädigte fällt.

Im Beispiel der fehlerhaften Bauleitplanung fällt also der Grundstückseigentümer unproblematisch in den Schutzbereich der Amtspflicht. Beim Mieter eines entsprechenden Grundstücks bedürfte es dagegen einer näheren Begründung.

auch Schaden im Schutzbereich?

317 Schließlich muss auch der geltend gemachte Schaden nicht nur kausal durch die Amtspflichtverletzung verursacht worden sein, sondern gerade auch in den Schutzbereich der Amtspflicht fallen.

Im Beispiel der fehlerhaften Bauleitplanung, z.B. der Überplanung eines kontaminierten Altlastengebietes, fallen also Schäden aus Gesundheitsbeeinträchtigungen jedenfalls in den Schutzbereich einer aus § 1 VI S. 2 Nr. 1 BauGB („allgemeine Anforderungen an gesunde Wohnverhältnisse"), ebenso Schäden, die daraus entstehen, dass gebaute Gebäude wegen der Gesundheitsgefahr nicht genutzt werden können. Dagegen soll nach Auffassung des BGH ein Schaden nicht erfasst sein, der aus einer generellen Wertminderung von Altlastengrundstücken erwächst.[324]

hemmer-Methode: Hier können Sie in der Klausur hervorragend Ihr Verständnis und Ihre juristische Argumentationsfähigkeit prüfen. Fragen des Schutzbereiches sind immer Wertungsfragen!

[324] Vgl. BGH, DVBl. 1993, 433-435, Az. III ZR 114/91 = **juris**byhemmer.

Unterscheiden Sie also nochmals folgende Prüfungsschritte:
- **Liegt überhaupt eine drittwirkende Amtspflicht vor?**
- **Fällt der Dritte in den geschützten Personenkreis?**
- **Fällt der geltend gemachte Schaden in den Schutzbereich?**

Sehen Sie hier auch die parallele Problematik bei der Schutznorm i.S.d. § 823 II BGB! Lernen Sie, in Zusammenhängen zu denken, und haushalten Sie dadurch mit Ihrer „Speicherkapazität"!

An der Drittbezogenheit scheitert grds. eine Haftung für gesetzgeberisches Unrecht. Eine klausurrelevante Ausnahme stellt die Haftung für die Nichtumsetzung von EU-Richtlinien bzw. die Nichtanpassung von deutschem Recht an EU-Recht dar.[325] Hier gebietet Europarecht eine Schadensersatzpflicht des Staates, wenn ein qualifizierter Verstoß gegen dem Einzelnen Rechte verleihendes Europarecht gegeben ist, wobei strittig ist, ob es sich um einen eigenständigen europarechtlichen Anspruch oder um eine Modifikation des § 839 BGB handelt.

E) Verschulden

Verschulden

Der Amtswalter muss schuldhaft i.S.d. § 276 BGB, also vorsätzlich oder fahrlässig gehandelt haben. Maßstab ist dabei ein pflichtgetreuer Durchschnittsbeamter, wobei eine Amtspflichtverletzung ein Verschulden indiziert. **318**

nach Rspr. kein Verschulden, wenn von Kollegialgericht bestätigt

In der Klausur kann die Rechtsprechung von Bedeutung sein, nach der ein Verschulden des Beamten regelmäßig nicht anzunehmen ist, wenn im Instanzenzug ein Kollegialgericht seine Auffassung geteilt hatte, da von ihm kein weitergehendes Erkennen seiner Amtspflichten verlangt werden kann (str.).[326]

F) Schaden

Schaden

Der Betroffene hat einen Ersatzanspruch (selbstverständlich) nur, soweit ihm ein Vermögensschaden entstanden ist, welcher für § 839 BGB aber auf keiner Verletzung einer der in § 823 I BGB aufgezählten Rechtsgüter basieren muss. **319**

G) Haftungsausschlüsse

Haftungsausschlüsse

Wie auch bei anderen Ansprüchen kann bei § 839 BGB i.V.m. Art. 34 GG der Ersatzanspruch nach § 254 BGB gemildert werden, wenn ein Mitverschulden des Geschädigten vorliegt. Es sind aber noch andere Haftungsausschlüsse bzw. Beschränkungen zu beachten, die große Bedeutung für die Klausur haben können: **320**

325 Vgl. hierzu BGH, NJW 1997, 123-126, Az. III ZR 127/91 = **juris**byhemmer. Vgl. auch **Hemmer/Wüst, Europarecht, Rn. 382 ff.**

326 Vgl. dazu Schwager-Krohn, DVBl. 1990, 1077-1089 (1084 m.w.N.).

I. Subsidiaritätsklausel, § 839 I S. 2 BGB

Subsidiaritätsklausel

Fällt dem Amtswalter nur Fahrlässigkeit zur Last, ist nach § 839 I S. 2 BGB ein Anspruch ausgeschlossen, wenn der Geschädigte auf andere Weise Ersatz erlangen kann. 321

Bedeutung hatte § 839 I S. 2 BGB v.a. für die Eigenhaftung des Beamten, um dessen Entschlussfreudigkeit nicht zu sehr einzuschränken. Mit der Überleitung der Haftung auf den Staat über Art. 34 GG hat die Vorschrift eigentlich ihren Sinn verloren und dient insoweit nur (sinnwidrig) fiskalischen Interessen. Gleichwohl wendet die h.M. § 839 I S. 2 BGB weiter an, legt ihn aber einschränkend aus.

Das sog. Verweisungsprivileg kommt damit nicht zur Anwendung bei[327]

- vom Geschädigten „erkauften“ anderen Anspruchsmöglichkeiten, z.B. Versicherungen: Deren Zweck ist es nicht, den Fiskus zu entlasten,
- Ersatzansprüchen, die sich gegen einen anderen Verwaltungsträger richten würden (insoweit „Einheit der öffentlichen Hand“),
- Amtshaftungsansprüchen, die aus dem Straßenverkehr bzw. der Verletzung öffentlich-rechtlicher Verkehrssicherungspflichten erwachsen: Insoweit gilt der Grundsatz der Gleichbehandlung im Straßenverkehr.

II. Spruchprivileg, § 839 II BGB

Spruchrichterprivileg (soll v.a. Rechtskraft schützen)

Nach § 839 II BGB ist ferner eine Amtshaftung eines Richters für seine Entscheidungen nur in engen Grenzen möglich. Diese Vorschrift soll weniger den Richter als vielmehr die Aufrechterhaltung von rechtskräftigen Urteilen schützen und ist in der Klausur i.d.R. nicht von großer Bedeutung. 322

§ 839 II BGB kommt allerdings nicht zur Anwendung, soweit der Richter EU-Recht verletzt hat.

III. Rechtsmittelversäumnis, § 839 III BGB

Rechtsmittelversäumnis (nicht nur § 254 BGB, sondern Ausschluss)

Außerdem ist nach § 839 III BGB – insoweit als strengere Spezialvorschrift zu § 254 BGB – eine Ersatzpflicht ausgeschlossen, wenn der Geschädigte es versäumt hat, den Schaden durch die rechtzeitige Einlegung von Rechtsmitteln abzuwenden. 323

---

327 Vgl. dazu auch **Hemmer/Wüst, Deliktsrecht II, Rn. 271**.

Dabei ist der Begriff des Rechtsmittels hier im untechnischen, weiten Sinn zu verstehen. Allerdings muss seine Einlegung zumutbar und die Nichteinlegung schuldhaft gewesen sein.

IV. Sonstige Haftungsbeschränkungen, Art. 34 GG

sonstige Haftungsausschlüsse im Einzelnen str.

Außerhalb des § 839 BGB sind nach h.M. auch über die Brücke des Art. 34 GG Haftungsbeschränkungen möglich, da nach seinem Wortlaut der Staat nur „grundsätzlich" haftet. Möglich sind v.a. Haftungsbeschränkungen durch formelle Gesetze, z.B. § 19 I S. 4 BNotO. 324

Dagegen soll nach h.M. eine Beschränkung durch gemeindliche Satzungen nicht ohne weiteres möglich sein, vielmehr liegt die verfassungsrechtlich begründete Staatshaftung außerhalb der Reichweite örtlichen Satzungsrechts.

Eine wirksame Beschränkung durch gemeindliche Satzung ist deshalb allenfalls möglich, wenn dafür eine formell-gesetzliche Ermächtigung besteht, was sich möglicherweise aber auch einmal aus der Ermächtigung zum Satzungserlass überhaupt ergeben könnte.[328]

H) Anspruchsgegner/Passivlegitimation

Anstellungs-, sonst Anvertrauenstheorie

Eine Rolle in der Klausur kann auch die Frage spielen, welche Körperschaft nach § 839 BGB i.V.m. Art. 34 GG haftet: 325

Dabei gilt nach h.M. grds. die Anstellungskörperschaft (sog. Anstellungstheorie) als Anspruchsgegner. Wenn die betreffende Körperschaft eine Doppelstellung hat (wie z.B. das Landratsamt in Bayern), ist der Anspruch gegen diejenige Körperschaft gerichtet, deren Aufgaben der Amtsträger bei der Pflichtverletzung wahrgenommen hat (sog. Funktionstheorie), vgl. Art. 35 III BayLKrO. In übrigen Zweifelsfällen, so z.B. bei beliehenen Unternehmern, haftet die Körperschaft, die dem Amtswalter die Aufgabe anvertraut hat (sog. Anvertrauenstheorie).

I) Haftung außerhalb von Amtspflichtverletzungen

Haftung außerhalb von Amtspflichtverletzungen

Betont sei hier abschließend noch einmal, dass die Ausführungen zu § 839 BGB i.V.m. Art. 34 GG für die Haftung des Staates für Amtspflichtverletzungen in Ausübung hoheitlicher Gewalt gelten, nicht aber in vollem Umfang für die Eigenhaftung des Amtsträgers, sowie für die Haftung bei fiskalischem Handeln. 326

---

328 So in einem Fall BayVGH, BayVBl. 1985, 407-409, Az. 5 B 83 A.1134; ablehnend BGHZ 61, 7-17, Az. III ZR 68/71 = **juris**byhemmer.

Zur Einordnung in diesen Zusammenhang mag folgende Übersicht dienen:

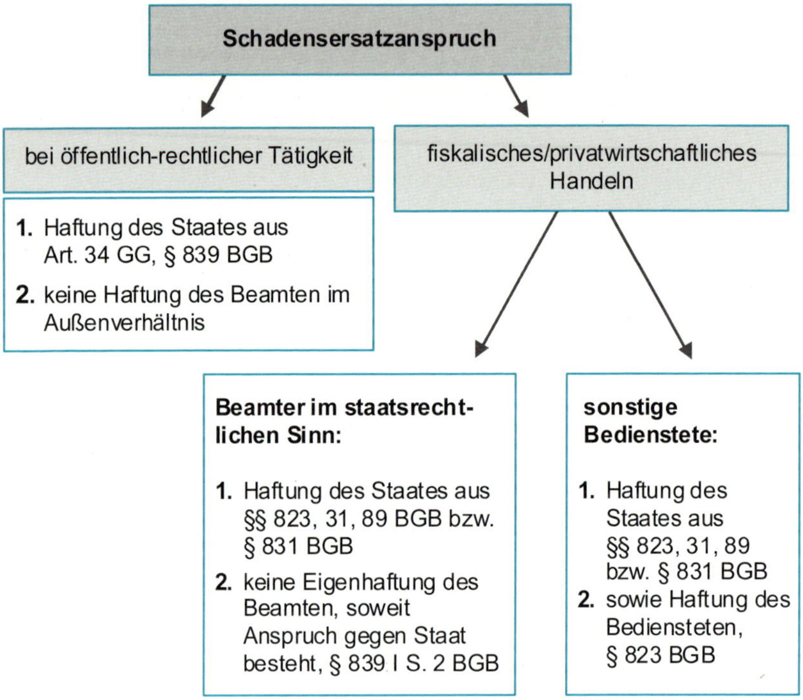

Handelt ein öffentlich Bediensteter im privatrechtlichen Bereich, 327
so ergibt sich eine Haftung der öffentlich-rechtlichen Körperschaft in keinem Fall aus Art. 34 GG. Vielmehr ist zu differenzieren:

- Hat ein Beamter im Sinne der Beamtengesetze (Beamter im staatsrechtlichen Sinne) gehandelt, so haftet der Staat für leitende Beamte nach §§ 823, 31, 89 BGB, für bloße Verrichtungsgehilfen nach § 831 BGB. Die Haftung des Beamten ergibt sich zwar grundsätzlich aus dem auch hier geltenden § 839 I BGB, doch wird er nach § 839 I S. 2 BGB befreit, soweit ein Anspruch gegen den Staat aus den oben genannten Vorschriften besteht.

- Hat ein sonstiger Bediensteter (Arbeiter oder Angestellter im öffentlichen Dienst) privatrechtlich gehandelt, so haftet die öffentlich-rechtliche Körperschaft in der Regel aus § 831 BGB, ausnahmsweise auch aus §§ 823, 31, 89 BGB. Der Bedienstete selbst ist nicht Beamter im staatsrechtlichen Sinne, sodass § 839 BGB nicht gilt. Er haftet vielmehr daneben aus § 823 BGB ohne eine dem § 839 BGB vergleichbare Befreiungsmöglichkeit.[329]

[329] Vgl. dazu auch **Hemmer/Wüst, Deliktsrecht II, Rn. 265**.

hemmer-Methode: Die Unterscheidung zwischen privatrechtlichem oder öffentlich-rechtlichem Handeln ist also Weichen stellend für die Klausur. Beweisen Sie daher dem Korrektor, dass Sie die Systematik der Amtshaftungsvorschriften beherrschen, indem Sie (u.U. nur in einem Nebensatz) auf dieses Problem hinweisen. Andererseits gilt hier ebenso wie bei § 40 VwGO: Das Aufzählen der Abgrenzungstheorien zwischen öffentlichem Recht und Privatrecht in unproblematischen Fällen führt zu Punktabzug. In der Regel können (und müssen) Sie sich daher mit einer kurzen Feststellung, dass aufgrund hoheitlichen Handelns der Anwendungsbereich der Art. 34 GG, § 839 BGB eröffnet ist, begnügen.

J) Ansprüche aus verwaltungsrechtlichem Schuldverhältnis

verwaltungsrechtliches Schuldverhältnis

Neben die Ansprüche aus § 839 BGB, Art. 34 GG kann ein Schadensersatzanspruch aus Pflichtverletzung in einem verwaltungsrechtlichen Schuldverhältnis treten, §§ 241 II, 280 I BGB. 327a

Das Institut des verwaltungsrechtlichen Schuldverhältnisses (sog. öffentlich-rechtliche Sonderverbindung) ist entwickelt worden für die Fälle, in denen ein Bedürfnis für die Heranziehung der zivilrechtlichen Regeln über die Vertragshaftung, insbes. §§ 278, 280 I S. 2 BGB, besteht, weil ein besonders enges Verhältnis Bürger - Staat vorliegt.

enges Verhältnis Bürger-Staat

Es muss dafür ein besonders enges Verhältnis zwischen Bürger und Staat bestehen, welches Anlass zu einer gesteigerten Rechts- und Pflichtenstellung gibt, die über die allgemeinen deliktischen Beziehungen hinausgeht. 327b

Allgemein anerkannt sind:

- *öffentlich-rechtliche Verwahrung*
- *öffentlich-rechtliche GoA*
- *öffentlich-rechtliche Benutzungs- u. Leistungsverhältnisse*
- *öffentlich-rechtliche Dienstverhältnisse*
- *öffentlich-rechtliche Verträge, vgl. Art. 62 BayVwVfG*

K) Europarechtlicher Haftungsanspruch[330]

Haftung bei Verletzung von Europarecht

Die Mitgliedstaaten sind aus dem Grundsatz der Gemeinschafts- 327c
treue verpflichtet, die volle Wirksamkeit des Europarechts zu gewährleisten und die Rechte zu schützen, die das Gemeinschaftsrecht dem Einzelnen verleiht.[331] Diese Rechte wären beeinträchtigt, wenn der Einzelne für den Fall, dass seine Rechte durch einen einem Mitgliedstaat zuzurechnenden Verstoß gegen das Gemeinschaftsrecht verletzt werden, nicht die Möglichkeit hätte, eine Entschädigung zu erlangen.

Aus diesem Grund muss es bei der Verletzung von Europarecht nach der Rechtsprechung des EuGH einen Anspruch unter folgenden Voraussetzungen geben:

Voraussetzungen

- wenn die Rechtsnorm, gegen die verstoßen worden ist, be- 327d
  zweckt, dem Einzelnen Rechte zu verleihen,
- wenn der Verstoß hinreichend qualifiziert ist und
- wenn zwischen dem Verstoß und dem entstandenen Schaden ein unmittelbarer Kausalzusammenhang besteht.[332]

hemmer-Methode: Diese Voraussetzungen sind abschließend. Für Haftungseinschränkungen wie in § 839 I S. 2, II BGB ist daneben kein Raum.

qualifizierter Verstoß erforderlich

Ein qualifizierter Verstoß im Sinne dieser Voraussetzungen ist 327e
dann gegeben, wenn ein Organ oder Mitgliedstaat bei der Rechtsetzung die Grenzen, die der Ausübung seiner Befugnisse gesetzt sind, offenkundig und erheblich überschritten hat. Bei Nichtumsetzung von Richtlinien liegt ein hinreichend qualifizierter Verstoß immer vor, da bzgl. der Umsetzung der Richtlinie als solches kein Ermessen des Mitgliedstaates besteht.[333] In allen anderen Fällen kommt es auf den Einzelfall an.

Dabei fließen in die Prüfung ein:[334]

- Maß an Klarheit und Genauigkeit der verletzten Vorschrift
- Umfang des Ermessenspielraums
- Vorsätzlichkeit des Verstoßes oder der Schadensherbeiführung
- Entschuldbarkeit des Rechtsirrtums
- eventueller Beitrag des Verhaltens (Mitverschuldens) eines Gemeinschaftsorgans

---

330 Ausführlich hierzu **Hemmer/Wüst, Basic-Europarecht, Rn. 214 ff.**

331 Vgl. insbes. EuGH, Rs. 106/77, Simmenthal II, Tz. 14/16, in: Slg. 1978, 629.

332 EuGH, EuZW 1996, 205-212 (208), Az. Rs. C-46/93 u. C-48/93, Tz. 51.

333 EuGH, EuGRZ 1996, 450-455 (452), Az. Rs. C-178-179/94 u. C-188-190/94, Tz. 26.

334 Vgl. EuGH a.a.O. (Brasserie du Pêcheur), Tz. 43.

Anmerkung: Das Problem der Haftung für europarechtswidriges Verhalten existiert in verschiedenen Sachverhaltskonstellationen.
So kann ein Anspruch entstehen

- **allgemein bei Verstoß gegen Primärrecht**
- **bei vollständig fehlender Umsetzung einer EG-Richtlinie[335]**
- **bei erfolgter, aber fehlerhafter Umsetzung einer Richtlinie[336]**
- **bei falscher Auslegung und/oder Anwendung des Gemeinschaftsrechts durch die mitgliedstaatliche Verwaltung[337] oder durch ein mitgliedstaatliches Gericht. § 839 II BGB dürfte in dem letztgenannten Fall nicht anwendbar sein.[338]**
- **bei Nichtanpassung des mitgliedschaftlichen Rechts an gemeinschaftsrechtliche Vorgaben.[339]**

Ob ein qualifizierter Verstoß vorliegt oder nicht, müssen Sie in jedem Einzelfall gesondert betrachten.

Soweit ein qualifizierter Verstoß in obigem Sinn gegeben ist, besteht grundsätzlich ein Anspruch des betroffenen Bürgers. Der Vollzug des Anspruchs hat jedoch mangels gemeinschaftsrechtlicher Regelung im Rahmen des nationalen Haftungsrechts zu erfolgen. Nach wohl herrschender Ansicht sind dabei § 839 BGB, Art. 34 GG als Anspruchsgrundlage heranzuziehen, aber derart zu modifizieren, dass der Anspruch nicht weiter erschwert wird. Sowohl § 839 I S. 2 BGB als auch § 839 II BGB dürfen deshalb nicht herangezogen werden. *327f*

[335] Z.B. in den Entscheidungen „Francovich", EuGH, NJW 1992, 165-167, Az. C-6/90 = **juris**byhemmer; und „Dillenkofer" (= MP Travel Line), EuGH, NJW 1996, 3141-3144, Az. C-178/94 u.a.

[336] Z.B.: British Telecom EuGH, EuZW 1996, 274-277, Az. C-392/93 = **juris**byhemmer.

[337] Z.B.: EuGH, EuZW 1996, 435-437, Az. C-5/94 = **juris**byhemmer.

[338] So wohl EuGH, Traghetti del Mediterraneo (TDM), NJW 2006, 3337-3340, Az. C-173/03.

[339] Z.B. Brasserie du Pêcheur EuGH, NJW 1996, 1267-1272, Az. C-46/93, C-48/93 = **juris**byhemmer; sowie BGH, NJW 1997, 123-126, Az. III ZR 127/91 = **juris**byhemmer.

§ 2 FOLGENBESEITIGUNGSANSPRUCH

Folgenbeseitigungsanspruch

Der Folgenbeseitigungsanspruch (FBA) ist gesetzlich nicht normiert. Allein § 113 I S. 2 VwGO setzt das Bestehen eines materiell-rechtlichen Vollzugsfolgenbeseitigungsanspruchs nach Vollzug eines mit der Anfechtungsklage erfolgreich angegriffenen Verwaltungsakts voraus. 328

Aber auch für andere Konstellationen als den Vollzug eines Verwaltungsakts wird von der ganz h.M. bei einer fortdauernden rechtswidrigen Beeinträchtigung ein Anspruch auf Wiederherstellung des ursprünglichen Zustands durch Beseitigung derselben anerkannt.

> ***Bsp.:***[340] *A ist Eigentümer eines stark hängigen Grundstücks in der B-Straße in der Gemeinde C. C baut die Straße aus und nimmt dafür Gelände vom Grundstück des A in Anspruch, ohne dass ein Enteignungsverfahren durchgeführt worden wäre oder A zugestimmt hätte. Durch die dabei vorgenommene Abtragung der Böschung rutscht das Grundstück des A immer mehr ab. A verlangt nun Wiederherstellung des alten Zustands mit einem Böschungswinkel von 45 Grad.*

hemmer-Methode: Machen Sie sich v.a. die Rechtsfolge des FBA klar: Wiederherstellung des früheren Zustandes ist etwas anderes als Naturalrestitution i.S.d. § 249 BGB! Der Naturalrestitution wohnt eine dynamische, hypothetische Entwicklungen berücksichtigende Betrachtungsweise inne („Wie wäre die Vermögenslage jetzt [hypothetisch!], wenn das schädigende Ereignis nicht eingetreten wäre?"), während der FBA nur auf den status quo ante abzielt („Wie war der Zustand [real!] vor Entstehung des rechtswidrigen Zustandes?").[341] Ein ähnliches Problem stellt sich übrigens im Zivilrecht bei § 1004 BGB im Vergleich zum Schadensersatz nach § 823 BGB. Hier wie dort gilt: Obwohl Folgenbeseitigung und Naturalrestitution theoretisch dogmatisch klar zu unterscheiden sind, kann die Abgrenzung im Einzelfall sehr schwierig sein.
Allerdings sollte man hier auch nicht zu puritanisch werten. So wäre im Böschungsbeispiel die Argumentation, genau dieselben Erdmassen stünden nicht mehr zur Verfügung und die Benutzung anderer Erde zum Aufschütten der Böschung sei Naturalrestitution, zum einen sehr formalistisch. Zum anderen wäre der Anwendungsbereich des FBA in wenig sinnvoller Weise auf ein Minimum beschränkt. Deshalb sollte man auch die Herstellung eines gleichwertigen Zustands genügen lassen und für die Abgrenzung eher auf den Unterschied hypothetisch-dynamische Betrachtung ⇔ Herstellung des status quo ante abstellen.

---

340 Nach BVerwG, DÖV 1971, 857, Az. IV C 23.69 = **juris**byhemmer; dieser Böschungsfall ist eine viel zitierte und nachlesenswerte Grundsatzentscheidung zum FBA; zum VollzugsFBA von ähnlicher Bedeutung BVerwGE 69, 366-374, Az. 3 C 81/82 (Bardepotpflicht-Fall) = **juris**byhemmer.

341 Vgl. VGH Hessen, NVwZ-RR 2011, 442-444, Az. 11 A 686/10 = **Life&Law 11/2011, 811** = **juris**byhemmer.

Ist auch die Herstellung eines gleichwertigen Zustandes nicht möglich, z.B. beim Abriss einer alten, rissigen Mauer, die später wiederhergestellt werden müsste, ist es denkbar, dass den Anspruchssteller gewisse Ausgleichspflichten dafür treffen, dass er nun doch „mehr“ hat als im status quo ante.

329

Übliches Klausurschema zur Prüfung des FBA:

Rechtsgrundlage: Art. 20 GG, Grundrechte, § 113 I S. 2 VwGO, § 1004 BGB, Gewohnheitsrecht

A) Eingriffsobjekt: subjektive Rechtsposition

B) Hoheitlicher Eingriff, der noch andauernden Zustand schafft

C) Rechtswidrigkeit des Zustandes d.h. keine Duldungspflicht (z.B. § 906 BGB analog)

D) Wiederherstellung möglich, zulässig und zumutbar

E) Kein Ausschluss durch (überwiegendes) Mitverschulden

Vorbemerkung zur Rechtsgrundlage

Rechtsgrundlage str. (Art. 20 GG, GRe, § 1004 BGB), aber Einigkeit über Voraussetzungen

Die Rechtsgrundlage für den FBA ist streitig, z.T. wird er auf das Rechtsstaatsprinzip, Art. 20 GG, z.T. unmittelbar auf die Grundrechte, z.T. auch auf § 113 I S. 2 VwGO, auf (eine Analogie zu) § 1004 BGB oder schlicht auf Gewohnheitsrecht gestützt.[342] Letztlich spielt dieser Streit aber im Ergebnis keine Rolle, da die Existenz des FBA allgemein anerkannt wird und auch über die Voraussetzungen weitestgehend Einigkeit besteht.[343] *330*

hemmer-Methode: Da Sie keine „Anspruchsgrundlage“ i.e.S. angeben können, sondern in der Klausur wohl mit Obersatz wie „dem Kläger könnte ein Anspruch auf Folgenbeseitigung/der allgemeine Folgenbeseitigungsanspruch zustehen“ beginnen werden, empfiehlt es sich auch in der Klausur, der Prüfung der eigentlichen Anspruchsvoraussetzungen diesen kurzen Vorspann zur Rechtsgrundlage voranzustellen. Eine nähere Stellungnahme ist dagegen entbehrlich.

---

342 Vgl. die Aufzählung m.w.N. in BVerwG, DÖV 1971, 857, Az. IV C 23.69 = **juris**byhemmer; für das BVerwG v.a. auch von Interesse war dabei, dass jeder der möglichen Ansätze letztlich zu einer Grundlage aus dem Bundesrecht greift und damit aus revisiblem Recht herstammt.

343 Diese Voraussetzungen bestätigend aus neuerer Zeit BVerwG, Urteil vom 11.10.2016 – 2 C 11/15.

A) Eingriffsobjekt

Eingriffsobjekt: subjektives Recht, z.B. GRe

Eingriffsobjekt des staatlichen Handelns, dessen Folgen beseitigt 331
werden sollen, muss eine subjektive Rechtsposition sein. Meist wird dies in der Klausur unproblematisch sein, es ist aber günstig, wenn diese Rechtsposition in der Klausur an ein Grundrecht normativ angebunden wird. I.d.R. wird es um Art. 14 GG oder Art. 2 II GG gehen.

B) Schaffung eines rechtswidrigen Zustands durch hoheitlichen Eingriff

hoheitlicher Eingriff

In diese subjektive Rechtsposition muss hoheitlich eingegriffen 332
worden sein, woraus ein noch andauernder, rechtswidriger Zustand resultiert.

Schaffung eines rechtswidrigen Zustands (nicht notwendig schon Eingriff selbst)

Anknüpfungspunkt der Rechtswidrigkeitsprüfung ist also nicht der Eingriff selbst, sondern der daraus entstandene Zustand. M.a.W.: Selbst wenn der Eingriff an sich rechtmäßig war, kann Beseitigung verlangt werden, wenn der Zustand, der geschaffen wurde, mittlerweile rechtswidrig ist.

> *Bsp.: Wenn die rechtmäßige befristete Einweisung eines Obdachlosen in eine Wohnung erfolgte, kann der Eigentümer nach Ablauf dieser Frist von der Behörde die Räumung der Wohnung verlangen, da der Zustand mittlerweile rechtswidrig ist.*

hemmer-Methode: Umgekehrt wäre ein FBA ausgeschlossen, wenn der durch einen rechtswidrigen Eingriff geschaffene Zustand „legalisiert“ werden könnte. Soweit die Behörde dies zwar noch nicht getan hat, aber die Möglichkeit dazu hat und vielleicht schon damit begonnen hat, wäre auch an eine unzulässige Rechtsausübung durch Geltendmachung des FBA zu denken.

C) Keine Duldungspflicht

keine Duldungspflicht

Der FBA kann nicht mit Erfolg geltend gemacht werden, wenn ei- 333
ne Pflicht zur Duldung des Zustandes besteht. Eine solche kann sich z.B. aus Gesetz, wirksamem (nicht zwingend rechtmäßigem) VA, einer Analogie zu § 906 BGB, aber auch aus dem Rechtsgedanken anderer, speziellerer Normen, z.B. aus dem BImSchG, ergeben.

hemmer-Methode: Hier liegt häufig ein Schwerpunkt der Klausur. Wichtig sind für Sie v.a. zwei Schritte:

1. **Sie müssen einen gesetzlichen Anknüpfungspunkt für die Duldungspflicht finden, wobei im Notfall immer an § 906 BGB zu denken ist, soweit sich keine spezielleren Normen anbieten.**

2. Sie müssen sauber abwägen, die im Sachverhalt versteckten, sowie nach Möglichkeit auch eigene Argumente finden und in der Abwägung methodisch sauber vorgehen (vgl. auch oben Rn. 120 ff. zur Abwägung).

D) Mögliche, zulässige und zumutbare Wiederherstellung

Wiederherstellung: möglich

1. Die Wiederherstellung kann (selbstverständlich) nur verlangt 334
werden, wenn sie tatsächlich noch möglich ist.

rechtlich zulässig

2. Außerdem muss sie zulässig, d.h. rechtlich möglich sein. Das ist nicht der Fall, wenn durch die Wiederherstellung ohne Rechtsgrundlage in die Rechte Dritter eingegriffen werden müsste.

zumutbar

3. Schließlich muss die Wiederherstellung zumutbar sein,[344] wobei freilich eine großzügige Auslegung geboten ist, insbesondere darf die Zumutbarkeit nicht schon allein wegen relativ hoher Kosten abgelehnt werden.

Folgenentschädigungsanspruch?

Teilweise wird vertreten,[345] dass an die Stelle eines nicht realisierbaren Folgenbeseitigungsanspruchs ein Folgenentschädigungsanspruch treten soll, der dann allerdings schwer vom enteignungsgleichen Eingriff abzugrenzen wäre.[346]

hemmer-Methode: Hiervon zu unterscheiden ist der Fall, dass der FBA auf Geldersatz geht, weil die rechtswidrigen Folgen in einem reinen Geldverlust bestehen. Hier wird vom BVerwG ein Anspruch auf Geldzahlung für möglich gehalten.[347]

E) Kein Ausschluss durch Mitverschulden

Ausschluss durch Mitverschulden

Nach überwiegender Ansicht kann (analog § 254 BGB bzw. auf- 335
grund eines allgemeinen Rechtsgedankens) der FBA zu kürzen sein, wenn ein Mitverschulden des Betroffenen vorliegt.

> **Bsp.:** *So hat das BVerwG als speziellen Fall des Mitverschuldens – ähnlich wie beim enteignenden/enteignungsgleichen Eingriff – wegen des Versäumnisses von Rechtsmitteln den FBA sogar ganz ausgeschlossen.*[348]

---

344 Dies entspricht dem Rechtsgedanken des § 275 II BGB.

345 Vgl. z.B. Weyreuther, Gutachten für den 47. Deutschen Juristentag 1968, I B, 135 ff.; BayVGH, BayVBl. 1999, 561-563, Az. 8 B 97.1604 = **juris**byhemmer.

346 Vgl. Battis, Rn. 386; mangels eines Bedürfnisses für diesen Anspruch neben dem enteignungsgleichen Eingriff ablehnend auch OVG Münster, NWVBl. 1994, 109-112 (110), Az. 23 A 1471/90 = **juris**byhemmer.

347 Vgl. BVerwGE 69, 366-374 (370), Az. 3 C 81/82 (Bardepotpflicht) = **juris**byhemmer.

348 Vgl. BVerwG, DÖV 1971, 857 (859), Az. IV C 23.69 (Böschungsfall) = **juris**byhemmer.

Dabei ist eine Kürzung des Anspruchs wie beim Schadensersatz in Geld über § 254 BGB beim FBA oft nicht möglich, sodass der Anspruch (wie bei der Rechtsmittelversäumnis, vgl. o.) entweder ganz entfallen muss, oder aber der Anspruchsinhaber an den Kosten der Wiederherstellung zu beteiligen ist bzw. er nur eine Entschädigung erhält.[349]

F) Sonstiges

§ 40 I VwGO: Verwaltungsrechtsweg

I. Für die prozessuale Geltendmachung des FBA ist der Verwal- **336**
tungsrechtsweg nach § 40 I VwGO gegeben. Richtige Klageart ist die allgemeine Leistungsklage. Die Klagebefugnis, analog § 42 II VwGO, ergibt sich i.d.R. schon aus der Behauptung, dem Kläger stehe ein Anspruch auf Folgenbeseitigung zu.

diff.: öffentlich-rechtlicher Unterlassungsanspruch

II. Zu unterscheiden vom FBA ist der öffentlich-rechtliche Unter- **337**
lassungsanspruch, der auf die gleichen Rechtsgrundlagen gestützt wird, aber schon vor einer Rechtsbeeinträchtigung zur Abwehr derselben geltend gemacht werden kann. Allerdings sind die Ansprüche auch von den Voraussetzungen her ähnlich und man kann wohl sagen, dass sie letztlich zwei Ausprägungen eines einheitlichen Rechtsgedankens sind, der auch im Zivilrecht mit § 1004 BGB in einer Anspruchsgrundlage seine Ausprägung für Beseitigungs- und Unterlassungsansprüche gefunden hat.[350] Für den Unterlassungsanspruch muss zusätzlich eine Wiederholungsgefahr bzw. die Gefahr der erstmaligen Begehung vorliegen.

---

349 Vgl. auch Maurer/Zinow, JuS 1993, L 25, 28.

350 Ähnlich Köckerbauer/Büllesbach, JuS 1991, 373-380 (lesenswerter Aufsatz zum öffentlich-rechtlichen Unterlassungsanspruch).

§ 3 HAFTUNG FÜR ENTEIGNENDEN UND ENTEIGNUNGSGLEICHEN EINGRIFF

enteignender und enteignungsgleicher Eingriff: früher auf Art. 14 GG gestützt

Die Haftung für den enteignenden und enteignungsgleichen Eingriff wurde lange Zeit v.a. im Zusammenhang mit dem Eigentumsschutz nach Art. 14 GG[351] gesehen: Der BGH nahm einen enteignungsgleichen Eingriff an bei einem rechtswidrigen Eingriff in das Eigentum, der im Falle seiner gesetzlichen Zulässigkeit nach seiner Wirkung eine Enteignung wäre und ohne gesetzliche Grundlage erst recht zu entschädigen sei. Aus Billigkeitsgesichtspunkten wurde außerdem auch für an sich rechtmäßige Maßnahmen eine Entschädigung zugesprochen, wenn diese zu einem nicht hinnehmbaren Ergebnis führten, so dass insoweit gleichsam auf das Erfolgsunrecht abgestellt wurde[352] (Haftung für enteignenden Eingriff). 338

hemmer-Methode: Der enteignungsgleiche Eingriff sollte somit die Lücke zwischen rechtmäßiger finaler Enteignung (Art. 14 III GG) und rechtswidrigen schuldhaften Eingriffen (§ 839 BGB) schließen. Wenn in Art. 14 III GG schon eine Haftung für rechtmäßige Eingriffe geregelt ist, dann muss auch für rechtswidrige schuldlose Eingriffe eine Haftung bestehen, Art. 14 III GG analog.

Bsp.:[353] *Ein abirrendes Flakgeschoss bei einer Militärübung verursacht einen Waldbrand. Würden dagegen die Schießübungen unzulässigerweise im betreffenden Wald durchgeführt, wo gerade Brandgefahr bestand, wäre die Rechtswidrigkeit unproblematisch zu bejahen.*

Die Ableitung der Ansprüche aus dem Eigentumsschutz des Art. 14 GG ist jedoch verschiedenen Bedenken ausgesetzt: 339

- Nach dem BVerfG gewährt Art. 14 GG grds. über seinen Abs. 1 Bestandsschutz und alleine im Fall des Abs. 3 selbst, also bei der rechtmäßigen Enteignung, ausnahmsweise eine Wertgarantie.

- Des Weiteren besteht zumindest gegenüber rechtswidrigen Maßnahmen häufig die Möglichkeit eines bestandserhaltenden Rechtsschutzes, so dass die Interessenlage mit der bei der Enteignung doch nicht völlig vergleichbar ist.

351 Vgl. oben Rn. 205 ff.

352 Zu diesem Ansatz Battis, Rn. 479.

353 Vgl. BGHZ 37, 44 (47).

mittlerweile abgelehnt, aber Anspruch nicht aufgegeben, sondern auf §§ 74, 75 EinlPrALR gestützt

Deshalb hat das BVerfG[354] einer Herleitung aus Art. 14 III GG widersprochen. Als Konsequenz daraus hat der BGH freilich auf die Anwendung aus enteignendem und enteignungsgleichem Eingriff nicht verzichtet, sondern sie auf neue Grundlagen gestellt, nämlich zum einen auf das Erstarken zum Gewohnheitsrecht durch die langjährige Zivilrechtsprechung, zum anderen auf den in den §§ 74, 75 der Einleitung des Preußischen Allgemeinen Landrechts von 1794 (PrALR) gesetzlich fixierten allgemeinen Aufopferungsgedanken. 340

Exkurs

§§ 74, 75 EinlPrALR lauten:

„§ 74: Einzelne Rechte und Vorteile der Mitglieder des Staates müssen den Rechten und Pflichten zur Beförderung des gemeinschaftlichen Wohls, wenn zwischen beiden ein wirklicher Widerspruch (Kollision) eintritt, nachstehen.

§ 75: Dagegen ist der Staat demjenigen, welcher seine besonderen Rechte und Vorteile dem Wohle des gemeinen Wesens aufzuopfern genötigt ist, zu entschädigen gehalten.[355]

Exkurs Ende

hemmer-Methode: In der Klausur ist eine so ausführliche Herleitung in der Regel nicht erforderlich. Ausreichend wären etwa folgende Einleitungssätze bei der Haftung aus enteignendem/enteignungsgleichem Eingriff: „Der Anspruch aus enteignendem/enteignungsgleichem Eingriff wurde früher aus Art. 14 GG abgeleitet. Dem hat das BVerfG zwar widersprochen, da eine Wertgarantie i.R.d. Art. 14 GG nur nach Abs. 3 in den Fällen der rechtmäßigen Enteignung besteht und auch nur dann aus dem Enteignungsgesetz selber. Allerdings wird der Anspruch von der Rechtsprechung des BGH nach wie vor anerkannt und nun auf Gewohnheitsrecht, bzw. den allgemeinen Aufopferungsgedanken, §§ 74, 75 EinlPrALR, gestützt."

---

354 E 58, 300-353, Az. 1 BvL 77/78 = **juris**byhemmer.

355 Vgl. umfassend zum Aufopferungsgedanken der §§ 74, 75 EinlPrALR mit kritischen Anmerkungen zur weiten Auslegung durch den BGH, Schmitt-Kammler, JuS 1995, 473-480.

Prüfungsschema

Zur Prüfung des Anspruchs aus enteignendem/enteignungsgleichem Eingriff hat sich folgendes Schema herausgebildet: 341

Prüfungsschema enteignender/enteignungsgleicher Eingriff

A) Eingriff in durch Art. 14 GG geschützte Rechtsposition

B) Vorliegen einer hoheitlichen Maßnahme, die

I. beim enteignenden Eingriff rechtmäßig ist

II. beim enteignungsgleichen Eingriff rechtswidrig ist

C) Motivation durch das Allgemeinwohl

D) Unmittelbarkeit des Eingriffs

E) Sonderopfer durch den Eingriff

F) Kein Ausschluss durch Versäumnis eines Rechtsmittels

G) Sonstiges

A) Eingriff in durch Art. 14 GG geschützte Rechtsposition

Eingriff in vermögenswerte Rechtsposition

Für einen Anspruch aus enteignendem/enteignungsgleichem Eingriff muss zunächst die Beeinträchtigung einer durch Art. 14 GG geschützten Rechtsposition vorliegen. Wann dies der Fall ist, ist nach den oben (Rn. 206 ff.) dargelegten Grundsätzen zu bestimmen; meist wird hierbei in der Klausur kein größeres Problem auftauchen. 342

B) Vorliegen einer hoheitlichen Maßnahme

hoheitliche Maßnahme

Von einem Eingriff kann man nur sprechen, wenn die Beeinträchtigung aus einer hoheitlichen Maßnahme erfolgt. Eine solche kann in einem Rechtsakt 343

> ***Bspe.:*** *Belastende VAe, die in den Schutzbereich des Art. 14 GG eingreifen; Genehmigungen für Anlagen, deren Betrieb den Nachbarn schwer und unerträglich in seiner Eigentumsposition beeinträchtigt.*

oder auch in einem Realakt liegen.

> ***Bspe.:*** *Das abirrende Flakgeschoss, vgl. o.; von der Straße abkommende Schützenpanzer, die Wohngebäude beschädigen;*[356] *schlicht-hoheitliches Betreiben einer Mülldeponie, die Möwen anlockt, welche das Saatgut der umliegenden Felder dezimieren.*[357]

---

356 Vgl. BGH, NJW 1964, 104, Az. III ZR 188/62.

357 Vgl. BGH, NJW 1980, 770, Az. III ZR 95/78 = **juris**byhemmer.

hemmer-Methode: Im Einzelfall kann fraglich sein, ob mehr auf das Realhandeln oder auf den zugrunde liegenden Rechtsakt abzustellen ist: So könnte man im obigen Beispiel der Deponie auch auf die Genehmigung derselben abstellen, soweit eine solche vorliegt. Würde sie dagegen in privatrechtlicher Form oder sogar durch Privatpersonen mit Genehmigung eines Hoheitsträgers betrieben, käme nur das Abstellen auf den Rechtsakt der Genehmigung in Betracht. 344

C) Beim enteignenden Eingriff rechtmäßig

problematisch bei bloßem Gesetzesvollzug

Ein Sonderproblem kann sich ergeben, wenn der Eingriff durch einen Verwaltungsakt erfolgt, der „lediglich" den Vollzug eines verfassungswidrigen Gesetzes darstellt, also nicht auf einer fehlerhaften Gesetzesanwendung bzw. Ermessensausübung durch die Exekutive beruht. Der BGH[358] hat dazu die Auffassung vertreten, eine bloße Konkretisierung bzw. Realisierung von legislativem Unrecht durch die Exekutive könne zu keiner Haftung aus enteignungsgleichem Eingriff führen, da dadurch auf der Grundlage eines richterrechtlich entwickelten Rechtsinstituts unabschätzbare finanzielle Belastungen auf den Staat zukommen würden. 345

Allerdings ist dieser Ansatz zumindest für Fälle einer Haftung für den Gesetzesvollzug nicht völlig überzeugend, da es für den Bürger keinen wesentlichen Unterschied macht, aus welchen Gründen der VA rechtswidrig ist.

D) Beim enteignungsgleichen Eingriff rechtswidrig

Maßnahme bei enteignendem Eingriff rechtmäßig, bei enteignungsgleichem rechtswidrig

Diese Maßnahme muss für den enteignenden Eingriff rechtmäßig, für den enteignungsgleichen Eingriff rechtswidrig sein. Dabei ist noch einmal daran zu erinnern, dass das „Erfolgsunrecht" des Eigentumseingriffs die Maßnahme noch nicht unbedingt rechtswidrig macht, wenn diese Folge nicht beabsichtigt und nicht vorhersehbar war, das Handeln als solches also rechtmäßig war. Außerdem kann die Unterscheidung sinnvoll meistens nur ex ante vorgenommen werden. 346

> ***Bsp.:*** *Aufgrund einer Genehmigung wird eine Kläranlage nach dem neuesten technischen Stand errichtet, die nach allen z.Zt. der Genehmigung bekannten und überhaupt erkennbaren Fakten keinerlei Beeinträchtigungen für ihre Umgebung darstellt. Aus nicht erforschbaren Gründen sind die von ihr ausgehenden Immissionen aber gleichwohl so unerträglich für die Nachbarschaft, dass der Nachbar N sein Grundstück mit Wohnhaus nicht mehr zu Wohnzwecken nutzen kann.*

358 Vgl. NJW 1989, 99-101 (101), Az. III ZR 32/87 = **juris**byhemmer.

Hier hätte eine Genehmigung nicht erteilt werden dürfen, wenn man die Wirkungen schon hätte voraussehen können. Da aber z.Zt. der Genehmigung keinerlei Beeinträchtigungen abzusehen waren, wurde sie damals zu Recht erteilt.

hemmer-Methode: Machen Sie sich die Zusammenhänge klar: Gegen ein bereits ex ante rechtswidriges Verwaltungshandeln kann man sich häufig schon verwaltungsgerichtlich wehren, bevor es zur Eigentumsbeeinträchtigung kommt, sodass ein Anspruch aus enteignungsgleichem Eingriff in diesen Fällen ausscheidet.

E) Motivation durch das Allgemeinwohl

Motivation durch Allgemeinwohl

Die hoheitliche Maßnahme muss durch das Allgemeinwohl motiviert sein. Dieses Merkmal wird weit ausgelegt und ist deswegen ebenfalls meist unproblematisch. Beispiel für ein nicht durch das Allgemeinwohl motiviertes hoheitliches Handeln ist fast nur die Zwangsvollstreckung durch staatliche Organe, welche ja ausschließlich im Gläubigerinteresse stattfindet. 347

hemmer-Methode: Dabei kommt es nicht auf Ihre subjektiven Vorstellungen vom Allgemeinwohl an! Selbst wenn Sie persönlich erbitterter Autogegner und ebenso überzeugter Bahnfahrer sind, kann die Errichtung einer weiteren Autobahn ein durch das Allgemeinwohl motiviertes Vorhaben sein.
Bei den meist unproblematischen Merkmalen (neben der Allgemeinwohlmotivation auch die durch Art. 14 GG geschützte Rechtsposition, vgl. o.) ist im Übrigen eine kurze Subsumtion in einem Satz i.d.R. ausreichend.

F) Unmittelbarkeit des Eingriffs

Unmittelbarkeit

Haftungsbeschränkend wird weiterhin gefordert, dass die Beeinträchtigung unmittelbar durch das hoheitliche Handeln erfolgt. Der Unmittelbarkeitsbegriff ist umstritten und in seinen Konturen (wie auch in anderen Rechtsgebieten) nicht völlig abgegrenzt.[359] 348

Einigkeit besteht dahingehend, dass keine Finalität erforderlich ist, andererseits aber bloße Kausalität nicht genügt. Der BGH formulierte, dass sich „das dem Einzelnen auferlegte Sonderopfer als notwendige, aus der Eigenart der hoheitlichen Maßnahme sich ergebende Folge darstellen muss."[360] Z.T. wird auch auf Schutzzweckgesichtspunkte, vergleichbar der Haftung aus § 823 I BGB, abgestellt.

---

359 Vgl. Nipperdey, NJW 1967, 1985-1994 (1990): „Der Begriff der Unmittelbarkeit ist auch kein rechtlich technisierter Begriff mit präzise angebbarem Inhalt. Er ist vielmehr überall da, wo er auftaucht, (...) nur Ausdruck der dogmatischen und sachlichen Verlegenheit, (noch) nicht präzise angeben zu können, was überhaupt gemeint ist. Unter seinem Deckmantel müssen erst noch konkrete Fallgruppen herausgearbeitet werden ...".

360 BGHZ 76, 387-397 (392), Az. III ZR 131/77 = **juris**byhemmer

hemmer-Methode: Bei einem so vagen Begriff wie der Unmittelbarkeit kann von Ihnen in der Klausur keine neue, bahnbrechende Stellungnahme verlangt werden. Urteilen Sie für sich mit Gerechtigkeitsgefühl und geschultem Judiz und entwickeln Sie anschließend eine Begründung. Argumentationsmuster können Sie aus Ihrem Fundus zu § 823 BGB, zum sicherheitsrechtlichen Störerbegriff, zur Unmittelbarkeit bei erfolgsqualifizierten Delikten im Strafrecht, etc. entleihen. Im Einzelfall kann man den Unmittelbarkeitsbegriff auch aus einer Negativabgrenzung entwickeln: Unmittelbarkeit ist jedenfalls mehr als Kausalität, aber weniger als Finalität.

G) Vorliegen eines Sonderopfers

Sonderopfer

Schließlich muss die Beeinträchtigung dem Betroffenen ein nicht entschädigungslos hinzunehmendes Sonderopfer auferlegen. *349*

Beim enteignungsgleichen Eingriff kann die Prüfung dieses Tatbestandsmerkmals i.d.R. auf die Feststellung beschränkt werden, dass die Rechtswidrigkeit des Eingriffs das Vorliegen eines Sonderopfers indiziert, denn rechtswidrige Eingriffe muss niemand hinnehmen.

Beim enteignenden Eingriff muss dagegen das Sonderopfer kurz bejahend festgestellt werden. Anknüpfungspunkt kann hierzu Art. 3 GG sein, es kann aber auch auf die (häufig kombiniert oder parallel zur Sonderopfertheorie angewandten) Kriterien der Schwere oder der Zumutbarkeit abgestellt werden.[361]

hemmer-Methode: Auch hier handelt es sich um eine stark wertungsbestimmte Frage, die Sie eigentlich im Kopf schon entschieden haben müssten, bevor Sie in der Klausur Ihre Argumentation entwickeln. Denken Sie auch daran, den Sachverhalt noch einmal auf mögliche (z.B. von den Parteien vorgebrachte) Argumente für das Vorliegen eines Sonderopfers hin durchzulesen.

H) Kein Ausschluss durch Rechtsmittelversäumnis

Ausschluss durch Rechtsmittelversäumnis möglich

Schließlich darf der Anspruchssteller nicht versäumt haben, den Eingriff (also nicht nur die Eingriffsfolgen!) durch das rechtzeitige Einlegen von Rechtsmitteln abzuwenden (Vorrang des Primärrechtschutzes). Insoweit handelt es sich um eine § 839 III BGB (vgl. o.) angeglichene Sonderausprägung des Haftungsausschlusses wegen Mitverschuldens. Oben wurde bereits angedeutet, dass dieser Ausschluss v.a. den Anspruch aus enteignungsgleichem Eingriff oft scheitern lässt. *350*

[361] Vgl. Arndt/Zinow, JuS 1993, L 25, 27.

hemmer-Methode: Es gilt also folgende Reihenfolge: Zunächst müssen Abwehransprüche geltend gemacht werden, dann Beseitigungsansprüche und erst wenn diese nicht möglich sind Entschädigungsansprüche.

I) Sonstiges

I. Rechtsfolge

Rechtsfolge: Entschädigung in Geld

Als Rechtsfolge bringt der enteignende/enteignungsgleiche Eingriff einen Anspruch auf Entschädigung in Geld, zu dessen Umfang das zu Art. 14 III GG Ausgeführte (vgl. o. Rn. 220) entsprechend gilt. Da es hier i.d.R. keinen Begünstigten wie bei der Enteignung gibt, ist nach einer Ansicht der Träger hoheitlicher Gewalt ausgleichspflichtig, dessen Aufgaben erledigt wurden, nach a.A. derjenige, dessen Organ den Eingriff vorgenommen hat. Regelmäßig wird sich zwischen diesen beiden Auffassungen aber kein Unterschied ergeben. 351

II. Rechtsweg

Rechtsweg: Zivilgerichte (nicht Art. 14 III S. 4 GG, sondern § 40 II VwGO)

Zur Durchsetzung des Anspruchs ist der Rechtsweg zu den ordentlichen Gerichten gegeben, was sich nach der dogmatischen Neuorientierung nicht mehr aus Art. 14 III S. 4 GG, sondern § 40 II VwGO (als Ausprägung des Aufopferungsgedankens) ergibt.[362] 352

[362] Heute ganz h.M., vgl. nur BGHZ 91, 20-32 (26), Az. III ZR 11/83 = **juris**byhemmer; Kopp/Schenke, § 40 VwGO, Rn. 61 m.w.N.

§ 4 AUFOPFERUNGSANSPRUCH

Aufopferungsanspruch: §§ 74, 75 EinlPrALR

Die Grundlage des allgemeinen Aufopferungsanspruchs findet 353
sich in den oben bereits erwähnten §§ 74, 75 EinlPrALR, die die Kollision zwischen Allgemeinwohl und Einzelinteressen in der Weise lösen, dass das Individualrecht zunächst zurücktreten muss, der Berechtigte aber, wenn ihm dadurch ein Sonderopfer abverlangt wird, zu entschädigen ist.

Nachdem noch das RG[363] eine Entschädigung bei Eingriffen in nichtvermögenswerte Güter abgelehnt und die Aufopferung, die nicht durch die Enteignung i.e.S. erfassten Eingriffe in vermögenswerte Güter erfasste, wies der BGH[364] sub specie Art. 2 II GG dem Aufopferungsanspruch auch den Schutz nichtvermögenswerter Rechtsgüter zu, auf den er mittlerweile – nach der Entwicklung von enteignendem und enteignungsgleichem Eingriff (vgl. o.) – beschränkt ist.

Daraus ergibt sich folgendes Prüfungsschema für den allgemei- 354
nen Aufopferungsanspruch:[365]

<u>Prüfungsschema zum allgemeinen Aufopferungsanspruch</u>

A) Eingriff in ein nichtvermögenswertes Recht

B) Vorliegen einer hoheitlichen Maßnahme (nur teilweise Unterscheidung nach Rechtmäßigkeit und Rechtswidrigkeit)

C) Motivation durch das Allgemeinwohl

D) Unmittelbarkeit des Eingriffs

E) Sonderopfer durch den Eingriff

A) Eingriff in ein nichtvermögenswertes Rechtsgut

nicht vermögenswertes Rechtsgut (z.B. Gesundheit)

Im Unterschied zum enteignenden/enteignungsgleichen Eingriff 355
muss beim Aufopferungsanspruch, nach der mittlerweile h.M., gerade eine nichtvermögenswerte Rechtsposition betroffen sein. Als solche kommen unstreitig die Rechtsgüter des Art. 2 II GG (Leben, Gesundheit, körperliche Unversehrtheit, Freiheit) in Betracht. Umstritten ist dagegen die Einbeziehung von Rechtsgütern, wie dem Namensrecht oder dem allgemeinen Persönlichkeitsrecht, geblieben.[366]

---

363 Vgl. noch RGZ 156, 305.

364 Erstmals BGHZ 9, 83 ff.

365 Abweichend Schmitt-Kammler, JuS 1995, 473-480 (474), der streng orientiert am Tatbestand der Enteignung ein finales Handeln fordert; dieser Aufsatz ist dogmatisch beachtenswert und durchaus lesenswert, allerdings sollte man sich klar machen, dass der vom Autor vertretene Ansatz nicht der h.M. entspricht.

366 Zurückhaltend z.B. Battis, Rn. 490; weitergehend Ossenbühl, 112.

hemmer-Methode: Hinsichtlich der umstrittenen Rechtsgüter ist in der Klausur grds. jede Ansicht vertretbar, wobei einiges dafürspricht, das Aufopferungsinstitut nicht überzustrapazieren. Jedenfalls ist bei der Bejahung eines Rahmenrechts (z.B. allgemeines Persönlichkeitsrecht) als möglichem Eingriffsobjekt eine einschränkende Güterabwägung bzw. eine besonders strenge Prüfung des Sonderopfers vorzunehmen.

B) Vorliegen einer hoheitlichen Maßnahme

hoheitliche Maßnahme

Hinsichtlich des Erfordernisses der hoheitlichen Maßnahme gilt grds. das zu enteignendem und enteignungsgleichem Eingriff Gesagte entsprechend. Eine weitere Aufteilung in Aufopferung i.e.S. (bei rechtmäßigen Eingriffen) und aufopferungsgleichen Eingriff (bei rechtswidrigen Eingriffen) wird nur vereinzelt vorgenommen und bringt für die Klausur eigentlich keine weitere Erleichterung. Der Eingriff kann also rechtmäßig oder rechtswidrig sein. 356

C) Motivation durch das Allgemeinwohl

Motivation durch Allgemeinwohl

Auch für den Aufopferungsanspruch muss der staatliche Zugriff durch das Allgemeinwohl motiviert sein. Hierbei ist zu beachten, dass nicht das erlittene Sonderopfer (z.B. ein Impfschaden), sondern die hoheitliche Maßnahme (im Beispiel der Impfzwang) dem Allgemeinwohl dienen muss. 357

Unmittelbarkeit und Sonderopfer w.o.

Zu Unmittelbarkeit und Sonderopfer gilt das zum enteignenden/enteignungsgleichen Eingriff Ausgeführte entsprechend. 358

D) Sonstiges

Rechtsfolge ist, wie beim enteignenden/enteignungsgleichen Eingriff, eine Entschädigung, zu deren Höhe grds. das dazu Ausgeführte entsprechend gilt. In der Praxis werden aber auch Spezialregeln analog herangezogen, so z.B. die Sätze der Kriegsopferentschädigung. Ein Schmerzensgeld wird durch den Aufopferungsanspruch nicht gewährt. 359

Für Aufopferungsklagen schreibt § 40 II VwGO den ordentlichen Rechtsweg vor. Eine Ausnahme gilt allein für Ansprüche aus entschädigungspflichtigen Inhaltsbestimmungen. Diese verbleiben den Verwaltungsgerichten. 360

	Rechtmäßiger Eingriff	**Rechtswidriger Eingriff**	**Rechtswidriger und schuldhafter Eingriff**
vermögenswerte Rechte	Enteignung, enteignender Eingriff	Enteignungsgleicher Eingriff + FBA	Enteignungsgleicher Eingriff, FBA u. Amtspflichtverletzung
nichtvermögenswerte Rechte	Aufopferung	Aufopferung bzw. aufopferungsgleicher Eingriff + FBA	Aufopferung bzw. aufopferungsgleicher Eingriff, FBA u. Amtspflichtverletzung

WIEDERHOLUNGSFRAGEN: ... Rn.

Fragen zum Verfassungsrecht:

1. Erläutern Sie das Verhältnis von Verfassungsrecht zu Verwaltungs- und Privatrecht! ... *4*

2. Das formelle Recht legt fest, in welchem Verfahren das Recht realisiert wird.
Was legt das materielle Recht fest? ... *8*

3. Wird in Art. 93 GG das Enumerativprinzip eingehalten? Was besagt dieser Grundsatz? ... *10*

4. Wie lauten die Sachurteilsvoraussetzungen für das Organstreitverfahren? ... *11*

5. Wann ist eine Fraktion bezüglich einer abstrakten Normenkontrolle antragsberechtigt? ... *21*

6. Grundsätzlich sind bei einer konkreten Normenkontrolle nur förmliche nachkonstitutionelle Gesetze Prüfungsgegenstand. Wann dürfen auch vorkonstitutionelle Gesetze dem BVerfG vorgelegt werden? ... *30*

7. Welche Voraussetzungen müssen für die Begründetheit einer konkreten Normenkontrolle vorliegen? ... *34*

8. Darf sich ein Südtiroler im Rahmen der Verfassungsbeschwerde auf das Grundrecht aus Art. 11 GG (Freizügigkeit) berufen? ... *39*

9. Sind Minderjährige im Rahmen der Verfassungsbeschwerde prozessfähig? Warum? ... *45*

10. Nennen Sie exemplarische Akte der Exekutive, Legislative und Judikative! ... *47*

11. Nach Art. 93 I Nr. 4a GG ist beschwerdebefugt, wer behaupten kann, in den dort genannten Rechten verletzt zu sein. Welche Voraussetzungen sind daher an die Beschwerdebefugnis bei der VB (= Verfassungsbeschwerde) zu stellen? ... *51*

12. Wann wird vom Erfordernis der Rechtswegerschöpfung bei der VB abgesehen? ... *56*

13. Erläutern Sie den Grundsatz der Subsidiarität! ... *57*

14. Skizzieren Sie das Zulässigkeitsschema zur einstweiligen Anordnung! ... *64*

15. Beim vorläufigen Rechtsschutz darf das Hauptsacheverfahren nicht vorweggenommen werden. Wann trifft dies doch zu? ... *69*

16. Zwischen welchen Grundrechtsarten ist zu differenzieren? ... *76*

61. Demokratie als solches meint die Volkssouveränität als Ausübung der Staatsgewalt im Namen des Volkes und Wahl der wichtigsten Gewaltträger durch das Volk.
Was aber meint demgegenüber das Demokratieprinzip? ***248***

Die Legislative erhält durch das Grundgesetz mehrere Arten der Gesetzgebungskompetenz. Nennen Sie die wichtigsten fünf Bereiche! ***251***

62. In der Praxis überwiegt die Gesetzgebungskompetenz des Bundes.
War dies die ursprüngliche Intention des GG?
Wie lässt sich dieser Widerspruch verfassungsrechtlich stimmig lösen? ***252***

63. Nennen Sie drei ungeschriebene Gesetzgebungskompetenzen des Bundes ***256***

64. Wo ist die Ewigkeitsgarantie des GG manifestiert? ***263***

65. Nach Art. 83 GG gilt der Grundsatz der Länderverwaltung.
Gilt dies auch bezüglich der Ausführung von Bundesgesetzen? ***266***

66. Was versteht man dagegen (vgl. vorherige Frage) unter Bundesauftragsverwaltung? ***269***

67. Wofür ist die Kenntnis der obersten Staatsorgane in der Klausur von Bedeutung? ***272***

68. Welche obersten Staatsorgane gibt es? ***275***

69. Welches Prüfungsrecht steht dem Bundespräsidenten bei der Ausfertigung von Gesetzen zu? ***280***

70. Wer schlägt den Bundeskanzler vor? ***284***

71. Art. 65 GG nennt für die Regierungsarbeit verschiedene Prinzipien.
Welche? ***287***

72. Wenn der Bundestag zum Kanzler und seinem Kabinett (= Regierungsminister) kein Vertrauen hat, kann der Bundestag sein Misstrauen aussprechen.
Warum muss dieses Misstrauen konstruktiv sein? ***291***

73. Der Bundestag wird auch Parlament genannt.
Wie setzt er sich zusammen und was ist seine zentrale Aufgabe? ***293***

74. Welche Wahlrechtsgrundsätze stellt das GG auf? ***296***

75. Die Länge der Wahlperiode beträgt 4 Jahre und ist Ausfluss des Demokratieprinzips. Welche Befugnisse besitzt der Bundestag in diesen 4 Jahren? ***302***

76. Was versteht man unter einer Bundestags-Fraktion? ***306***

77. Erläutern Sie den Unterschied zwischen Immunität und Indemnität! ***308***

Fragen zum Staatshaftungsrecht:

1. Welche verschiedenen staatshaftungsrechtlichen Anspruchsvarianten bestehen? ... *309*

2. Wie sieht regelmäßig das Prüfungsschema für einen Amtshaftungsanspruch gem. § 839 i.V.m. Art. 34 GG aus? ... *310*

3. Wann hat ein Beamter seine Amtspflicht verletzt? ... *311*

4. Das Merkmal der Drittbezogenheit wirkt bei dem Amtshaftungsanspruch haftungsbegrenzend. Wie aber ist die Drittbezogenheit zu bestimmen? ... *315*

5. Wann sind Ansprüche aus Amtshaftung ausgeschlossen? ... *320*

6. Wie lässt sich der richtige Beklagte (Passivlegitimation) bei einer Amtshaftung bestimmen? ... *325*

7. Der Folgenbeseitigungsanspruch (FBA) ist gesetzlich nicht normiert. Welche Argumente sprechen gleichwohl für diese Rechtsfigur? ... *328*

8. Nennen Sie die Voraussetzungen des FBA. ... *329*

9. Für einen FBA muss in eine subjektive Rechtsposition eingegriffen worden sein.
   Was ist daher Anknüpfungspunkt für die Rechtswidrigkeitsprüfung eines FBA? ... *332*

10. Wann kann eine Wiederherstellung aufgrund eines FBA verlangt werden? ... *334*

11. Welche Rechtsgrundlage wurde und wird für die Haftung bei enteignenden und enteignungsgleichen Eingriffen herangezogen? ... *338*

12. Was spricht gegen eine Herleitung der Haftung für enteignenden und enteignungsgleichen Eingriff aus Art. 14 III GG? ... *339*

13. Wie unterscheiden sich enteignender und enteignungsgleicher Eingriff? ... *340*

14. Bei welchem Eingriff wird das Sonderopfer durch die Rechtswidrigkeit bereits indiziert? ... *349*

15. Was besagt die Schweretheorie des BVerwG? ... *349*

16. Im Unterschied zum enteignenden / enteignungsgleichen Eingriff muss beim Aufopferungsanspruch nach der h. M. gerade eine nichtvermögenswerte Rechtsposition betroffen sein. Welche Rechtsgüter fallen darunter? ... *355*

Die Zahlen beziehen sich auf die Randnummern des Skripts

hemmer/wüst Verlag

Unser Lernsystem im Überblick

Die Kartensätze

■ Überblickskarteikarten - je 30,00 € / 19,90 €

Über Prüfungsschemata zum Wissen

Ihr Begleiter vom 1. Semester bis zum 2. Staatsexamen! In den Überblickskarteikarten sind die wichtigsten Problemfelder im Zivil-, Straf- und Öffentlichen Recht knapp, präzise und übersichtlich dargestellt. Sie erfassen effektiv auf einen Blick das Wesentliche. Die grafische Aufbereitung der Prüfungsschemata auf der Vorderseite schafft Überblick über den Prüfungsaufbau. Die Kommentierung mit der hemmer-Methode auf der Rückseite vermittelt deshalb das nötige Einordnungswissen für die Klausur und erwähnt die wichtigsten Definitionen.

■ Basics Karteikarten - je 16,90 €

Das Pendant zu den Basics Skripten

Mit dem Frage- und Antwortsystem zum notwendigen Wissen. Die Vorderseite der Karteikarte ist unterteilt in Einordnung und Frage. Der Einordnungstext erklärt den Problemkreis und führt zur Frage hin. Die Frage trifft dann den Kern der prüfungsrelevanten Thematik. Auf der Rückseite schafft der Antworttext Wissen.

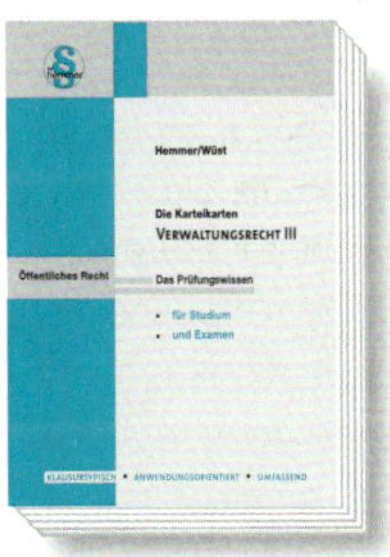

■ Hauptkarteikarten - je 16,90 €

Das Pendant zu den Hauptskripten

Das Prüfungswissen in Karteikartenform für den, der es bevorzugt, mit Karteikarten zu lernen. Im Frage- und Antwortsystem zum Wissen. Auf der Vorderseite der Karteikarte führt ein Einordnungsteil zur Frage hin. Die Frage trifft die Kernproblematik des zu Erlernenden. Auf der Rückseite schafft der Antworttext Wissen.

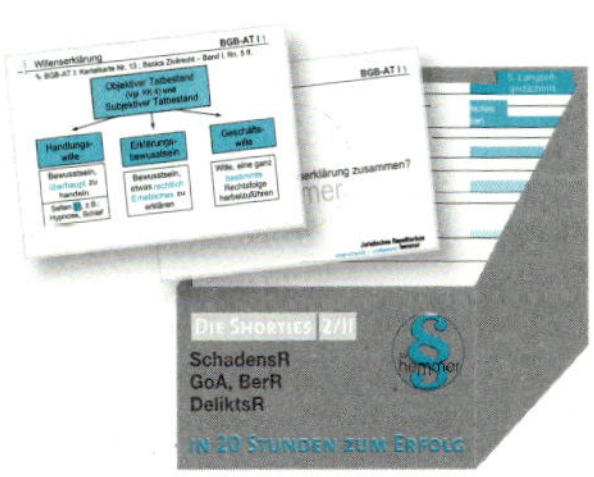

■ Die Shorties - je 24,90 €

In 20 Stunden zum Erfolg inkl. hemmer-Lernbox

Die kleinen Karteikarten in der hemmer Lernbox enthalten auf der Vorderseite jeweils eine Frage, welche auf der Rückseite grafisch aufbereitet beantwortet wird. Die bildhafte Darstellung ist lernpädagogisch sinnvoll. Die wichtigsten Begriffe und Themenkreise werden anwendungsspezifisch erklärt. Knapper geht es nicht - die Sounds der Juristerei! In Kürze verhelfen die Shorties so zum Erfolg.

Vorausskostenfreie Bestellung in unserem hemmer-shop

www.hemmer-shop.de

hemmer/wüst Verlag

Unser Lernsystem im Überblick

Digitale Produkte

■ eBooks - ab 9,90 €

Die hemmer Skriptenreihe als eBooks für mobile Geräte und PC

In den eBooks, die mit unserer hemmer Skriptenreihe identisch sind, werden die für die Prüfung nötigen Zusammenhänge umfassend aufgezeigt und wiederkehrende Argumentationsketten eingeübt. Nutzen Sie die eBooks als Ihre ortsunabhängige Bibliothek. Sie sind klausurorientiert und zahlreiche Beispielsfälle erleichtern das Verständnis. So wird Prüfungswissen auf anspruchsvollem Niveau vermittelt.

Die studentenfreundliche Preisgestaltung ermöglicht den Erwerb kompletter Skriptenreihen als Gesamtwerk. Die hemmer eBooks sind über den hemmer-shop erhältlich.

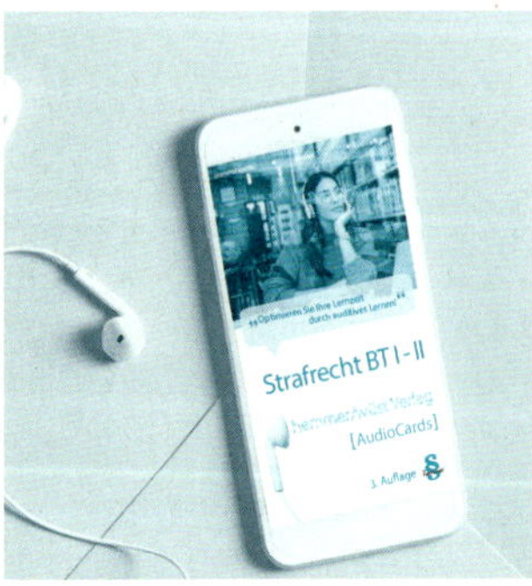

■ AudioCards - ab 19,95 €

Das Frage-Antwort-System der hemmer Hauptskripten zum Hören

Optimieren Sie Ihre Lernzeit durch auditives Lernen.

Die Wiederholungsfragen der hemmer Hauptskripten werden in den hemmer AudioCards vertont und beantwortet. Gleichzeitig haben Sie die Möglichkeit, den kompletten Inhalt inklusive Inhaltsverzeichnis per PDF einzusehen und auszudrucken.

Wir verhelfen Ihnen mit unserem auditiven Lernsystem zu einer optimalen Prüfungsvorbereitung.

- auditiv: Der examensrelevante Stoff zum auditiven Lernen von erfahrenen Repetitorinnen und Repetitoren. Ideal für schnelles Repetieren der hemmer Hauptskriptenreihe.
- modern: Frage-Antwort-System im digitalen Format.
- effektiv: Auditives Lernen optimiert die Wiederholung. Nutzen Sie Leerlaufphasen, z.B. im Auto oder in der U-Bahn, zum Wiederholen und Vertiefen des gelernten Stoffs.

Erhältlich über unseren hemmer-shop

www.hemmer-shop.de

hemmer
Hemmer / Wüst / Tyroller
BGB AT I
Die Entstehung des Primäranspruchs
Das Prüfungswissen
für Studium
und Examen
Klausurtypisch
Anwendungsorientiert
Umfassend

CW01638748

£5.25

Jamie Redknapp, former Young England captain and Liverpool International Supporters Club first-ever Player of the Year.

The two happiest men at Wembley on April 2, when we won the 1995 Coco-Cola Cup by beating Bolton Wanderers 2-1, were manager Roy Evans and skipper Ian Rush. And we were all delighted for them.

It meant that Roy, 30 years with the club, had a trophy to show for his wonderful first full season in charge of the team. And Ian, holder of countless records and medals, achieved his greatest remaining ambition - to hold a trophy aloft as Liverpool captain.

What a marvellous moment when he accepted the Cup from the legendary Sir Stanley Matthews, then thrust it proudly above his head. It was the highlight of the season for us and all our tremendous supporters.

My mate Steve McManaman not only got his hands on the Cup. He was presented with the Man of the Match award after scoring both our goals. A personal tribute from Sir Stanley, the original Wizard of Dribble, made Steve's day complete.

It was great for young Robbie Fowler, whose two goals in the semi-finals got us to Wembley. Great for John Barnes, who crowned his superb fightback to fitness with another masterful display. Great for all of us.

Speaking personally, it was the pinnacle of the toughest, but most fulfilling, season I have known so far. My first visit to Wembley was as a six-year-old, when I went to see my uncle, Frank Lampard, playing for West Ham in the 1980 FA Cup Final. I remember they beat Arsenal 1-0.

Now I have my own medal...and I'm hungry for more.

JAMIE REDKNAPP

CONTENTS

Written by Bryan Webster.

Photography by John Cocks.

Designed by S. Bartram.

All facts believed correct at the time of going to press.

Published by
Grandreams Limited
Jadwin House,
205/211 Kentish Town Road, London,
NW5 2JU.

Printed in Italy.

there was no hint of the excitement to come as Liverpool's faithful supporters waited for the start of last season. Great changes were taking place and they were uncertain what to expect.

The Kop - the most famous crowd section in the world and the heart of Anfield - had gone, pulled down after an enormous send-off party at the last home game of the season.

Since the 1960s the Kopites had sung and danced as Bill Shankly's mighty Reds, and teams under the managers who followed him, piled up a record-breaking haul of trophies.

They sang and danced again at the Kop's farewell, turning it into a carnival with amazing costumes, dyed hair and a forest of flags and banners. But after a disappointing campaign, some couldn't help wondering whether things would ever be the same again.

They need not have worried. The job of reviving the Reds had been glven to Roy Evans, who had stood on the Kop as a youngster, signed for Bill Shankly as a teenager, then settled in his 20s for a future wlth the backroom staff.

For years he had shared in the tradition of sitting in the Boot Room, where the team and tactics were discussed endlessly by the managers and their staff. Now he was ready to launch the team into a new season for the first time.

They got off to an explosive start, famous new players were bought and, above all, the team played with their legendary passing game. This book tells the story of the season in whlch the Reds were reborn.

СПАРТАК
LIVERPOOL
POOL F.C.
LEAGUE

adidas
LIVERPOOL FOOTBALL CLUB

LIVERPOOL FOOTBALL CLUB

7
LFC

The YOUNG GUNS

-STEVE McMANAMAN

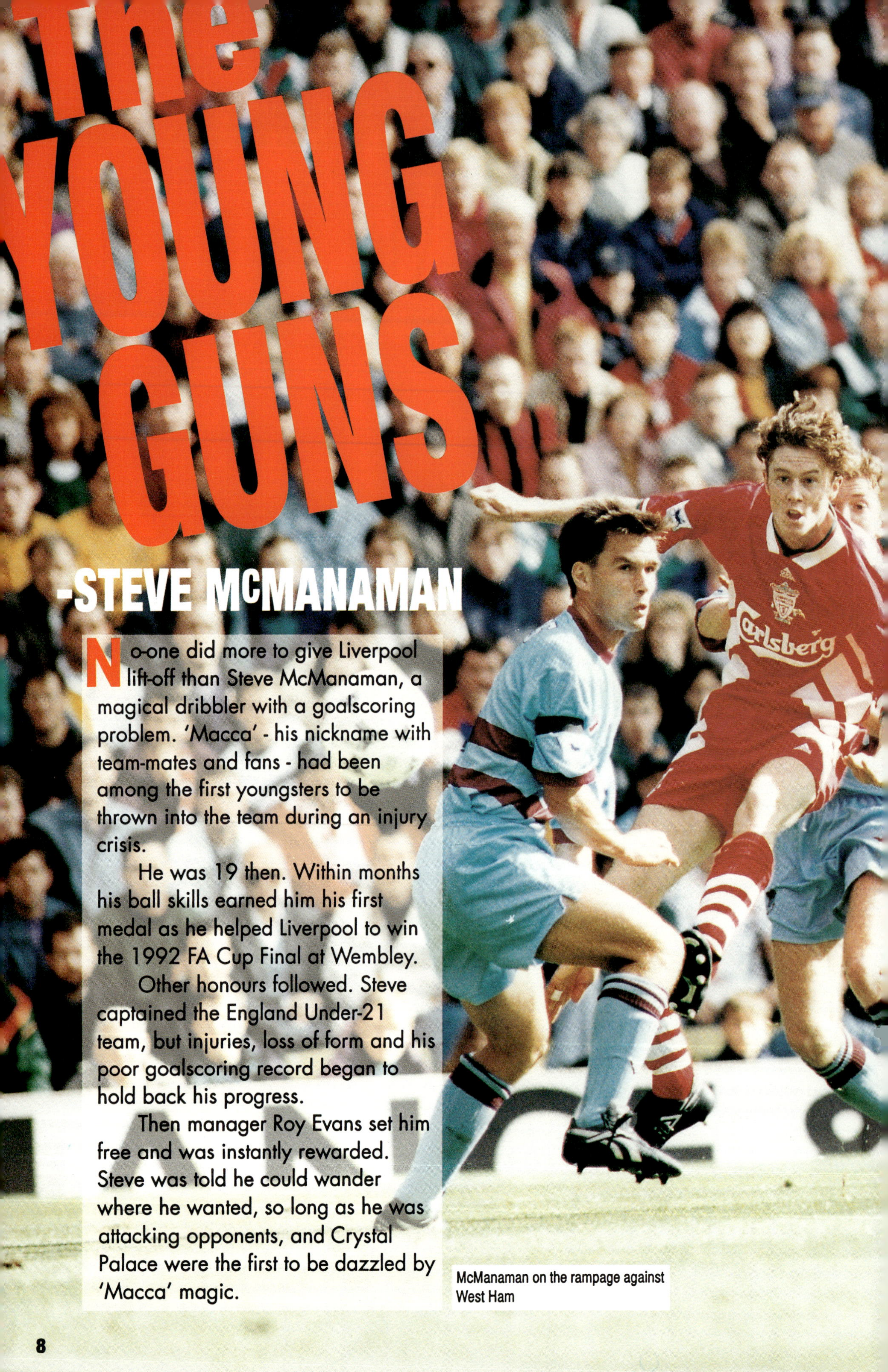

No-one did more to give Liverpool lift-off than Steve McManaman, a magical dribbler with a goalscoring problem. 'Macca' - his nickname with team-mates and fans - had been among the first youngsters to be thrown into the team during an injury crisis.

He was 19 then. Within months his ball skills earned him his first medal as he helped Liverpool to win the 1992 FA Cup Final at Wembley.

Other honours followed. Steve captained the England Under-21 team, but injuries, loss of form and his poor goalscoring record began to hold back his progress.

Then manager Roy Evans set him free and was instantly rewarded. Steve was told he could wander where he wanted, so long as he was attacking opponents, and Crystal Palace were the first to be dazzled by 'Macca' magic.

McManaman on the rampage against West Ham

On the opening day of the season, the tall, slim winger who hadn't scored for nearly a year got two of Liverpool's six goals and went on to prove himself one of football's outstanding entertainers.

Left-backs had always found him a bit of a handful, but now defenders on the right and in the middle also had cause to fear this speedy attacker who ran straight at them with the ball, then slipped away like a ghost.

"I used my own judgement and liked the variation of the new role," says Liverpool-born Steve. "I went wherever I thought that danger could be caused."

England manager Terry Venables made a point of watching him and liked what he saw. 'Macca' was called into an England squad in October, but did not play against opponents Romania.

BELOW: Jamie Redknapp congratulated by his pals, Robbie Fowler and Steve McManaman after scoring in the Coca-Cola Cup against Burnley at Turf Moor.

A few weeks later, however, he was called on as substitute for most of the game against Nigeria and performed well. "I didn't feel strange at all," Steve recalls. "After all, there were three of my mates out there - John Barnes, Neil Ruddock and Rob Jones."

The YOUNG GUNS -ROBBIE FOWLER

Robbie Fowler started the season as a teenage sensation and the only thing that prevented him finishing as one was his 20th birthday last April.

He scored on the first day at Crystal Palace, then shot himself into the record books in Anfield's opening match with a hat-trick against Arsenal. It took only four minutes 38 seconds...the fastest hat-trick ever scored for Liverpool and the fastest in the short history of the Premier League.

Yet only a couple of years earlier, like the other Liverpool 17 year olds being put through their paces at the Nelwood training ground, he had looked enviously across at the big pitch, where all-time greats like Ian Rush and John Barnes were practising. And he wondered if he would ever join them.

Little did he know that from the age of 12 he had been picked out as a future star. No-one gets special treatment at Liverpool, so young Robbie was left to get on with it...and to dream. But not for long.

At 18 he was called up for a Coca-Cola Cup tie at Fulham and scored in a 3-1 win. Two weeks later the Reds won 5-0 at Anfield - and Robbie got all five.

Now the boy who once supported Everton was hailed as a great talent. The

The one that got away against Nottingham Forest.

Robbie Fowler salutes the final goal of his record-breaking hat-trick against Arsenal.

goals kept coming and so did the honours...England Youth and Under-21 caps, a call-up into the full England squad with Jamie Redknapp, and a new contract which binds him to Liverpool until 1998.

He has quite a collection of footballs he has claimed every time he scores a hat-trick, but despite his new-found fame, Robbie remains modest and keeps his feet on the ground. He explains, "How can I change with the coaching staff and senior players we have here? They wouldn't allow me if I wanted to." As for signing his new contract, he adds, "I love the place. I have no reason to to anywhere else."

Robbie also admits the debt he owes the great Ian Rush, who has been at his side during his amazing progress. "Ian has talked me through games and told me about the habits of opposing defenders. His goalscoring is second to none and he has won every prize in the game. I have been fortunate to play alongside him."

Robbie Fowler creates panic in the Sheffield Wedensday defence.

The YOUNG GUNS

-JAMIE REDKNAPP

Jamie Redknapp was born into the world of football and his journey to the top has been different to that of most young hopefuls who set out on the road to success.

As little more than a schoolboy he was transferred to Liverpool by his dad, Harry Redknapp, who was then manager of Bournemouth. Dad, a former wing star with West Ham, became manager at his old club and he and Jamie have found themselves on opposite sides in Premier League matches.

The tall, clean-cut midfielder became the youngest player in Liverpool history to appear in a European match when he was chosen against Auxerre of France in the UEFA cup at the age of 18 years and four months.

Injuries had meant he had to be thrown in at the deep end, so was life tough for a young man so far away from home? Jamie answers like a wise professional, "I come from a very close family, but I have also grown up with football and know the demands it makes."

That professionalism made Jamie a natural choice as captain of a highly successful England Under-21 team and earned him about 100 first-team appearances for Liverpool before his 21st birthday in June last year.

When Jamie, the team's pin-up, reported to Anfield for the new season it was to find sacks full of birthday cards waiting for him. He cuts a stylish figure on and off the field and admits that he has a weakness for designer suits and casual wear.

It was no surprise when he was presented last year with the trophy as the first-ever Player of the Year chosen by the

JAMIE REDKNAPP jumps for joy as his free kick flies into the Nottingham Forest net, then graciously credits it to Robbie Fowler who had deflected the ball in flight.

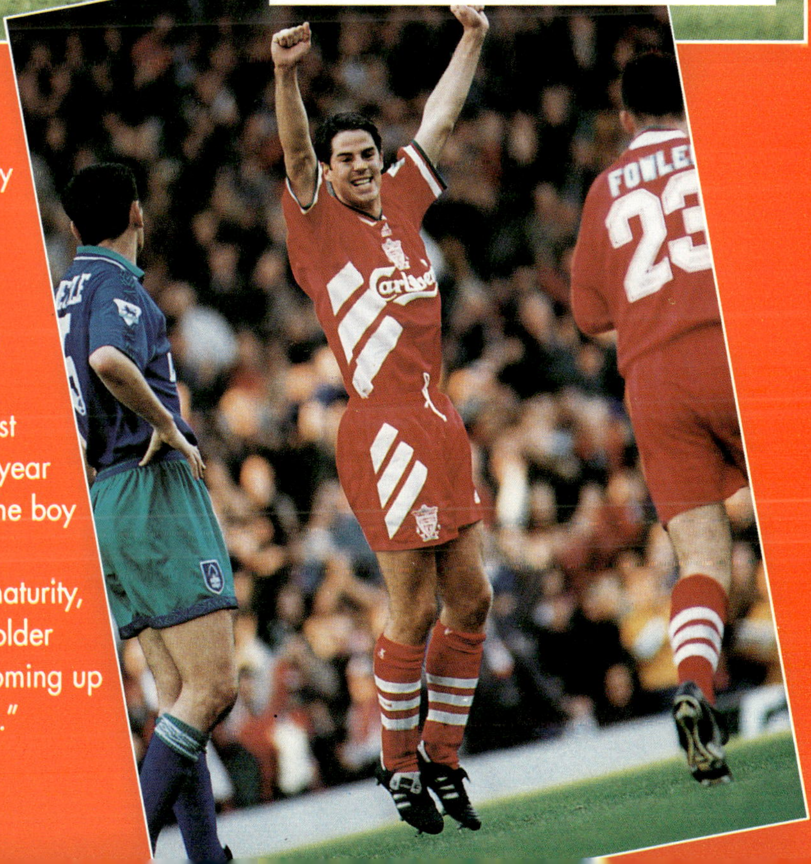

Liverpool International Supporters Club. He had an overwhelming majority of the votes.

Jamie's non-stop running and shooting power were rewarded in 1994 with a hat-trick for England Under-21 against Austria - and a new four-year contract with the Reds. The boy born to be a footballer responded with typical maturity, "I have been helped by older players and my turn is coming up to help the younger ones."

The TOP GUN

Ian Rush entered 1995 still looking for new records to add to his goalscoring legend. His old playing partner, Kenny Dalglish, believes he has set the standards for all other strikers to aim at.

Dalglish, now manager of Blackburn Rovers, paid more than £8 million for his strike force, Alan Shearer and Chris Sutton, but they were outgunned when Ian destroyed Rovers in the Coca-Cola Cup last season with a devastating hat-trick.

Ian, still lean and hungry at the age of 33, was playing his 600th game for Liverpool and just a couple of weeks earlier he had achieved a century of goals in cup competition.

He is Liverpool's top scorer with well over 300 goals and also holds the record for Wales. He has winner's medals for League Championship, FA Cup, League Cup and European Cup.

Yet he remains modest about his success. In fact, as a teenager Ian thought he had achieved his big ambition when he joined his favourite football club, little Chester.

He was happy there as a young player, but soon big clubs, including

RIGHT: The Sorcerer (Ian Rush) and the apprentice (Robbie Fowler) in a magic moment during Ian's hat-trick at Blackburn

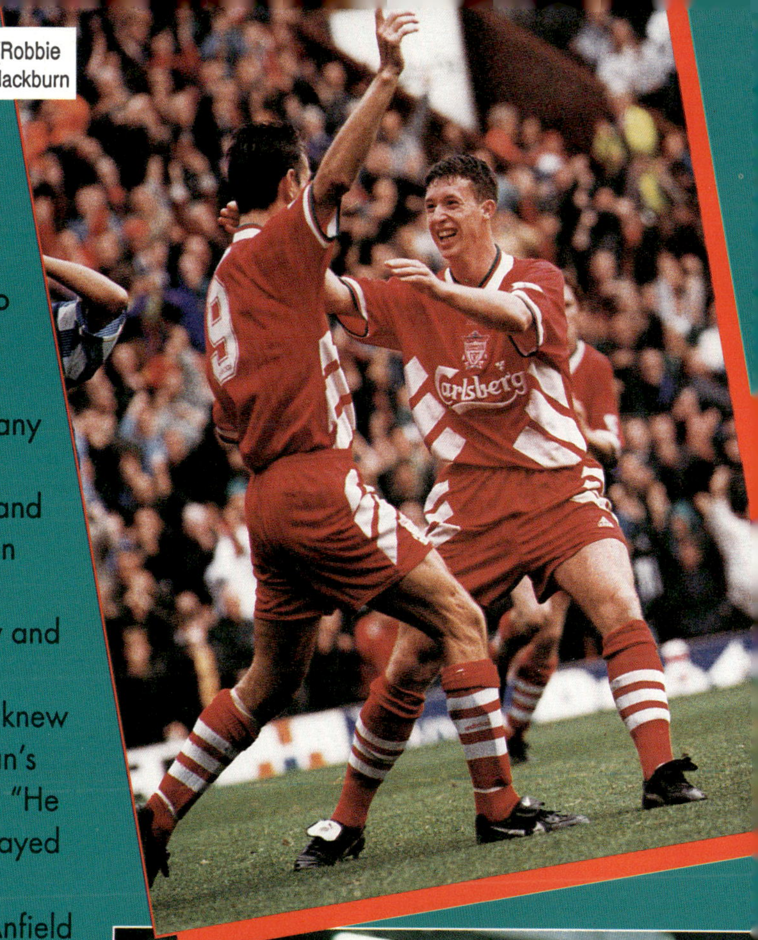

Liverpool, spotted his ability and tried to lure him away. Nowadays he tells the story of how he actually turned them down before manager Bob Paisley finally persuaded him to visit Anfield and become a Red.

"I didn't think I was good enough," says Ian. "They had so many top players there at the time."

The man who won everything and went on to become Liverpool captain started last season with a personal ambition - to receive a major trophy and hold it aloft in triumph.

His old captain, Alan Hansen, knew that feeling many times, thanks to Ian's goals. He says of the Welsh genius, "He is the best goalscorer I have ever played alongside or against."

Ian had one year away from Anfield with the famous Italian club Juventus. He flew home to play in Alan Hansen's testimonial match and recalls, "Whenever I went near the touchlines the fans kept asking, 'When are you coming back Rushie?'" So back he came.

Supporters showed their gratitude

Ian in control watched by Sheffield Wednesday's John Sheridan

when Ian had his testimonial at the end of last year. More than 25,000 braved appalling weather and cheered their idol as he scored a typical goal in a 6-0 win against Celtic.

In the bag...star signings Phil Babb and John Scales

The GOLD BRIGADE

John Scales completed a £9 million defensive wall when he signed for Liverpool with the season just three games old. He lined up alongside World Cup star Phil Babb, who had joined the club just 24 hours earlier, and Neil Ruddock, who had cost £2.5 million from Spurs the previous year.

The capture of Scales and Babb shook the football world and showed that Roy Evans had the money and the confidence to restore the Reds to greatness.

John fitted in immediately. "He looks as if he's played for Liverpool all his life," claimed the delighted manager as his calm, elegant centre-back slotted in to the right of Ruddock and won immediate acceptance from the Anfield crowd.

Many clubs had cast envious eyes at the tall, blond defender during his days at Wimbledon, where his class had stood out. Roy Evans had tried to sign him for a year without success because Wimbledon wanted a replacement before they would let John go.

When the chance finally came, John took just 15 minutes to make up his mind and announced, "I have joined one of the world's great clubs. It is a big opportunity for me, a chance to advance my football."

John is an outstanding example to all young players who suffer early disappointments and feel like giving up. He was rejected by Leeds United after joining them as a trainee 15 months earlier.

"That was a shock to the system and left me devastated," recalls John, a Yorkshireman

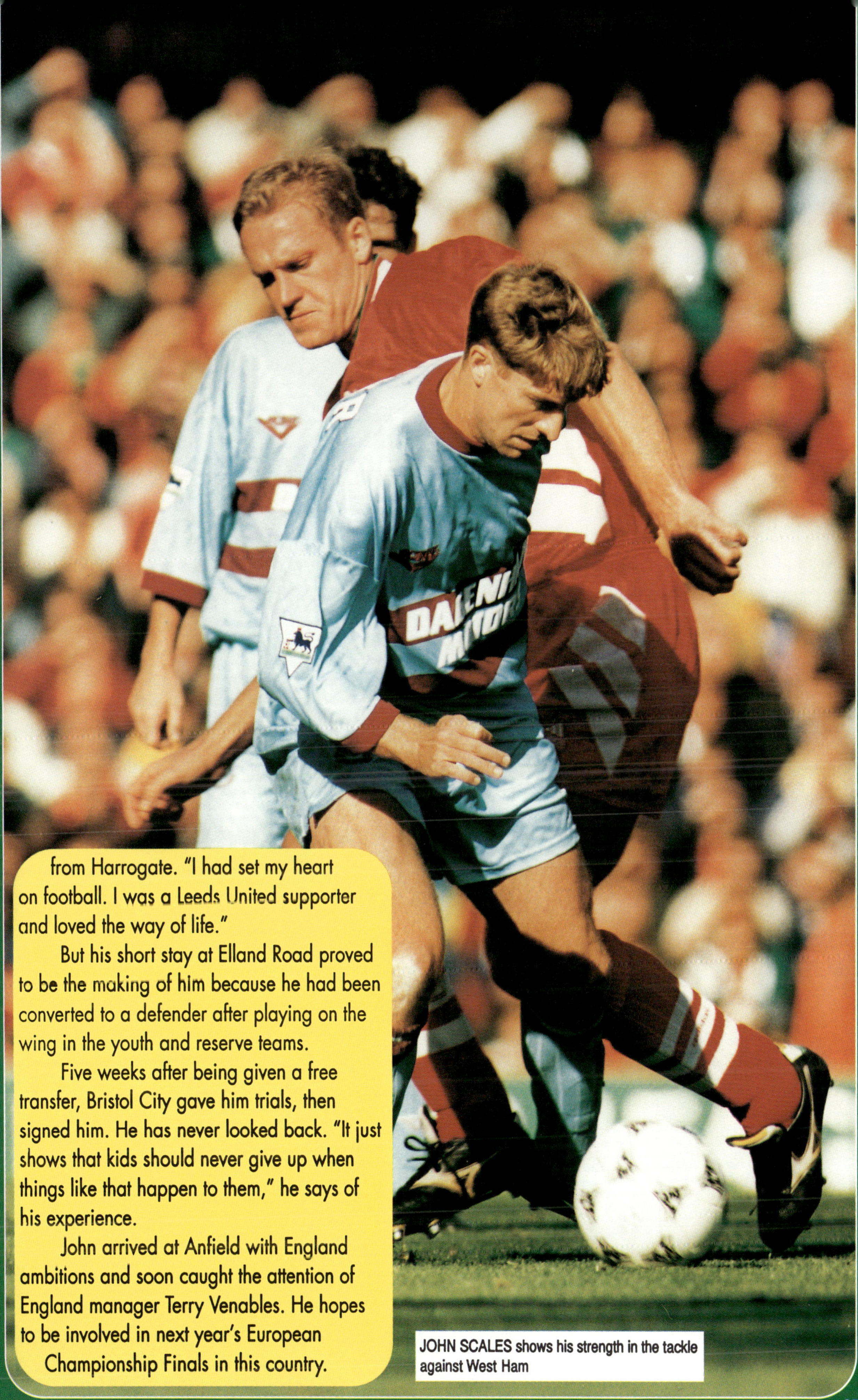

from Harrogate. "I had set my heart on football. I was a Leeds United supporter and loved the way of life."

But his short stay at Elland Road proved to be the making of him because he had been converted to a defender after playing on the wing in the youth and reserve teams.

Five weeks after being given a free transfer, Bristol City gave him trials, then signed him. He has never looked back. "It just shows that kids should never give up when things like that happen to them," he says of his experience.

John arrived at Anfield with England ambitions and soon caught the attention of England manager Terry Venables. He hopes to be involved in next year's European Championship Finals in this country.

JOHN SCALES shows his strength in the tackle against West Ham

There was a queue of clubs waiting to sign Phil Babb when he returned from the World Cup Final in America last year. And Liverpool were right at the front.

Television exposure had enhanced Phil's reputation as a highly promising defender with Coventry City, who had made him their captain at the age of 23.

In America he turned in outstanding performances for the Republic of Ireland, proving he was capable of man-marking some of the most talented attackers in the world.

Liverpool didn't need these star performances to confirm their judgement. They had watched Phil closely long before then, but had to be patient until Coventry could be persuaded to part with him.

Unlike John Scales, who followed him to Anfield 24 hours later, Phil took time to settle in. But once he had adapted to the new system of three central defenders, his speed and strength shone through.

His determination to succeed was never in doubt, for like John he had fought back after rejection early in his career. Phil had been given a free transfer while still a youngster with Millwall.

He had not set out on a soccer career. He was a student in Clapham when a Millwall scout saw him playing in a college game. After being offered trials, he was taken on as an apprentice.

Phil reflects, "I look back and feel fortunate that a scout happened to be there on that particular day and liked what he saw. I had not set my heart on a football career at

Phil Babb turns on the style in a pre-match kick-in

that time, in fact, I had not seen a game at any of the big grounds in London."

It took him only 48 hours to find a new club after Millwall. Bradford City took him on and he was soon attracting attention. Coventry stepped in with an offer which was accepted.

"The move was unexpected," says Phil. "But it was the start of the Premier League and I wanted to be competing with the best." So he joined manager Phil Neal, a former Liverpool captain, and has never looked back.

When he moved to Anfield one member of his family was particularly delighted - his nephew, Cameron, living in Lambeth and then aged four. Once he had finished signing and meeting the Press, Uncle Phil strolled over to the Souvenir Shop and bought him a new Liverpool strip.

Babb signs autographs for some appreciative fans

Tight marking by Phil Babb on Paul Ince of Manchester United

To the fans, who had no inkling that manager Roy Evans planned to block the road to Liverpool's goal with a golden wall of three top-priced central defenders, Neil Ruddock's future looked uncertain when Phil Babb and John Scales arrived.

Not any more. The big man, leaner and fitter than ever before, revelled in the challenge by producing the best form of his career. England recognition soon followed with a first cap against Nigeria in November last year.

Now he is an Anfield folk hero. Thousands of supporters love the 26 year old iron man for his enthusiasm, courage and commitment, but perhaps most of all because he obviously enjoys every moment he spends in a red shirt.

No catching Neil Ruddock after he blasted in a free kick against Aston Villa for his first goal of the season

He looks just as much at home in an England strip and showed at Wembley that apart from his acknowledged defensive strengths, he is a real problem when he goes forward for free-kicks and corners.

Neil has snatched vital goals, adding to the massive popularity he has attracted with his waves to the crowd, general good humour and the way he returns applause at the end of tough games.

The Londoner had played all his football in the South - with Millwall, Southampton and Spurs (twice) - before he found his true stage at Anfield. No-one there on the night of Liverpool's amazing fightback from 3-0 down to 3-3 against Manchester United in their double season will forget his headed equaliser.

But Neil couldn't remember it. He had been hurt in a clash of heads as he powered into the crowded goalmouth.

One of his biggest fans is former Liverpool and England goalkeeper Ray Clemence, once on the backroom staff at Spurs, who forecast soon after Neil's move to Liverpool that it would suit him perfectly and that his play would get better and better. Nobody at Anfield has ever disagreed with him.

Neil Ruddock wins the aerial battle at Blackburn

THE REDS OF ENGLAND

Top of the heap... Regular internationals Rob Jones and John Barnes

Few players have hit the heights as quickly as Rob Jones. One day he was training with little Crewe Alexandra, then by the end of the week he was starring on television in his Liverpool debut at Old Trafford. The virtually unknown right-back, barely 20, kept Manchester United's wonderboy, Ryan Giggs, under control.

Five months later he was being hailed after another debut - for England against France at Wembley. Then to round the season off there was another great Wembley memory - an FA Cup winner's medal against Sunderland.

Rob's transfer to Liverpool in October, 1991 had been hurried through because the club were struggling with an injury crisis. The new boy followed the advice which all the coaches offer at Anfield, "When your first team chance comes along, grab it with both hands."

Rob has had to grab his chances twice, for that wonderful beginning with the club was followed by a season dogged by injury and illness. Since then he has gone from strength to strength and plays regularly for his country.

Rob Jones

Rob Jones striding down the wing

ROB JONES
BORN IN WREXHAM
5.11.71

His attitude confirms his determination to succeed at all levels. He enthusiastically fitted in with a new system designed to make the most of his wide-ranging talents by giving him freedom to move forward. Now his raids down the right wing are a potent weapon for the Reds.

Rob's great service has been rewarded with a new four year contract. The crowd loves his spirit of adventure, but also the gritty way he handles opposing wingers. Rob says, "When I have to mark a winger, I like to leave the pitch telling myself that I have won the battle.

"If I'm not marking a winger directly, then I like to move into the attack. But there are a lot of top wingers in the Premier League and I hardly need say that Ryan Giggs is one of them."

Like Jamie Redknapp, he is a member of a football family. Grandfather, Bill Jones, was also a full-back with Liverpool and England just after the war.

He is proud of Rob's progress. It has given the young star a maturity beyond his years and he feels at ease in the international gatherings. But he has his priorities in order and says, "If I am not playing well for my club, then I won't be picked for my country."

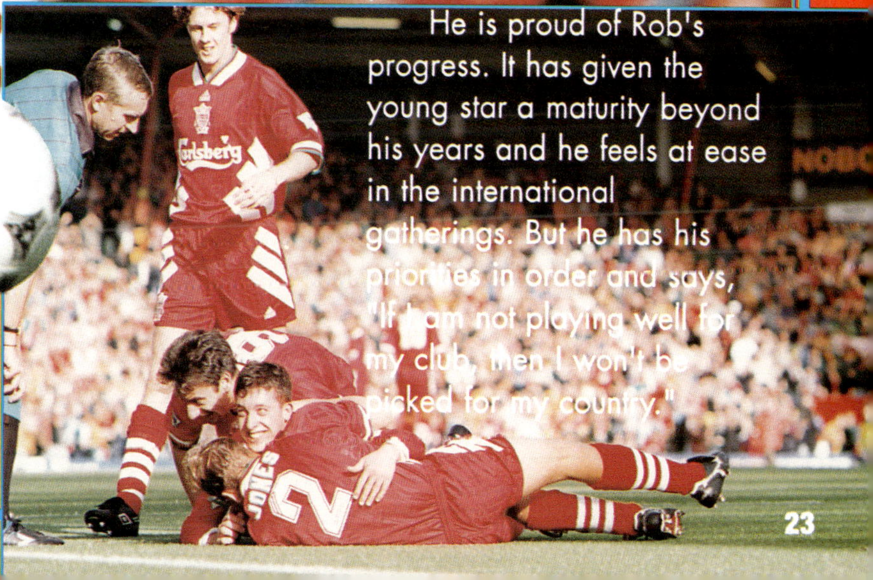

Bottom of the heap... Rob Jones after making the opening for a wonder goal by Robbie Fowler against Aston Villa

John Barnes

Barnes in action

JOHN BARNES
BORN IN JAMAICA
7.11.63

No Liverpool player has won more England caps than John Barnes, but his international career seemed to be over once he had reached 33. The caps have been piling up again however, after a remarkable fightback.

For three seasons, John battled

against a run of achilles tendon and thigh problems. Every time he got close to full fitness, trouble would flare up again.

Throughout the summer of 1994, while team-mates relaxed, he worked alone, pounding country lanes near his home on three mile runs and sprinting up a nearby hill.

When the players reported for training that July, John was ready and razor sharp. He took on an attacking midfield role and the results of all that hard work were there to be seen as he twisted and turned past defenders, played superb passes and scored spectacular goals.

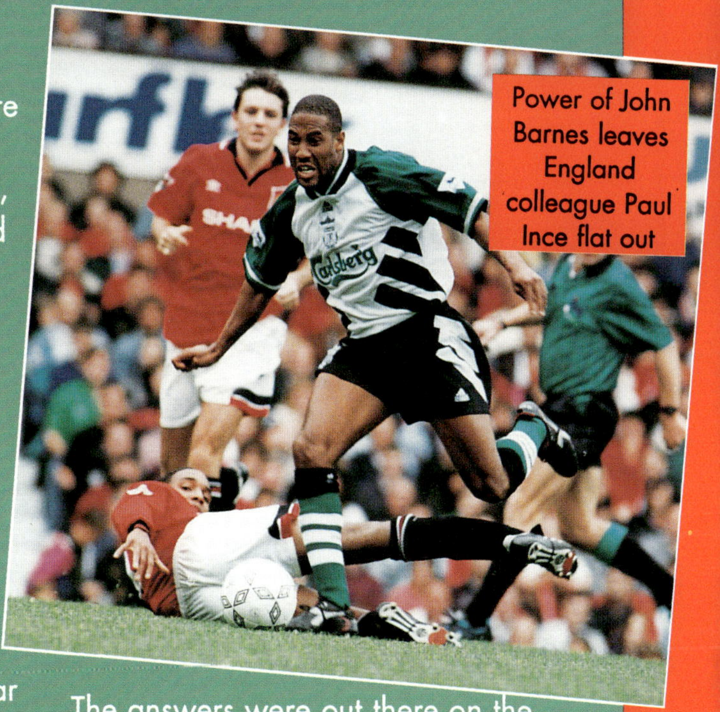

Power of John Barnes leaves England colleague Paul Ince flat out

The new Barnes helped to restore the old Liverpool and people in football were full of praise for his dedication. But even he was surprised when Terry Venables called him up for England's first game of the season against the USA.

"I didn't think my chance would come so early," he says. "Not after so few games." He resisted the chance to hit back at critics who had begun to write him off and instead said simply, "I am back and playing regular footboll. That is the whole point."

The answers were out there on the pitch, where the young Reds benefited from his touch and wisdom. "I am pleased to be conditioned for 90 minutes of running up and down the field and doing the things I used to do," he says delightedly. "It was good to be back, trying to return Liverpool to the top, where they belong."

John made the best of his England comeback and his name joined that of Liverpool right-back Rob Jones on Terry Venables' list of first choices. They have fired the ambitions of a string of players at Anfield.

Barnes overhead kick

Balance of John Barnes and the flair, captured below with the overhead kick at Blackburn which was voted Goal of the month in BBC Match of the Day

IN FROM THE COLD

Molby the playmaker... a master at work

JAN MOLBY
BORN IN KOLDING,
DENMARK 4.07.63

Jan Molby's prospects of an early comeback to the first team looked bleak with only two weeks to go to the season. He had suffered cruel luck with injuries and his fitness had not been put to the test after a calf operation two months earlier.

Perhaps if he'd been able to prove his strength and fitness on the tough pre-season tour...but he'd missed that. But while the burly Dane was preparing himself for a disappointment, his manager was thinking of Jan's legendary passing ability and deciding on a gamble.

He pitched Jan into the team for the opening game at Crystal Palace. The big man admits, "I did not expect to see my name on the team sheet, although every player likes to be in at the start."

He repaid the club by taking command of the game and launching the team towards a 6-1 victory with their first goal of the season, from the penalty spot. Jan recalls, "Players had a new spring in their step. I sensed that in the dressing room. We had something to prove."

He had not played in the first team since December 14, 1993, and had appeared in fewer than 30 games over the previous two seasons.

"It had been a very frustrating period of my life," says Jan. "There's no doubt that players value the game more when they've been out for a long spell."

The Reds were overjoyed to be able to call on his skill and defence-splitting talents again and prayed for a long run without interruptions by injury. Jan talked of his feelings, "I am trying to convert a weakness into a strength. I am thinking of all the pressure I have saved on my legs through missing so much football. "There is a lot of football left in me and I want to enjoy the future. I was 31 at the beginning of the season and I hope I'm still playing at the age of 35."

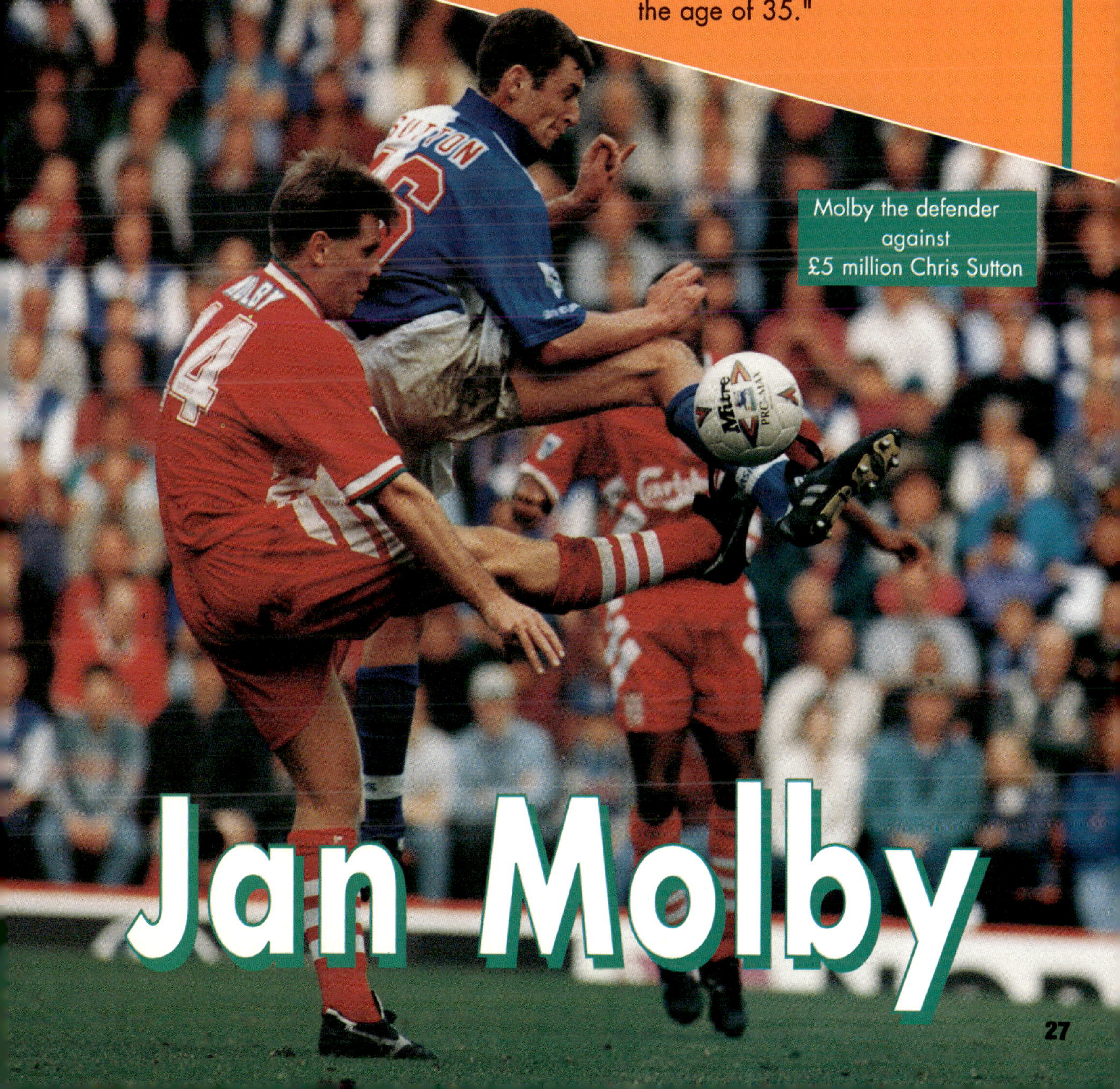

Molby the defender against £5 million Chris Sutton

Jan Molby

Stig Bjornebye

Stig Bjornebye had to go back to Norway before he could feel thoroughly at home at Liverpool. Manager Roy Evans decided that's what was needed to build up the left-back's confidence.

Although he was a Norwegian international when Liverpool signed him from Rosenborg, Stig was short of experience as a full-time professional. He could not win a regular place at Anfield and this created worries that he might be left out of Norway's plans for the World Cup Finals.

Roy Evans thought carefully before agreeing to a temporary return to Rosenborg which would provide Stig with regular first-team football. A few weeks later, he went off to America with Norway and returned a new man.

Stig on the attack

STIG BJORNEBYE
BORN IN ROSENBORG
11.12.69

Stig played against Mexico, Italy and the Republic of Ireland before his team were eliminated on goal difference. "It didn't last long, but it was valuable experience for me," he says. "Being on the same stage as so many great players did my confidence a lot of good."

He went back to Norway determined to make the grade with the Reds. Apart from a two week fishing break, he trained to keep himself in peak condition. "It was all worth while," he smiles. "I was ready for the new season's challenge when I reported back to Liverpool.

"Pre-season work is always hard,

Stig under attack...

but it didn't affect me nearly so much this time. I kept reminding myself that I had come to Liverpool to play first-team football."

His efforts were rewarded with instant selection and Stig's awareness and ability to move forward and hit deadly crosses with his left foot have become a feature of the team's play. He is also particularly dangerous with freekicks and corners.

Under the weather

David James

DAVID JAMES
BORN IN WELWYN, HERTS.
1.08.70

David James is the son of an artist and loves to sketch caricatures of his team-mates

Goalkeeper David James was delighted to begin the season with his name on the Liverpool team sheet and a brand new No. 1 jersey on his dressing room peg. He had spent much of the previous two years waiting in the wings after his £1 million transfer from Watford.

Now he had a chance to leave the substitutes' bench for good. His old No.13 jersey was stowed away in a cupboard at home and he took his share of the credit as Liverpool's revival inspired praise.

But David thinks deeply about the game and is aware of the pitfalls. "If I don't put in the right performances, I might as well be No.13," he claims.

"People used to say that you were only as good as your last game, but that doesn't mean a lot today. You are only as good as the game you are playing. It is all down to the individual, not the number he wears."

The 6ft 5in young giant used his days on the first-team bench to study other goalkeepers in action and absorb the attacking methods of opposing teams so that he would know what to expect if called upon to face them.

He is ambitious and sets himself targets in his desire to improve. David explains, "As a youngster at Watford I would look at the number of clean sheets which keepers had kept before me. I would then try to beat them. I enjoyed the challenge."

Experts have noted that David has exceptional agility for such a big man and think that he has an international future with the right application. He was pleased when Liverpool appointed Joe Corrigan, ex-Manchester City and England, as goalkeeping coach during the season.

David enjoys the training and the discussions they share and says, "Joe played at the top level for a long time and I respect his thoughts and advice."

David points the way ahead

IN THE WINGS

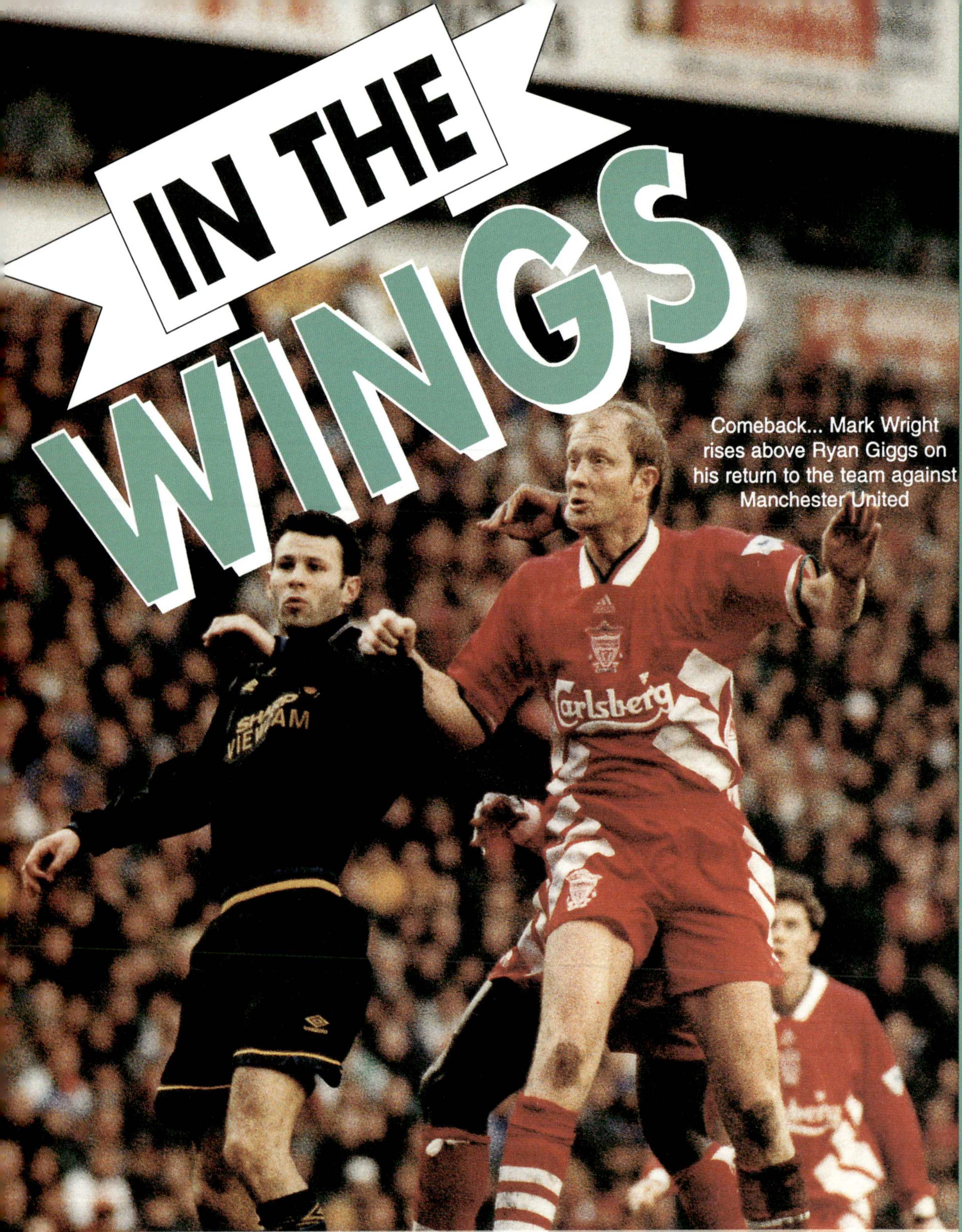

Comeback... Mark Wright rises above Ryan Giggs on his return to the team against Manchester United

Four England Internationals, who cost Liverpool a total of £7.5 million, had to sit out most of the season and the Coca-Cola Cup Final.

On the subs' bench at Wembley were former Arsenal midfielder Michael Thomas and winger Mark Walters, who followed former manager Graeme Souness from Rangers to Anfield.

Centre-back Mark Wright and striker Nigel Clough were there merely as spectators.

Nigel, who had left Nottingham Forest after the retirement of his father, Brian Clough, was a regular on the Liverpool bench up to Christmas, but was rarely called on.

His place in the team had gone to

Rob Jones, of England, chats to former internationals Mark Wright and Nigel Clough.

Robbie Fowler and there was no competing with a teenager described by his manager as, "the best young goalscorer I've ever seen."

Mark Walters spent weeks on loan with Wolves, helping them in the Division One promotion battle, but was welcomed back back by Roy Evans, subbed for Stig Bjornebye at Coventry on December 3 and remained a regular member of the squad.

A few weeks earlier, Michael Thomas, whose Liverpool career had been dogged by injuries, took over in the squad when Jan Molby, another regular casualty, broke down.

He was no stranger to Wembley, having scored a spectacular goal there in Liverpool's 2-0 FA Cup Final against Sunderland. Mark Wright was the Reds' skipper who held the trophy on high that day in 1992.

But he had been ruled out from the start of the 1994-95 season by injury and the success of new signings John Scales and Phil Babb, plus lack of match fitness, had made a return to the first team difficult.

His first-team comeback chance arrived on March 19 in the crunch game against Manchester United. Wright, who had not played in a serious first-team game for nearly a year, was outstanding.

Although he had to step down with the return of Rob Jones, he had proved that at 31, he was still a fine defender. He was given other chances to show it as the long, hard season took its toll in the closing weeks.

Team spirit was high as Liverpool spent a relaxing few hours at a parkland hotel before the final lap of the journey to Wembley. The men lucky enough to be chosen to play the Coca-Cola Cup Final received every encouragement from those destined to be mere spectators. In return they were offered sympathy and understanding to help them get over their disappointment.

Midfield general John Barnes is pictured on a stroll with substitutes Michael Thomas and Mark Walters.

HIGHLIGHTS Of A Season

Even Liverpool's most ardent supporters could not believe their team's stunning start to the season that was to produce a record-breaking fifth League Cup (this one sponsored by Coca-Cola) and a place in Europe.

Their summer build-up had hardly been impressive, although Robbie Fowler managed nine goals in pre-season games and manager Roy Evans claimed to have learned valuable lessons from experiments with his team.

One was the need for Jan Molby's passing ability. The big Dane, still recovering from a knee operation and eight months out of action, was the surprise name in the Liverpool line-up for the opening game at Crystal Palace.

HAT-TRICK HERO.....but Steve McManaman had one of his goals deducted

MATCH FAX...AUGUST/SEPTEMBER 1994

PREMIERSHIP			
20.8.94	Selhurst Park	Att: 18,084	CRYSTAL PALACE 1 LIVERPOOL 6
28.8.94	Anfield	Att: 30,017	LIVERPOOL 3, ARSENAL 0
31.8.94	The Dell	Att: 15,190	SOUTHAMPTON 0, LIVERPOOL 2
10.9.94	Anfield	Att: 30,907	LIVERPOOL 0, WEST HAM 0
17.9.94	Old Trafford	Att: 43,740	MANCHESTER UNITED 2, LIVERPOOL 0
24.9.94	St James'	Att: 34,435	NEWCASTLE UNITED 1, LIVERPOOL 1
COCA-COLA CUP ROUND TWO, FIRST LEG			
21.9.94	Anfield	Att: 23,359	LIVERPOOL 2, BURNLEY 0

MATCH FAX...OCTOBER 1994

PREMIERSHIP			
1.10.94	Anfield	Att: 31,493	LIVERPOOL 4, SHEFFIELD WED 1
8.10.94	Anfield	Att: 32,158	LIVERPOOL 3, ASTON VILLA 2
15.10.94	Ewood Park	Att: 30,263	BLACKBURN ROVERS 3, LIVERPOOL 2
22.10.94	Anfield	Att: 31,139	LIVERPOOL 3, WIMBLEDON 0
29.10.94	Portman Road	Att: 22,513	IPSWICH TOWN 1, LIVERPOOL 3
31.10.94	Loftus Road	Att: 18,295	QRP 2, LIVERPOOL 1
COCA-COLA CUP SECOND ROUND, SECOND LEG			
5.10.94	Turf Moor	Att: 19,032	BURNLEY 1, LIVERPOOL 4
COCA-COLA CUP THIRD ROUND			
25.10.94	Anfield	Att: 32,060	LIVERPOOL 2, STOKE CITY 1

BIG DEAL.....Phil Babb welcomed to Anfield by manager Roy Evans

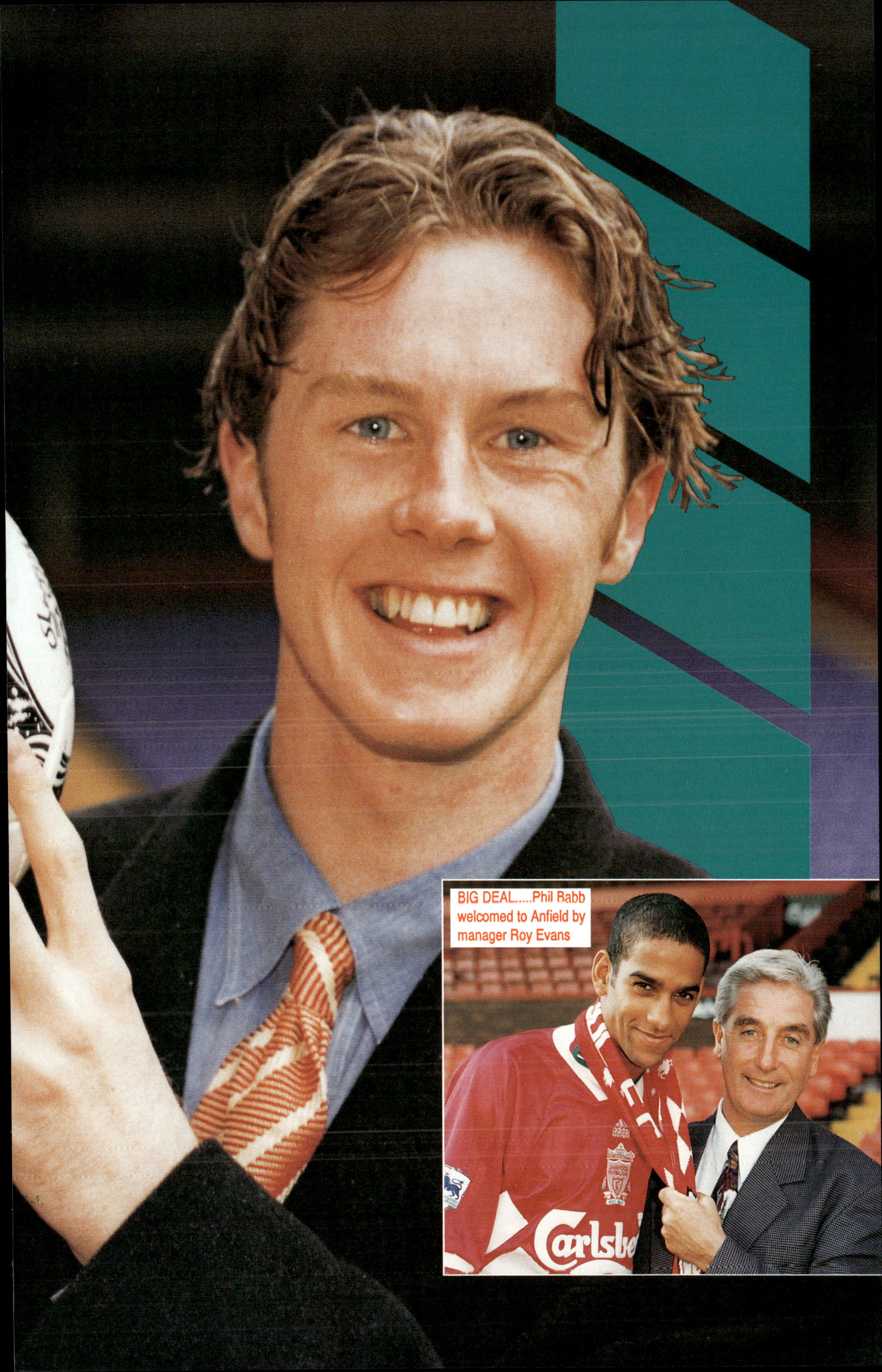

HAT-TRICK HERO..Ian Rush completes his one-man destruction of Blackburn Rover.

MATCH FAX........NOVEMBER 1994			
PREMIERSHIP			
5.11.94	Anfield	Att: 33,329	LIVERPOOL 1 NOTTINGHAM FOREST 0
9.11.95	Anfield	Att: 32,855	LIVERPOOL 3 CHELSEA 1
21.11.94	Goodison Park	Att: 39,866	EVERTON 2 LIVERPOOL 0
26.11.94	Anfield	Att: 35,007	LIVERPOOL 1 SPURS 1
COCA-COLA CUP FOURTH ROUND			
30.11.94	Ewood Park	Att: 30,115	BLACKBURN ROVERS 1 LIVERPOOL 3

Jan's penalty goal early in the game and the brilliance of Steve McManaman - to be repeated throughout the season, especially on an April day at Wembley - laid the foundations for a 6-1 win. Steve's two goals against Palace ended a 12-month blank spell and gave him the confidence to torment other teams with his free-to-roam role.

The Ian Rush-Robbie Fowler combination were also on the scoresheet. Eight days later Robbie took Anfield and Arsenal by storm in the first game in front of the half-finished new Kop Grandstand.

His breathtaking finishing was rewarded with three goals in 4 minutes 33 seconds - the fastest hat-trick in Liverpool history. Three days after that, the 19-year-old struck his fifth goal in three games, beating Bruce Grobbelaar, who was facing his old club for the first time after joining Southampton in the close season.

John Barnes, already showing enough class in his new midfield guise to retain the faith of England manager Terry Venables, got the other goal in a convincing 2-0 win at The Dell.

Excitement on Merseyside reached fever pitch a few days later when Roy Evans, after a fruitless summer in search of a big signing, captured Wimbledon's John Scales and Coventry's Phil Babb at a cost of more than £6million. Scales made his debut immediately against West Ham, with Babb on the subs' bench.

There was a feeling of anti-climax when the Hammers held out for a goalless draw and

MATCH FAX...DECEMBER 1994

PREMIERSHIP

3.12.94	Highfield Road	Att: 21,029	COVENTRY CITY 1 LIVERPOOL 1
11.12.94	Anfield	Att: 30,972	LIVERPOOL 0 CRYSTAL PALACE 0
18.12.94	Stamford Bridge	Att: 27,050	CHELSEA 0 LIVERPOOL 1
26.12.94	Filbert Street	Att: 21,393	LEICESTER CITY 1 LIVERPOOL 1
28.12.94	Anfield	Att: 38,122	LIVERPOOL 2 MANCHESTER CITY 0
31.12.94	Elland Road	Att: 38,563	LEEDS UNITED 0 LIVERPOOL 2

uncertainty set in when the Reds went on to lose 2-0 at Old Trafford, despite outshining the Champions. Babb came on for the last 20 minutes, but when the Reds ended September by taking their first step on the road to Wembley, he was back on the bench.

John Scales, however, was out there on the pitch against First Division Burnley and heading Liverpool into the lead in the Coca-Cola Cup campaign. Six minutes from the end a shot of Fowler genius gave them a respectable 2-0 lead to take to Turf Moor for the second leg of the second-round tie.

Two weeks later, he scored against Burnley again, with Jamie Redknapp getting two and Nigel Clough the other in a comfortable 4-1 win. In between the Cup games, the Reds had turned on the style at Newcastle and at home to Sheffield Wednesday.

Terry Venables was at Newcastle as the Reds became the first team to take a point out of Kevin Keegan's men. He noted the form of Neil Ruddock and McManaman and both were later called up for England.

Against Wednesday 'Macca' claimed a hat-trick in a 4-1 victory and got to keep the match ball, although one of his strikes was later credited as an own goal.

Another home victory followed against Aston Villa, then it was confrontation time at Blackburn against the title-hungry Rovers managed by former Anfield idol Kenny

SCORER..John Scales signals his first Premiership goal for the Reds to the delight of teammates John Barnes and Neil Ruddock.

MATCH FAX...JANUARY 1995

Date	Venue	Attendance	Result
Premiership			
2.1.95	Anfield	Att: 34,709	LIVERPOOL 4 NORWICH CITY 0
14.1.95	Anfield	Att: 32,733	LIVERPOOL 0 IPSWICH TOWN 1
24.1.95	Anfield	Att: 39,505	LIVERPOOL 0 EVERTON 0
FA Cup Third Round			
7.1.95	St Andrews	Att: 25,326	BIRMINGHAM CITY 0 LIVERPOOL 0
FA Cup Third Round Replay			
18.1.95	Anfield	Att: 36,275	LIVERPOOL 1 BIRMINGHAM CITY 1 (Liverpool win penalty shoot-out 2-0)
FA Cup Fourth Round			
28.1.95	Turf Moor	Att: 20,551	BURNLEY 0 LIVERPOOL 0
Coca-Cola Cup Fifth Round			
11.1.95	Anfield	Att: 36,004	LIVERPOOL 1 ARSENAL 0

Dalglish. Liverpool were outstanding and John Barnes scored with an overhead kick that was voted Match of the Day's Goal of the Month.

Robbie Fowler had opened the scoring. But the new-look, three man central defence of Scales, Ruddock and Babb proved vulnerable against the SAS - Rovers' mega-priced strikers Sutton and Shearer. The Reds lost 3-2.

Consolation came in the shape of a 3-0 win over their bogey team, Wimbledon, after nine unsuccessful attempts to beat them. Steve McManaman scored an exquisite first goal, then Robbie Fowler and John Barnes joined in.

Three days later the Reds celebrated a 2-1 Coco-Cola Cup win over third-round opponents Stoke City and a century of Cup goals for Ian Rush, who got two on the night. But the draw for the next round looked ominous...Blackburn at Ewood Park on November 30.

The Reds started November with home wins against Nottingham Forest and Chelsea, but their morale was put to the test in the Mersey derby match at Goodison, where struggling Everton powered their way to 2-0 in a memorable opening match for manager Joe Royle. Then Spurs were presented with a 1-1 draw at Anfield by a Neil Ruddock own goal.

A magic spark was needed at Blackburn - and Ian Rush provided it. The veteran striker scored a brilliant hat-trick, the Reds won 3-1 and Roy Evans declared, "Rushie is different class." Opposing manager Dalglish, his old

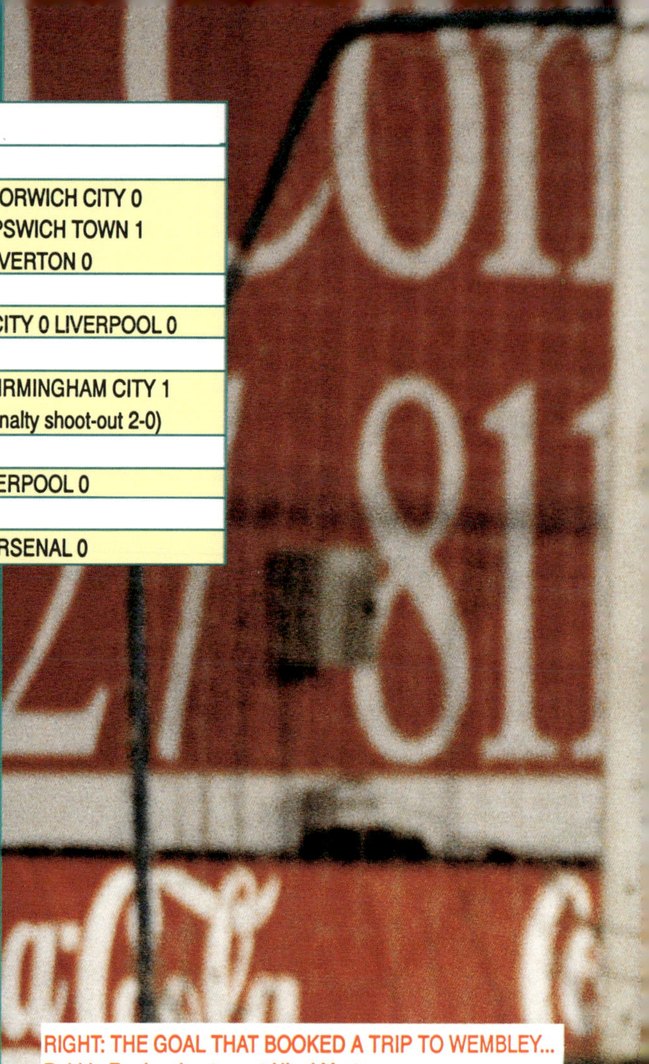

RIGHT: THE GOAL THAT BOOKED A TRIP TO WEMBLEY... Robbie Fowler shoots past Nigel Martyn.

BELOW: QUICK CHANGE...After scoring against Newcastle Robbie Fowler got round the F.A.'s ban on removing shirts by turning his back-to-front. Neil Ruddock saw the funny side.

MATCH FAX...FEBRUARY/MARCH 1995			
Premiership			
4.2.95	City Ground	Att: 25,418	NOTTINGHAM FOREST 1 LIVERPOOL 1
11.2.95	Anfield	Att: 35,996	LIVERPOOL 1 QPR 1
25.2.95	Hillsborough	Att: 31,964	SHEFFIELD WED 1 LIVERPOOL 2
4.3.95	Anfield	Att: 39,300	LIVERPOOL 2 NEWCASTLE UNITED 0
14.3.95	Anfield	Att: 27,183	LIVERPOOL 2 COVENTRY CITY 3
19.3.95	Anfield	Att: 38,906	LIVERPOOL 2 MANCHESTER UNITED 0
22.3.95	White Hart Lane	Att: 31,988	SPURS 0 LIVERPOOL 0
FA Cup Fourth Round Replay			
7.2.95	Anfield	Att: 32,109	LIVERPOOL 1 BURNLEY 0
FA Cup Fifth Round			
19.2.95	Anfield	Att: 25,124	LIVERPOOL 1 WIMBLEDON 1
FA Cup Fifth Round Replay			
28.2.95	Selhurst Park	Att: 12,553	WIMBLEDON 0 LIVERPOOL 2
FA Cup Sixth Round			
11.3.95	Anfield	Att: 39,592	LIVERPOOL 1 SPURS 2
Coca-Cola Semi-Final, First Leg			
15.2.95	Anfield	Att: 25,480	LIVERPOOL 1 CRYSTAL PALACE 0
Coca-Cola Semi-Final, Second Leg			
8.3.95	Selhurst Park	Att: 18,224	CRYSTAL PALACE 0 LIVERPOOL 1

Steve McManaman in typical devastating style

striking partner, added, "Ian Rush is a magnificent asset to Liverpool Football Club."

Gloom returned, however, as the Reds failed to win at Coventry and Chelsea and at home to Crystal Palace. In all, their last five Premiership games had yielded only four points and the Championship pacesetters, Blackburn and Machester United, had opened up quite a gap.

Christmas had a treat in store. A maximum 12 points were extracted from the bank holiday games at Leicester and Leeds and at Anfield against Manchester City and Norwich. Robbie had got five of the holiday goals, Ian Rush a couple and even the cautious Roy Evans was saying, "We could be in with a title shout."

But in January there were Cup battles to be fought. Liverpool had not won an FA Cup tie since the 1992 Final against Sunderland. In

1993 they had gone out ot Bolton in the third round after a replay and suffered a similar fate against Bristol City in 1994. This time the B line led them to Birmingham, where the tie ended 0-0.

Would the jinx strike again? The answer to that question had to wait until after the crucial visit of Arsenal in the quarter-finals of the Coco-Cola Cup. John Barnes worked a cunning free-kick with Ian Rush, who pounced to snatch the only goal. It took his League Cup total to 48...just two short of the record set by England's 1966 World Cup hero Geoff Hurst.

Three days later, struggling Ipswich Town achieved their first-ever win at Anfield, then Birmingham arrived to force a 1-1 draw. It took a dramatic penalty shoot-out to remove them from the FA Cup. The jinx was over, but the Reds were in the middle of a goals drought.

DOUBLE WINNER..The man who took over the Coca Cola Cup Final .

They scored only six in 11 games after their 4-0 defeat of Norwich on January 2. Four of these were in Cup competitions and each one proved to be precious. In the FA Cup Jamie Redknapp's vital goal against Birmingham was followed by a John Barnes headed winner in a fourth-round replay against Burnley, who came closer to beating the Reds than they had in the Coco-Cola Cup.

Robbie Fowler snatched the others, starting with Crystal Palace in the first leg of the Coco-Cola semi-final at Anfield on February 15. Palace's tightened-up defence held out until the final seconds of injury time, then Robbie pounced to snatch the advantage away from them.

Four days later his first-ever FA Cup goal, wiped out an early lead taken by fifth-round opponents Wimbledon, who left Anfield happy with a 1-1 draw. Still, the month ended on a high note for the Reds...a 2-1 win at Hillsborough put them back on course in the Premiership, then John Barnes and Ian Rush crushed the Dons in the FA Cup replay to confirm that their hold over Liverpool had been broken.

John headed the first, then his inspired pass opened up the way for Ian to make history with a brilliant second. It was the master marksman's 41st FA Cup goal, equalling the great Denis Law's record.

But Ian was destined to pass neither him nor Geoff Hurst in the remaining Cup games.

A Rush-Fowler 2-0 win over Newcastle set the Liverpool mood for the Coca-Cola Cup semi-final return to Selhurst Park, where they triumphed by a single goal after a shaky start. Robbie opened the gates of Wembley with an ice-cool finish that let goalkeeper Nigel Marytn helpless, but Steve McManaman was the Coca-Cola Man of the Match.

Three days later they were back on the Wembley trail, facing Spurs at Anfield in the FA Cup quarter-finals and theoretically the only team in the country still with a chance of all three major trophies. Robbie headed them into the lead, but England's Terry Sheringham and Germany's Jurgen Klinsmann hit back as the

MAC MAGIC...He squeezes the ball past Keith Branagan for Liverpool's first goal, the calmly curls a shot just inside the post for the decider

weary Reds ran out of steam.

Within 72 hours they were losing at home to Coventry City, but made a dramatic improvement against Manchester United, whose efforts to retain the Championship were severely dented by a convincing 2-0 defeat. Jamie Redknapp, England Under-21 skipper, had the game of his life, scored a goal and earned a first call-up for the full England squad.

There was news in the transfer market, too. Roy Evans pulled off another big deal, paying Millwall £2 million for young Irishman Mark Kennedy, a lifelong Liverpool fan, to make him the dearest 18-year-old signing in British soccer history.

His arrival came at an exciting time. Although there could be no letting-up in the battle to finish as high as possible in the Premiership, all thoughts were now focused on their only chance to finish the season with a trophy...the Coca-Cola Cup Final on April 2.

The Reds knew that Bolton Wanderers, from the Endsleigh League First Division, would be worthy opponents. Wanderers, great cupfighters, had a collection of famous scalps, including Liverpool's when they were FA Cup holders.

Young Steve McManaman had helped win that FA Cup in 1992. Now, in 1995, he was shaking the hand of the legendary Sir Stanley Matthews as the teams lined up at Wembley. And he was about to have a final named after him, just as Sir Stanley did with Blackpool in 1953.

The old Wizard of Dribble looked on

IT'S OURS...Captain Ian Rush holds the Coca Cola Cup aloft.

MATCH FAX...APRIL/MAY 1995

Date	Venue	Attendance	Result
Coca-Cola Final Cup Final			
2.4.95	Wembley	Att: 75,595	BOLTON WANDERERS 1 LIVERPOOL 2
Premiership			
5.4.95	Anfield	Att: 29,881	LIVERPOOL 3 SOUTHAMPTON 1
9.4.95	Anfield	Att: 37,454	LIVERPOOL 0 LEEDS UNITED 1
12.4.95	Highbury	Att: 38,036	ARSENAL 0 LIVERPOOL 1
14.4.95	Maine Road	Att: 27,055	MANCHESTER CITY 2 LIVERPOOL 1
17.4.95	Anfield	Att: 36,012	LIVERPOOL 2 LEICESTER CITY 0
29.4.95	Carrow Road	Att: 21,843	NORWICH CITY 1 LIVERPOOL 2
2.5.95	Selhurst Park	Att: 12,041	WIMBLEDON 0 LIVERPOOL 0
6.5.95	Villa Park	Att: 40,154	ASTON VILLA 2 LIVERPOOL 0
10.5.95	Upton Park	Att: 22,446	WEST HAM 3 LIVERPOOL 0
13.5.95	Anfield	Att: 40,014	LIVERPOOL 2 BLACKBURN ROVERS 1

approvingly as 'Macca' ran Bolton dizzy. In the 39th minute he scored a memorable goal, beating Alan Stubbs and Scott Green in a diagonal run before shooting past Keith Branagan. His second, after 67 minutes, was even better.

There seemed to be no danger when he collected the ball on the left touchline, but he cut in past Green and Mark Seagrave before calmly bending a shot just inside the post. Alan Thompson, who brought a breathtaking save from David James early in the game, volleyed a fine goal for Wanderers, but Liverpool finished deserving winners.

The much-decorated Ian Rush achieved his greatest remaining ambition - to collect a trophy as skipper of the Reds and hold it proudly above his head. He had become the League Cup's only five time winner.

'Macca' also collected the Alan Hardaker Trophy as the Man of the Final plus treasured words of praise from Sir Stanley, who made the presentations. Looking on with pride as the trophies were paraded before their joyful followers was Roy Evans, the one-time Bill Shankly apprentice who, 30 years later, had taken his place in the line of successful Liverpool managers.

Seven days after The McManaman Final another piece of silverware was added to the season's haul. Goalscoring prodigy Robbie Fowler said goodbye to teenage and received a very special 20th birthday present - the Professional Footballers Association Young Player of the Year Award.

The rewards continued to pile up. Robbie, John Scales and David james received their first invitations to join the full England party for a weekend get together. Pride had been restored to Anfield.

LIVERPOOL'S ROLL OF HONOUR

Competition	Times	Dates
LEAGUE CHAMPIONS	18	1900-01, 1905-06, 1921-22, 1922-23, 1946-47, 1963-64, 1965-66, 1972-73, 1975-76, 1976-77, 1978-79, 1979-80, 1981-82, 1982-83, 1983-84, 1985-86, 1987-88, 1989-90
PREMIER LEAGUE CHAMPIONS	0	
CHAMPIONSHIP RUNNERS-UP	10	1898-99, 1909-10, 1968-69, 1973-74 1974-75, 1977-78, 1984-85, 1986-87 1988-89, 1990-91 0
SECOND DIVISION CHAMPIONS	3	1893-94, 1904-05, 1961-62
SECOND DIVISION RUNNERS-UP	0	
FA CUP WINNERS	5	1965, 1974, 1986, 1989, 1992
FA CUP RUNNERS-UP	5	1914, 1950, 1971, 1977, 1988
LEAGUE CUP WINNERS	5	1981, 1982, 1983, 1984, 1995
LEAGUE CUP RUNNERS-UP	2	1978, 1987
EUROPEAN CUP WINNERS	4	1977, 1978, 1981, 1984
EUROPEAN CUP RUNNERS-UP	1	1985
UEFA CUP WINNERS	2	1973, 1976
EUROPEAN CWC RUNNERS-UP	1	1966

LIVERPOOL F.C
LIVERPOOL
LIVERPOOL
LIVERPOOL F.C
LIVERPOOL
LIVERPOOL F.C
LIVERPOOL
LIVERPOOL
YOU'LL NEVER WALK ALONE